*Über die Autoren:*

Regina Kaiser, 1949 in Berlin geboren, 1969 Abitur, Lehre als Datenver-arbeiterin, 1970–1976 Arbeit im Berliner Verlag Nachrichtendienst, 1981–1983 politische Haft, danach Freikauf in die Bundesrepublik, studiert derzeit Neuere und Neueste Geschichte in Berlin.

Uwe Karlstedt, geboren 1955 in Sondershausen in Thüringen, lernte Dreher und war 1974–1989 Mitarbeiter im Ministerium für Staatssicherheit der DDR. Nach der Wende arbeitete er zehn Jahre als Buchhalter und lebt heute als selbstständiger Computerspezialist in der Nähe von Berlin.

Regina Kaiser/Uwe Karlstedt

# 12 heißt
# »Ich liebe dich«

Der Stasi-Offizier und die Dissidentin

Knaur Taschenbuch Verlag

Besuchen Sie uns im Internet:
www.knaur.de

Vollständige Taschenbuchausgabe Dezember 2004
Knaur Taschenbuch.
Ein Unternehmen der Droemerschen Verlagsanstalt
Th. Knaur Nachf. GmbH & Co. KG, München
Copyright © 2003 Verlag Kiepenheuer & Witsch, Köln
Alle Rechte vorbehalten. Das Werk darf – auch teilweise –
nur mit Genehmigung des Verlags wiedergegeben werden.
Umschlaggestaltung: ZERO Werbeagentur, München
Umschlagabbildung: Mauritius
Druck und Bindung: Nørhaven Paperback A/S, Viborg
Printed in Denmark
ISBN 978-3-426-77749-7

2   4   5   3

*Es wird die Geschichte einer Liebesbeziehung zwischen Feind und Verräter. Und der Verräter wurde eigentlich nur deshalb so verräterisch, weil er sich in den Feind verliebte. Und der Feind wurde auch zum Verräter, weil er sich in den Verräter verliebte, der gleichzeitig sein Feind war.*

*Heute scheint mir alles unwirklich, so als wäre dies nur eine kleine Episode in meinem Leben gewesen, etwas, an das man sich zwar erinnert, aber letztlich nur an den Folgen für das Jetzt und Morgen misst.*

# 1.

Die Kreuzung Ackerstraße/Torstraße glänzt vor Nässe. Wären nicht die herumliegenden Steine, Plakatfetzen und leeren Dosen sowie die zwei gepanzerten Polizeifahrzeuge mit den aufmontierten Wasserwerfern auf der gegenüberliegenden Straßenseite, könnte man annehmen, gerade wäre ein heftiger Platzregen niedergegangen. Aus den Düsen der Wasserwerfer rinnen die letzten Tropfen, und die Gesichter der neben den Fahrzeugen stehenden Polizisten zeigen noch die Anspannung der letzten Minuten. Offenbar haben wir eine der berüchtigten Straßenschlachten nur um wenige Augenblicke verpasst. Wer außer der Polizei noch daran beteiligt gewesen ist, ist nicht mehr auszumachen. Die Leute, die neben uns stehen, sehen jedenfalls nicht so aus, als wollten sie sich partout prügeln. Wir wollen das auch nicht, wenngleich wir noch wenige Stunden zuvor durchaus dazu bereit gewesen wären.

Dabei glaubten wir es besonders schlau anzustellen und waren lange vor dem offiziellen Beginn des NPD-Aufzuges gegen die gerade in Berlin gezeigte Ausstellung über die Verbrechen der Wehrmacht im Zweiten Weltkrieg zum Bahnhof Friedrichstraße gefahren. Wir wollten unseren Protest gegen diesen Marsch, der ausgerechnet durch das ehemals jüdische Scheunenviertel führen sollte, möglichst direkt an den Glatzkopf bringen.

Der Bahnhof ist an den Ausgängen zur Friedrichstraße komplett abgeriegelt.

»Wo wollen Sie denn hin?« Der junge Polizist sieht uns mit einem müden, aber durchaus freundlichen Lächeln an. Sicher hat er die Frage heute schon hundert Mal gestellt.

»Na, zur NPD-Demo.«

»Ich kann Sie hier nicht durchlassen. Hier können nur Teilnehmer der Demonstration durch.«

»Wir gehören doch dazu und wollen jetzt zu unserer Demonstration.« Das ist rotzfrech von Regina, und vielleicht hat der junge Mann meinen verdutzten Blick bemerkt, mit dem ich sie ansehe.

»Das glaube ich Ihnen nicht, Sie gehören ganz bestimmt nicht dazu.«

Ich merke, wie Regina jetzt richtig in Fahrt kommt, von wegen, woher er das wissen wolle und wie wir denn da aussehen müssten.

Ach du liebes Lieschen, denke ich, wir sind noch gar nicht da, und schon gibt es die erste, wenngleich nur verbale Konfrontation. Das kann ja ein lustiger Nachmittag werden – wo ich doch zumindest körperlichen Auseinandersetzungen immer aus dem Weg zu gehen versuche. Natürlich kann ich das nur schwer zugeben und so ziehe ich Regina beiseite: »Hier hat es doch keinen Zweck, versuchen wir es einfach woanders.«

»Und wo, wenn ich fragen darf?« Ein berechtigter Einwand. Im Videotext des Berlin-Fernsehens hatten wir noch in der Nacht gelesen, dass der Aufmarsch zwar nicht abgesagt würde, aber auch nicht durchs Scheunenviertel führen sollte. Der konkrete Verlauf wurde geheim gehalten.

»Wir könnten ja zur offiziellen Gegenkundgebung in die Auguststraße gehen oder zur Synagoge«, wende ich etwas halbherzig ein. Das entspricht zwar nicht unserer ursprünglichen Absicht, unseren Protest eben nicht weitab von der NPD-Demo zu bekunden, aber nach dem eben Erlebten scheint ihr der Vorschlag für den Augenblick vernünftig zu sein.

Zusammen mit einem ganzen Pulk von Leuten machen

wir uns auf den Weg zur Oranienburger Straße, immer an den Straßensperren der Polizei entlang und Ausschau haltend nach einer Möglichkeit, in den Sperrbereich zu gelangen. Die Oranienburger ist voll gestopft mit Menschen aller Altersgruppen und, in Richtung Friedrichstraße, mit Polizisten und Mannschaftstransportern, Räumfahrzeugen und Wasserwerfern. Direkt vor der Synagoge, aus der Gesang und mehrstimmige Gebete auf die Straße dringen, sehe ich kirchliche Würdenträger, junge Leute und ganze Familien mit ihren Kindern. Über Lautsprecher verkündete Aufforderungen, den Platz unverzüglich zu verlassen, und wütende Erwiderungen der Demonstranten lösen einander im Minutentakt ab.

Regina zieht mich ganz nach vorn vor den Polizeikordon. Die Stimmung ist aufgeheizt, und zunächst fühle ich mich nicht sehr wohl in meiner Haut. Das erste Mal in meinem Leben stehe ich der geballten Staatsmacht gegenüber. Doch ich merke, wie sich ein komisches Gefühl aus dem Bauch nach oben arbeitet. Auch wenn ich es nicht gleich deuten kann, es ist kein unangenehmes Gefühl.

Mittlerweile scheint sicher zu sein, dass der Aufmarsch nicht an der Synagoge vorbeiführen wird, zu viele Menschen blockieren die Straße und lassen sich von den polizeilichen Aufforderungen überhaupt nicht beeindrucken.

»Wo warst du eben mit deinen Gedanken?« Regina hat uns Zigaretten gedreht und hält mir eine hin.

»Ich dachte gerade, wie seltsam es ist, dass ausgerechnet ich hier stehe. Und ich habe mich gefragt, wie viele Leute hier protestieren, die in der DDR mit der gleichen Vehemenz jeden individuellen Protest im Keim zu ersticken versucht haben.«

Regina grinst: »Und ich möchte nicht wissen, wie viele solcher Leute man im NPD-Aufzug findet.«

Wir ziehen uns aus der unmittelbaren Konfrontationslinie zurück und laufen über die Krausnick-, Große Hamburger und Bergstraße in Richtung Invalidenstraße. An der Schröderstraße angekommen, machen wir noch einmal den Versuch, in den Sicherungsbereich zu kommen, aber nach wenigen Metern stehen wir schon wieder vor einem Absperrgitter. Ein paar Leute diskutieren mit den dort stehenden Polizisten.

Unser recht allgemein vorgebrachtes Ansinnen, die Sperre zu passieren, wird freundlich, aber unmissverständlich abgewiesen.

»Wieso schützen Sie diese Leute? Die sehen nicht verängstigt aus oder so, als ob sie Schutz bräuchten.«

Schulterzucken ist nicht wirklich eine Antwort.

»Wir wollen doch nichts weiter, als von unserem Recht Gebrauch machen, unseren Protest unmittelbar an den Mann zu bringen. Warum wollen Sie das nicht zulassen?« Natürlich haben sie ihre Anweisungen, aber wir möchten schon wissen, was die Menschen in Uniform denken.

»Na, dann protestieren Sie doch!« Die Polizistin sieht Regina an und grinst.

Ich bin sprachlos und warte darauf, dass Regina explodiert, aber sie hat sich ziemlich gut unter Kontrolle: »Wissen Sie überhaupt, was Sie da eben gesagt haben? Hier, wo weit und breit nichts ist? Sie sollten sich schämen!«

Ein anderer hätte sich vielleicht entschuldigt, die junge Frau jedoch findet sich offenbar besonders schlagfertig in ihrem Zynismus. Das ist genau die Haltung, die ich so gut kenne …

Wieder bin ich es, der Regina wegzieht. »Wenn der Zug umgeleitet wird, dann eigentlich nur über die Invalidenstraße. Wir sollten uns beeilen, bevor alles vorbei ist.«

Von der Ackerstraße kommend stellen wir fest, dass wir beileibe nicht die Einzigen sind, die diese Idee hatten. Seltsamerweise können wir zunächst kaum Polizisten ausmachen. Vielleicht lag ich mit meinen Überlegungen völlig falsch? Wir sind nur noch zwanzig Meter von der Gartenstraße entfernt, da kommt vor uns Bewegung auf. Zunächst bemerken wir nur die zunehmende Unruhe unter den Gegendemonstranten, dann sehen wir die Absperrungen an der Kreuzung Invaliden-/Gartenstraße. Zwei Fahrzeuge mit Wasserwerfern fahren auf, und hinter der Absperrung stellt sich ein Polizeikordon auf, in gepolsterten Anzügen, mit Helm, Schild und Schlagstöcken, der die gesamte Straße abriegelt. Es ist ein gewaltiger Unterschied, ob man so eine martialische Inszenierung im Fernsehen oder leibhaftig vor sich sieht.

Die Gesichter der Polizisten unter den Helmen sind bis auf die Augenschlitze vermummt – wie Kettenhunde, denke ich, die nur mit Mühe zurückgehalten werden können.

Wieder höre ich über den Lautsprecher die Aufforderung, unverzüglich die Straße zu räumen, wieder beantwortet von den wütenden Rufen der Demonstranten. Offenbar war die Überlegung, dass beabsichtigt war, die Nazi-Demo hier entlangzuführen, richtig gewesen. Mittlerweile haben wir uns direkt an den Kordon vorgearbeitet. Und nun stimmen wir ein in die Rufe der anderen Demonstranten.

Ich drehe mich um und versuche, die Leute, die hier zusammengekommen sind, einzuordnen. Aber so richtig will mir das nicht gelingen, zu unterschiedlich sind sie in Alter, Bekleidung und Habitus. Ich sehe Plakate und Transparente, professionelle von der PDS, von Vereinen und Organisationen, aber auch ganz individuelle, offenbar in Eile zusammengezimmerte, von Oberschulklassen und einzelnen Personen.

Es ist ein gutes Gefühl, hier zu stehen, zivilen Ungehorsam zu zeigen und doch zu wissen, dass man nicht allein ist. Keine Ahnung, welche psychologischen Abläufe da wirken, ob es Gruppenverhalten ist, die Anonymität der Masse oder was auch immer. Meine ursprüngliche Angst vor der so bedrohlich anmutenden Staatsgewalt jedenfalls ist einer kaum zu überbietenden Wut auf dieses Übermaß an Polizeiaufgebot zur Absicherung eines neofaschistischen Aufmarsches gewichen. Ich spüre, wie die Angst von mir abfällt, die mich mein ganzes Leben lang begleitet hat.

# 2.

Gestern lief »11 und 12« noch einmal auf B1, ein Dokumentarfilm von Till Harms, 1999 produziert und erstmals im Herbst des gleichen Jahres von 3 Sat ausgestrahlt. Der Film fällt formal und inhaltlich aus dem Rahmen, ist so ganz anders als alle mir bekannten Produktionen, die sich mit der Geschichte der ehemaligen DDR befassen, vor allem mit ihren Unterdrückungsmechanismen.

Interessierte Zuschauer erinnern sich bestimmt an den Film »Der schwarze Kasten – Versuch eines Psychogramms«, in dem ein ehemaliger Offizier des einstigen Ministeriums für Staatssicherheit vorgestellt wird. Er war Dozent im Fach Psychologie an der MfS-Hochschule in Potsdam/Eiche. Dort wurden junge Kader ausgebildet, die nach ihrem Studium, mit Phantasie und Fachkenntnis ausgestattet, in den Krieg an die sichtbare und unsichtbare Front zogen.

In diesem Film wird der Mann mit seinen eigenen Waffen geschlagen. Er erlebt vor der Kamera, vermutlich zum ersten Mal in seinem Leben, wie schwierig eine Verteidigung ist, wenn das Urteil schon feststeht. Schlimm die Szene, in der er sich nicht entblödet, noch einmal seine ausgediente Uniform anzuziehen. Vielleicht war das auch eine Idee der Filmemacher. Vielleicht hatte er nicht die Courage abzulehnen, obwohl er den Mut hatte, an diesem Film mitzuwirken, ohne sein Gesicht zu verstecken, wie man es aus anderen Produktionen kennt, in denen Stasi-Offiziere internes Wissen hinter einer Milchglasscheibe ausplaudern. Mir ist der Film ob dieses Mummenschanzes verleidet, aber er zeigt eine Methode der Abrechnung mit ehemaligen Mitarbeitern des MfS, die man meist als »Täter« bezeichnet. Die Menschen, die sich in der DDR gegen das System wehrten, sei es, dass sie einen Ausreiseantrag stellten, das Land illegal verlassen wollten, sich in den späten 8oern in Bürgerinitiativen organisierten und dadurch in Mielkes Mühlen gerieten, werden, ebenso vereinfachend, als »Opfer« bezeichnet. Und an Jahrestagen der Maueröffnung oder Wiedervereinigung ist es schon fast ein Ritual, dass deutsche Fernsehanstalten Dokumentar- und Spielfilme über jene Täter und ihre Opfer ausstrahlen.

Obwohl kein Jahrestag ansteht, lief gestern Abend »11 und 12«. Der Teufel mag wissen, aus welchem Grund. Es ist ein Täter-Opfer-Film. Er war ermittelnder Beamter der Hauptabteilung IX des MfS in dessen berüchtigter Zentralen Untersuchungshaftanstalt in Berlin-Hohenschönhausen, sie war dort 1981 »seine« Beschuldigte, »sein« Untersuchungshäftling. Das Besondere: Täter und Opfer reden miteinander. Das ausgesprochen Besondere: Täter und Opfer leben zusammen.

Diesen Film sahen Uwe und ich uns gestern noch einmal an. Ich habe ganz vergessen zu erwähnen, dass Till Harms, der Regisseur, inzwischen ein guter Freund von uns ist – und dass wir seine Protagonisten waren.

Die Begegnung mit Till war reiner Zufall. Ich arbeitete seit September 1997 als freie Mitarbeiterin in der Gedenkstätte Berlin-Hohenschönhausen, die sich auf dem Gelände der ehemaligen Untersuchungshaftanstalt befindet. Ich gehörte zu der Gruppe »Zeitzeugen«, die interessierte Besucher über die Chronik dieses Areals informieren, die eigene Geschichte erzählen und sie auf dem Rundgang durch Zellen- und Vernehmertrakt begleiten. Immer wieder kam es vor, dass nach den Führungen einzelne Besucher noch Fragen hatten. Deshalb wunderte ich mich nicht, als im Frühjahr 1998 ein junger Mann auf mich zutrat. Er wolle sich zum

Regiestudium bewerben und dafür müsse er einen kleinen Film drehen. Die Thematik interessiere ihn sehr; ob ich bereit sei, an seinem Streifen mitzuwirken. Till Harms, ganz höflich hatte er sich vorgestellt, machte auf mich einen sympathischen Eindruck. Ich schickte ihn erst einmal zur Gedenkstättenleitung: »Wenn Sie hier drehen möchten, benötigen Sie eine Genehmigung. Wenn von dort keine Einwände kommen, können Sie sich ja wieder melden.«

Ich war überzeugt, nie wieder etwas von ihm zu hören. Man kennt das ja, die Euphorie des ersten Eindrucks lässt nach, man findet ein anderes interessantes Objekt und wirft die ursprünglichen Pläne über den Haufen. Aber da hatte ich mich gründlich in Till getäuscht. Tatsächlich meldete er sich etwa zwei Wochen später per Brief und bat um ein Treffen. Ich lud ihn zu mir ein.

Mein Leben hatte sich während dieser Zeit grundlegend verändert: Ich hatte mich im Januar von meinem zweiten Mann getrennt und war bei einem gemeinsamen Freund als Untermieterin eingezogen. Seit einigen Tagen schlief ich nicht mehr allein auf der Matratze, Uwe lag neben mir. Ein monatelanges, zermürbendes Versteckspiel hatte sein Ende gefunden.

Uwe brühte Tee für uns auf, und Till stellte Fragen. Er war ein wenig nervös und angespannt, aber seine Karteikarten halfen ihm über die erste Verlegenheit hinweg. Uwe war ganz still. Er hörte nur zu. Irgendwann stellte Till eine Frage über meinen Vernehmer, er wollte etwas über seine Taktiken erfahren.

»Ich könnte versuchen, darauf zu antworten. Es ist aber bestimmt günstiger, wenn Sie ihn selbst fragen. Er sitzt vor Ihnen.«

Plötzlich knisterte die Luft. Till war nicht mehr nervös, nur noch aufgeregt, total aufgeregt. Er wollte alles wissen, alles hören und war offensichtlich dankbar über unsere freimütige Reaktion.

»Eure Geschichte ist so unglaublich, dass ich unbedingt einen richtigen Film darüber machen will. Ich weiß noch nicht wie, aber der Film muss einfach gemacht werden! Einer meiner Freunde ist Kameramann und bestimmt für das Projekt zu begeistern, vorausgesetzt, ihr seid damit einverstanden.«

Uwe bat sich Bedenkzeit aus; ich wollte seine Entscheidung akzeptieren, für ihn war sie schwieriger als für mich.

Als Till sich verabschiedet hatte, saßen wir uns eine ganze Weile stumm gegenüber. Da schien etwas auf uns zuzukommen, das wir überhaupt nicht überblicken konnten. Erst einmal in Ruhe darüber nachdenken, erst einmal die ganze Sache überschlafen. Aber an Schlaf war nicht zu denken. Kurz entschlossen machten wir uns auf den Weg zu »Max«, unserer Lieblingskneipe im Kiez. Bei »Max« war es urgemütlich, sein Chili schmeckte besonders gut, und seine ausgedienten Reichsbahnsitze waren bequem genug, um in den Bierhimmel zu reisen, wenn man Lust darauf hatte. In dieser Umgebung konnten wir endlich entspannen und wieder reden. Als wir Stunden später die Kneipe verließen, stand unsere Entscheidung fest. Wir wollten es machen! Wir würden Till für seinen Film zur Verfügung stehen, das nötige Vertrauen war vorhanden. Aber ganz insgeheim rechneten wir damit, dass er es nicht schaffen würde. Unser letztes Hintertürchen …

Er schaffte alles. Er konnte eine Produzentin für diesen Stoff interessieren, sie wiederum einen öffentlich-rechtlichen Sender. Nun gab es keine Hintertür mehr.

Vor den Dreharbeiten kam die Recherche. Till wollte Tonbandinterviews mit uns machen. Mit jedem acht Stunden. Getrennt, selbstverständlich. Er wollte von Uwe und mir unsere Geschichte im Zusammenhang hören, ohne dass wir die Möglichkeit haben sollten, uns gegenseitig zu beeinflussen.

Das Interview sollte in der Wohnung von Tills Freundin stattfinden. Auf dem Weg dorthin, in der Straßenbahn, musste ich plötzlich an Erich Mielkes letzten Auftritt in der Volkskammer am 13. November 1989 denken.

»Ich liebe doch alle«, rief der kleine Mann den Parlamentariern zu, nachdem er darauf hingewiesen worden war, dass die Anrede »Genossen« nicht auf alle zutreffe und demzufolge deplatziert sei. »Ich liebe doch alle Menschen ...«, fassungslos starrte der kleine Mann mit der einstmals großen Macht auf die lachenden Abgeordneten. Bestimmt gab es einige, die den eigenen Mut zur Heiterkeit auch erst verkraften mussten. Die neuen Machtverhältnisse waren nicht nur für Erich Mielke gewöhnungsbedürftig. Nach knapp einem Jahr änderten sie sich wieder, das ist eine andere Geschichte. Aber ohne diesen historischen Hintergrund hätten wir uns nie wieder begegnen können.

Irgendetwas stimmte an Erich Mielkes Behauptung nicht, dachte ich. Dieser kleine Mann, der so gerne lächerliche Hüte trug, wenn er nicht gerade in Uniform umherlief, liebte nicht alle Menschen. Zumindest nicht die, die er zu seinen Feinden erklärt hatte. Es existiert eine Tonbandaufzeichnung, in der zu hören ist, wie Herr Mielke sich im »internen Kreis von Mitarbeitern« über seine humanistischen Auffassungen verbreitet. Eben weil er Humanist sei, halte er nichts von dem »Demokratiegequatsche«, das neuerdings die Runde mache. Mit Verrätern müsse man »kurzen Prozess« machen, »nicht erst Verfahren und so«, lieber »gleich an die Wand stellen ...« Eigenwilliger kann wohl kaum eine Liebeserklärung ausfallen.

In diesem Sinne werde ich Till eine »Liebesgeschichte« erzählen. Nach Mielkes Auffassung war ich nämlich ein Feind, eine Gefahr für Ruhe, Ordnung und Sicherheit seines sozialistischen Staates. Ich hatte keine Chance, mich seiner Liebe zu entziehen. Und es wird die Geschichte einer Liebesbeziehung zwischen Feind und Verräter. Und der Verräter wurde eigentlich nur deshalb so verräterisch, weil er sich in den Feind verliebte. Und der Feind wurde auch zum Verräter, weil er sich in den Verräter verliebte, der gleichzeitig sein Feind war. So wurden Uwe und ich damals zweifellos beides. Als wir uns ineinander verliebten, interessierten uns Mielkes Schubladen nicht, obwohl wir doch in ihnen steckten.

# 3.

November 1997.

Das Telefon läutete. Nein, eigentlich läutete es nicht, sondern gab so eine komische Computermelodie von sich.

Zusammen mit meiner Frau und unseren beiden Kindern saß ich im Wohnzimmer, der Fernseher war an, und es war die Zeit von »Gute Zeiten, schlechte Zeiten«. Mit dieser Serie, zu der sich die gesamte Familie versammelte, wurde schon seit geraumer Zeit täglich der Feierabend eröffnet. Ein Ritual wie das Verkriechen in einen schützenden Kokon. Gleichgültig, was jeder bis zu dieser Zeit gemacht hatte, wenn die Serie begann, traf sich die Familie vor dem Fernsehgerät.

Ich glaube, meine Frau liebte diese Zeit, wenn die Familie unter sich war und gemeinsam in die Röhre starrte. Vielleicht entstand da so eine Art Heile-Welt-Gefühl, das für sie Glück bedeutete. Überhaupt sprach sie oft von dem »kleinen Glück«, und ich nehme an, dass damit vor allem eine vordergründige Harmonie in der Familie und Zufriedenheit mit den jeweiligen Lebensumständen gemeint war. Mein Rückzug ins Private nach dem Zusammenbruch der DDR und der plötzlichen Umkehr aller ideologischen Prämissen, mit denen ich mich so deutlich identifiziert hatte, war ja auch geeignet, ihr Recht zu geben.

Wir hatten unsere Wohnung am Rande Berlins gerade erst bezogen, als Fluchtpunkt aus der Stadt, aus der einmal so erhofften und nun ungeliebten Plattenbauwohnung. Vielleicht aber auch vor der allgegenwärtigen Vergangenheit, verkörpert durch den ständigen Blick auf den gegenüberliegenden Gebäudekomplex der ehemaligen Zentrale des Ministeriums für Staatssicherheit der ehemaligen DDR.

Das Leben in jenem Haus in der Lichtenberger Rusche-straße hatte sich nach 1989 stark verändert. Bis vor kurzem war es noch ausschließlich von Mitarbeitern des MfS bewohnt. Die wenigen noch nicht weggezogenen Mieter gingen sich weitgehend aus dem Weg, nichts war mehr geblieben von dem oft beschworenen Gemeinschaftsgefühl, gemeinsamen Arbeitseinsätzen an Sonnabenden zur Verschönerung des Umfelds, »Subotniks« genannt, und den anschließenden Hoffesten oder dem »kollektiven« Bemühen um einen Spielplatz für die zahlreichen Kinder. Niemand hätte heute solche Aktivitäten verboten, nur angeordnet wurden sie auch nicht mehr.

Jeder versuchte möglichst schnell in seine Wohnung zu gelangen und die Wohnungstür wie eine Zugbrücke hinter sich zu schließen. Die mehr oder weniger gemeinsame Vergangenheit sollte draußen bleiben, auf dem Treppenflur. »Guten Tag! Na, hast du Arbeit?« Die Duzerei hatte sich seltsamerweise nicht verloren, obwohl sie zu keiner Zeit aus einer privaten Beziehung resultierte, auch nicht der wissende, jetzt immer scheuer werdende Blick. Dieser Blick, der zu sagen schien: »Ich weiß, was du gemacht hast, aber wir wollen nicht mehr darüber reden« oder »Sind wir nicht die Loser der Nation, eben noch in Amt, Würden und sozialer Sicherheit bis ans Ende unserer Tage, und jetzt müssen wir um unsere Existenz kämpfen?«. Die Vergangenheit huschte durch den Fahrstuhlschacht, schlich durch das Treppenhaus, diese Endzeitstimmung, die endlich auch in eine zunehmende Verwahrlosung des Hauses überging.

Weg, weg, Zukunftsluft atmen. Eine andere Umgebung, andere Menschen, als Unbekannter ohne Vergangenheit neu beginnen. Auf die menschliche Anpassungsfähigkeit und Gedächtnisschwäche würde schon Verlass sein.

Ich fühlte mich wohl dabei, in die Familie einzutauchen. Wahrscheinlich war das für mich überhaupt die einzige Möglichkeit, mit mir selbst einigermaßen klarzukommen. Mein Idealismus aus der Jugendzeit war schon lange verloren gegangen. Und wenn auch nur eine Andeutung davon doch einmal wieder hochkam, beispielsweise wenn ich mit einem langjährig befreundeten Ehepaar nach der »Wende« über den Umgang mit unserer DDR-Geschichte diskutierte, dann kam prompt der Einwand: Wie kann man sich nur mit solchen Dingen beschäftigen, wo es doch für Meinesgleichen darum geht, seinen Arsch zu retten, unauffällig zu sein und sich ein ruhiges Leben zu verschaffen! Das waren dann die Momente, wo ich meine Aussagen abschwächte oder ganz das Thema wechselte. Inkonsequenz oder Feigheit? Keine Trennung möglich.

Gerade hatte ich meine zweite Operation am linken Ohr hinter mir und freute mich schon auf die folgenden mindestens drei Wochen Krankschreibung. Krankgeschrieben sein und sich nicht wirklich krank zu fühlen ist geil. Das hatte ich schon nach der ersten Operation erlebt. Etwas aber war dieses Mal anders: Plötzlich war dieser Idealismus wieder da und der Drang, auf eine ganz unbestimmte Weise kreativ zu sein. Schon während der letzten Tage im Krankenhaus hatte mich eine unerklärliche Unruhe und Unzufriedenheit erfasst. Ohne es darauf anzulegen, fing ich an darüber nachzudenken, was bisher in meinem Leben gelaufen war, was ich gewollt und nicht getan oder was ich getan und nicht gewollt hatte, und vor allem darüber, was ich mit dem Rest meines Lebens anfangen sollte. Seltsamerweise hatte weder das eine noch das andere viel mit meiner Familie zu tun.

Vielleicht war es nur die ungewohnt lange freie Zeit, mit der ich nichts anzufangen wusste. Aber ich verspürte auch einen undefinierbaren Widerwillen angesichts der Tatsache, dass das Leben nach den Wirren der »Wende« schon wieder in geordneten Bahnen verlief, ich mich wieder komplett angepasst hatte und wirkliche Höhen und Tiefen nicht mehr zu erwarten waren. Der Umzug hatte nichts gebracht. Die Geister der Vergangenheit waren einfach mitgezogen. Sie hatten nicht im Hausflur gewohnt, sondern in meinem Kopf.

Unwillig hatte ich mich von meinem Computer weg vor den Fernseher rufen lassen, aber ich wusste, dass ein Wegbleiben wenn schon nicht Streit, so zumindest eine Gewitterstimmung mit all ihrer unterschwelligen Bedrohlichkeit zur Folge gehabt hätte. Meine zunehmende Suche nach Freiräumen außerhalb der Familie – die Spanne reichte von Lehrgängen an der Abendschule bis zu Tai-Chi-Kursen – schien meine Frau unruhig zu machen, aber ich wurde den Eindruck nicht los, dass sie in den 26 Jahren unseres Zusammenlebens immer wusste, wie mit mir umzugehen war.

Das Telefon läutete.

Mein Sohn ging an den Apparat: »Ja, bitte?«

Dieses anonyme »Ja, bitte?« hielt ich immer für ein Relikt meiner Stasi-Vergangenheit: sich nur nicht offenbaren, bevor man sicher sein konnte, wer der andere war und worum es ging. Damit hatte ich die ganze Familie geimpft.

Alle starrten meinen Sohn an, denn dass zu dieser Zeit jemand bei uns anrief, war eher ungewöhnlich. »Nein, ich bin der Sohn«, hörte ich ihn sagen, dann reichte er mir den Hörer: »Eine Frau L., für dich.«

Der Boden tat sich auf. Mein Kopf war völlig leer, und doch wusste ich plötzlich alles. Meine Frau und meine Kinder sahen mich an, sie hatten meine Veränderung wohl bemerkt.

Nach 1989 hatte ich mich oft gefragt, wie ich reagieren würde, wenn sich ein ehemaliger Beschuldigter bei mir meldete. Manchmal wünschte ich es mir, manchmal fürchtete ich mich davor. Selbst die Initiative zu ergreifen, fehlte mir der Mut. Oft hatte ich mir gesagt, du bist es den Menschen zumindest schuldig, mit ihnen zu reden, auch Schuld zu bekennen. Vielleicht auch nur, um den eigenen Seelenfrieden wieder zu finden. Und doch wurde ich das Gefühl nicht los, dass mir meine Angst einen Strich durch die Rechnung machen würde, wenn es so weit wäre.

Ich nahm den Hörer: »Ja, bitte?«

Es war ihre Stimme! Es wurde wirklich ein verdammt kurzes Gespräch, und ich hörte mich nur wie durch einen Schleier immer wieder »nein« sagen.

Ich legte den Hörer auf und starrte auf die Wand mit dem türkischen Seidenteppich, gekauft während eines Tagesaufenthaltes in Istanbul, kunstvoll gefertigt mit fremdartigen Ornamenten, die zu bedeuten schienen: »Setz dich auf mich, ich kann dich bringen, wohin du willst.« Ich liebte diesen Teppich, weil er mein Fernweh befriedigte, ohne dass ich einen Fuß vor die Tür setzen musste. Jetzt jedoch begann er sich aufzulösen, die Ornamente verschwammen, wurden erst milchig und schließlich zu einer Eisfläche mit Fransen. »Gut gemacht, jetzt erzähl schnell der Familie eine Geschichte, du siehst doch, wie sie warten, und schon hast du es geschafft.« Mein Spiegelbild grinste. Ich nahm die Flasche mit dem Single Malt aus dem Schrank, goss mir ein Glas ein, setzte mich auf den Fußboden neben der Couch und trank einen ersten großen Schluck.

Mein Verhalten muss derart krass meinen lapidaren Erklärungen widersprochen haben, dass es mir noch heute ein Rätsel ist, weshalb meine Frau oder meine Kinder nicht drängender nachgefragt haben. Oder gab es Reaktionen, und ich war nur nicht in der Lage, sie wahrzunehmen? Meine Frau sagte später, sie habe in dem Augenblick gewusst, dass sich unser Leben ändern wird.

Ich zwang mich möglichst gleichgültig zu wirken und erzählte, dass Regina L. eine ehemalige Beschuldigte sei, die in den Westen gewollt und deren Ermittlungsverfahren ich vor 16 Jahren bearbeitet hätte. Alles nicht falsch, aber nicht einmal die Hälfte der Wahrheit.

An Schlaf war nicht zu denken. Nicht in dieser Nacht und nicht in der folgenden. Immer wieder lag ich wach, starrte an die Decke, und Erinnerungen schoben sich in den Vordergrund: ein Gesicht mit einem sanften, wechselnd traurigen und zornigen Blick, lange, fast schwarze Haare, eine schlanke, knabenhafte Gestalt in blauem Trainingsanzug und schwarzem T-Shirt. Mein Vernehmungszimmer: Ich sitze nicht hinter dem Schreibtisch, sondern an dem kleinen quadratischen Tisch, der davor steht und halte eine Hand, die nur halb so groß ist wie meine.

Was war bloß los, warum war ich nicht in der Lage, rational mit der Situation umzugehen? Es war doch eigentlich alles klar, ich hatte mich verleugnet, Regina würde sich nicht wieder melden. Nur eine winzige Störung im normalen Ablauf, nicht mehr. Ich hätte mit mir zufrieden sein können: wieder einmal eine gefährliche Situation umschifft, keine Auseinandersetzung, nichts hatte sich geändert.

Aber warum kam ich dann nicht zur Ruhe? Ich ging spazieren, saß stundenlang vor dem Computer, tat alles, um mich abzulenken, aber so sehr ich mich dagegen sträubte, die Erinnerungen gewannen immer deutlichere Konturen. Ganz allmählich fing ich an zu begreifen. Ich konnte endlich meiner Unruhe einen Namen geben: Sehnsucht.

Sechzehn Jahre lagen dieses Gesicht und der Name Regina L. zurück, die Zeit hatte mich eingeholt. Mein Gott, was war in der Zwischenzeit mit ihr geschehen, wie hatte sie diese Jahre verbracht? Bestimmt war sie, wie andere auch, sehr schnell vom Westen freigekauft worden und hatte sich dort ein neues Leben aufgebaut. Vielleicht hatte sie sich ja ihren Traum erfüllt und Theaterwissenschaften studiert. Ich konnte mich noch genau daran erinnern, wie sie mir einmal sagte, wenn sie drüben wäre, würde sie bestimmt einen Film über uns machen. Das traute ich ihr zu, wie ich ihr überhaupt alles Mögliche zutraute. Tatsächlich hatte ich in den folgenden Jahren immer wieder darauf geachtet, ob im Fernsehen etwas in dieser Richtung gezeigt würde, wobei ich hoffte, dass sie unsere Geschichte als fiktiv ausgeben würde, um mich nicht zu gefährden.

Natürlich meine ich das Westfernsehen. Ich kann mich an keinen Mitarbeiter des MfS erinnern, der nicht freimütig bekannte, zu Hause Westfernsehen zu sehen. Einige meinten erklären zu müssen, nur ausgewählte, gegen die DDR gerichtete Sendungen zu sehen, um über die »aktuelle Vorgehensweise des Feindes« informiert zu sein. Die meisten jedoch verzichteten auf diese vordergründige Rechtfertigung, zumal es kein offizielles Verbot gab, Westfernsehen zu konsumieren.

Bei uns zu Hause war das anders gewesen. Mein Vater war Spitze darin, die Antenne stets so auszurichten, dass ausschließlich DDR-Fernsehen zu empfangen war. Und das wollte etwas heißen, schließlich wohnten wir in unmittelbarer Nähe zur Westgrenze, und es war weitaus schwieriger, DDR-Sender als das bundesrepublikanische Fernsehen zu empfangen. Regelmäßig gab es Auseinandersetzungen zwischen meinem Vater und meinem Großvater, weil ich bei meinen Großeltern, auf deren Bauernhof ich regelmäßig die

Winterferien verbrachte, Westfernsehen sehen durfte. Mein Opa ließ sich davon jedoch überhaupt nicht beeindrucken und so konnte ich mir bei ihm auch weiterhin die Vorabendserien anschauen. Politischen Einfluss übten Sendungen wie »Fury«, »Rauchende Colts« und »Flipper« wohl kaum auf mich aus.

Weder zu Hause noch bei meinen Großeltern habe ich je bewusst politische Diskussionen, von dem Fernsehdisput mal abgesehen, erlebt, nichts, was geeignet gewesen wäre, die offizielle Sicht auf die Welt, in der ich aufwuchs, in Zweifel zu ziehen. Letztlich fand ich es völlig normal, dass Leute, die nicht in der Partei waren, Westfernsehen guckten, und Parteimitglieder eben nicht. Erst als ich mit 17 Jahren im Haushalt der Eltern meiner Freundin ein- und ausging stellte ich fest, dass auch Funktionsträger der SED, wie mein zukünftiger Schwiegervater, fleißig Westfernsehen sahen, wenn auch in den 70er Jahren noch heimlich; alle Familienmitglieder waren angehalten, niemandem zu erzählen, welche Sender zu Hause gesehen wurden.

Trotzdem oder vielleicht gerade deshalb musste ich lauthals lachen, als meine Mutter mir vor ein paar Jahren – lange nach der »Wende« – erzählte, mein Vater sähe sich gerade eine dieser alten Westernserien im Vorabendprogramm an.

Später ertappte ich mich manchmal dabei, zwischen dem Verhalten meines Vaters und meines Schwiegervaters abzuwägen, um letztlich zu dem Schluss zu kommen, dass es da nichts abzuwägen gab. Beide hatten sich auf ihre Weise den Bedingungen angepasst und das getan, was sie für richtig hielten. Und schließlich verhielt ich mich selbst zu DDR-Zeiten nicht anders, eher noch einen Zacken schärfer, weil ich mit meinen Kindern Westfernsehen sah und ihnen gleichzeitig einschärfte, wie verlogen und feindlich das alles sei, was sie dort sahen. Der Ansatz war sicher nicht einmal falsch, denn ich versuchte, bei ihnen einen kritischen Blick auf die Berichterstattung der Medien zu wecken. Woran das Ganze krankte, war die Tatsache, dass es so einseitig geschah. Der kritische Blick ging immer nach Westen, nie vor die eigene Haustür.

Nun waren schon vier Tage seit ihrem Anruf vergangen. Ich konnte mir immer noch nicht verzeihen, dass ich mich verleugnet hatte. Je mehr Zeit verging, desto mehr nahm der Wunsch zu, sie zu sehen, zu sprechen, zu berühren. Ich zwang mich zu Überlegungen, die ich für rational hielt: Was wollte sie eigentlich von mir? Wollte sie sich rächen, hatte sie vor, mich öffentlich anzuprangern? Was, wenn sie nur noch Hass für mich empfand? War es dann nicht richtig gewesen, dass ich mich verleugnet hatte? Und was wollte ich eigentlich von ihr, nach so langer Zeit? Ich ertappte mich bei dem Gedanken, dass ich sie vielleicht nur benutzen wollte, um mein Gewissen zu beruhigen. Vielleicht ergab sich hier eine Möglichkeit, mit den Gespenstern der Vergangenheit auf möglichst schmerzlose Weise fertig zu werden. Doch, ich wollte mich meiner Vergangenheit schon stellen, ich war bereit, mein Wissen und meine Erinnerungen einer sachlichen Aufarbeitung der DDR-Geschichte zur Verfügung zu stellen. Es sollte nur nicht wehtun und möglichst keine Konsequenzen für mich haben.

Entgegen all diesen Überlegungen durchsuchte ich sämtliche Telefonbücher, derer ich habhaft werden konnte, nach dem Namen L. Schließlich gab ich es auf, den Namen gab es im vereinten Deutschland zwar häufig, aber keine Regina L., und wo sollte ich eigentlich nach ihr suchen, in welchem Bundesland, in welcher Stadt?

Meine Krankschreibung war verlängert worden. Es war der 27. November 1997, und nach der Rückkehr vom

Einkaufen öffnete ich den Briefkasten. Neben einer Unmenge von Werbeprospekten sowie einem Wahlzettel der NPD fiel mir ein Brief in die Hände. Ich hatte kaum die Anschrift gelesen, da wurde mir klar, dass Regina mich erkannt und meine Verleugnung nicht hatte gelten lassen. Von rationalen Überlegungen konnte keine Rede mehr sein, ich war selig.

Ich öffnete den Brief:

*Werter Herr Karlstedt,*

*nach unserem kurzen Telefongespräch am vergangenen Mittwoch habe ich spontan beschlossen, Ihnen einen Brief zu schreiben.*

*Dafür gibt es zwei Gründe: Zum einen, natürlich glaube ich Ihnen, dass Sie sich nicht mehr an mich erinnern. 16 Jahre sind eine lange Zeit, und man vergisst einfach Namen oder Begegnungen. Hinzu kommt, dass Sie in Ihrem ehemaligen Beruf zu vielen Menschen Kontakt hatten. Zum anderen, natürlich bin ich nach diesem Gespräch absolut sicher, jenen Mann gefunden zu haben, der 1981 für mehrere Monate meine einzige Kontaktperson war. Ich habe ein ausgeprägtes Stimmengedächtnis, jede Stimme hat eine eigene Klangfarbe, und Ihre hat sich nicht verändert. Wenn es für Sie wichtig sein sollte, wie ich gerade auf Sie gekommen bin, werde ich das natürlich gerne erklären.*

*Ich teile Ihnen also ganz freundlich mit, dass Sie vom 6. April 1981 an für einige Monate »mein« Vernehmer in Hohenschönhausen waren.*

*Nun ist die Situation ziemlich verkorkst: Sie erinnern sich nicht, und ich erinnere mich. Und ich möchte, dass Sie sich erinnern, weil ich fast sicher bin, dass es dann zu einem Gespräch zwischen uns kommen kann. Wenn Sie sich erinnern, werden Sie wissen, dass es keinen Grund für Berührungsängste geben muss, und Sie werden vermutlich mei-*

nen Wunsch nach Begegnung unter anderen Bedingungen als damals respektieren können.

Zunächst erst einmal greifbare Fakten:

6. April 1981: Verhaftung von T. und H. Regina L. durch das MfS und Einlieferung in die UHA Hohenschönhausen. Ein Freund der L.'s, Ulrich S., als Mittäter ebenfalls in der UHA Hohenschönhausen.

Verurteilung wegen landesverräterischer Agententätigkeit und landesverräterischer Nachrichtenübermittlung Ende Oktober 1981.

Ulrich S.: 2 Jahre

T. L.: 4,6 Jahre

H. Regina L.: 3,2 Jahre

Vielleicht erinnern Sie sich ja jetzt schon; ich glaube, zu jener Zeit waren Dreier-Gruppen nicht so häufig.

Jetzt kommt der weniger greifbare Teil: Im Gegensatz zu vielen anderen U-Häftlingen habe ich keine permanent unangenehmen Erinnerungen an die Vernehmungen. Ich war sozusagen geständig, weil mir unsere Vorgehensweise als richtig und sogar notwendig erschien. Der juristische Aspekt dieser Angelegenheit interessierte mich nicht besonders, das lief schon seinen sozialistischen Gang.

Einen Tag vor Ihrem Urlaub stellten Sie ein uraltes Radio an, ein Löffel war die Antenne. Auf die wenigen Vernehmungen und Gespräche nach Ihrem Urlaub möchte ich jetzt nicht eingehen, um Ihnen einen größtmöglichen Interpretationsspielraum zu geben. Ein Satz, den ich häufig auf mein kariertes Papier schrieb, spielte dabei eine gewisse Rolle: »Und trotzdem und immer wieder 11 und zwölf«. Ich weiß gar nicht, warum ich die 12 heute ausgeschrieben habe.

Das wird ausreichend sein. Betonen möchte ich, dass mein Gesprächsinteresse rein privater Natur ist. Ich würde niemals auch nur einen Zipfel davon irgendjemandem zur

*so genannten wissenschaftlichen Aufarbeitung der DDR-Ver-*
*gangenheit zur Verfügung stellen.*

*Nun hoffe ich ganz schlicht, dass Sie sich Zeit für Er-*
*innerung nehmen oder dass Sie sie sich einfach erlauben.*
*Und natürlich möchte ich, dass Sie sich dann bei mir mel-*
*den. Wenn nicht, wäre ich tatsächlich traurig, aber ich wür-*
*de es respektieren.*

*Kleinigkeit noch, seit 1994 heiße ich Regina Kaiser. Seit*
*zwei Wochen bin ich ab und zu in der Genslerstraße und*
*habe dort Führungen, natürlich auf meine Art.*

*In der Hoffnung, irgendwann einmal etwas von Ihnen zu*
*hören, verbleibe ich mit tatsächlich freundlichen Grüßen,*
*Regina Kaiser*

Es folgten Anschrift und Telefonnummer.

Den ersten Teil des Briefes überflog ich mehr, den zweiten
las ich nun noch einmal. Jedes Wort saugte ich heraus und
entdeckte genau das, was ich so sehr zu finden gehofft hatte.
Mit dem Glück und der unendlichen Erleichterung wuchs
aber auch die Neugier. Am liebsten wollte ich sofort anrufen
und mich mit ihr treffen.

Am Abend zeigte ich den Brief meiner Frau.

»Du willst dich doch nicht etwa bei ihr melden?«

»Doch, ich werde sie anrufen und mich vielleicht auch
mit ihr treffen.«

»Was soll das, was will sie von dir?«

Ich vermied es, ihr in die Augen zu sehen. »Ich muss mich
bei ihr melden. Sie hat ein Recht darauf, zu erfahren, wie das
damals war.«

Ich eierte herum, sie merkte es. Ich verzog mich an den
Computer.

Regina hatte den ersten Schritt getan und mir die Möglichkeit des zweiten gegeben. Nun lag es nur noch an mir,

herauszufinden, ob alles wirklich so gewesen war, wie meine Erinnerung und meine Gefühle es mir beschrieben.

Schon am nächsten Vormittag rief ich bei ihr an, doch stets meldete sich eine Männerstimme, sicher ihr Mann. Vielleicht wusste er nichts von ihrem Anruf, ihrem Brief, nichts von mir. »Hallo, wer ist denn da?«, ich legte wieder auf. Endlich, nach mehreren Versuchen, ihre Stimme.

»Guten Tag, mein Name ist Uwe Karlstedt, ich bin doch der, den sie suchen.« Und dann ganz leise: »Hallo, Regina.«

Ich hatte den Eindruck, dass es ihr jetzt so erging wie mir vier Tage zuvor, nachdem ich aufgelegt hatte. Sie sprach leise, beinahe zärtlich, ich konnte ihren Atem hören und spürte ihren Herzschlag. Ich saß neben der Couch, hatte wieder den für gute und für schlechte Zeiten aufgehobenen Whisky – Überbleibsel einer Butterfahrt nach Helgoland – neben mir und merkte, dass mir die Hände zitterten. Wir verabredeten uns für den nächsten Tag. Sie hatte eine Führung in Hohenschönhausen und schlug vor, dass wir uns anschließend in einer nahe gelegenen Kneipe treffen. Die Kneipe kannte ich nur zu gut. Oft hatte ich dort mit meinen ehemaligen Kollegen nach dem wöchentlichen Dienstsport zu Mittag gegessen.

# 4.

Es ist der 6. April 1981.

Ich haste durch die Doppeltür eines Vernehmungszimmers in der Berliner Magdalenenstraße, als wäre ich eben von einer anderen wichtigen Arbeit abberufen worden. Um gleich zu Beginn das Selbstbewusstsein der zu befragenden Person zu untergraben, versuche ich den Eindruck zu erwecken, die Situation sei nicht lange vorher geplant, sondern improvisiert. Also laufe ich eilig ins Zimmer, den Mantel halb geöffnet, die Aktentasche unter den Arm geklemmt und etwas außer Atem. Tatsächlich habe ich bereits seit mehreren Stunden in einem Nebenraum auf diesen Augenblick gewartet, aufgeregt, wie stets vor der ersten Begegnung mit einem anderen Menschen in dieser besonderen Situation, ganz gleich ob es sich um eine Befragung, Beschuldigten- oder Zeugenvernehmung handelt.

Das Zimmer in der Steinbaracke, die vor neugierigen Blicken durch eine hohe Betonmauer zur Magdalenenstraße geschützt ist, wirkt hell, obwohl die vergitterten und weiß angestrichenen Fenster den größten Teil des Tageslichts absorbieren. Rechts ein einfacher Schreibtisch und davor ein quadratischer Tisch mit drei gepolsterten Stühlen. Gegenüber eine dieser unbequemen Couchgarnituren im Stil der 70er Jahre. Der uniformierte Wachposten nickt mir beim Hereinkommen kurz zu, verlässt wortlos das Zimmer und gibt den Blick frei auf eine am Tisch sitzende junge Frau, von der ich zunächst nur den Rücken und den Hinterkopf mit hochgesteckten dunklen Haaren sehen kann.

Ich halte kurz inne, dann gebe ich mir einen Ruck und stürze regelrecht an ihr vorbei, sage kurz: »Guten Tag« (im Tonfall, als würde ich fragen: »Was machen Sie denn hier?«, oder, wie es heute üblich ist: »Was kann ich für Sie tun?«), lege meine Tasche auf den leeren Schreibtisch, ziehe den Mantel aus und hänge ihn an den Garderobenständer. Dann packe ich Schreibblock, Kugelschreiber und meinen Befragungsplan aus, wobei ich Letzteren möglichst unauffällig in einem Schubfach verstaue. Das Fach lasse ich aufgezogen. Nicht, dass ich die Fragen nicht im Kopf hätte, aber es gibt mir etwas Sicherheit, bei Bedarf einen Blick darauf werfen zu können. Das ist, wie wenn man Spickzettel schreibt, sie auch mitnimmt zur Prüfung, aber nicht verwendet, weil sich alles, was man aufgeschrieben hat, schon eingeprägt hat.

Erst nachdem ich mich hinter den Schreibtisch gesetzt habe, begegnen sich unsere Blicke.

Ich bin nicht mehr in der Lage nachzuvollziehen, was in diesem Augenblick in mir vorging, bis auf eines, dass diese Frau auf unerklärliche Weise und ohne dass wir noch ein Wort wechselten, Eindruck auf mich machte. Vielleicht war ich auch nur überrascht. Ich hatte mir ein Bild aufgebaut von der Person, mit der ich mich auseinander setzen sollte, anhand der wenigen Unterlagen und Berichte, von der Hauptabteilung XX erstellt, die mir mein Referatsleiter zur Kenntnis gegeben hatte. So war es immer, alles was ich las, erzeugte bei mir automatisch Bilder, gleichgültig, ob es sich um einen Roman oder einen Observationsbericht handelte. Genauso erwachten auch die handelnden Personen zu Leben, erhielten Statur und Gesicht. Bei literarischen Texten blieb die äußere Erscheinung meiner Phantasiegestalten unverändert. Anders bei operativen Unterlagen, und doch hatten die im Kopf erzeugten Personen stets große Ähnlichkeit mit denen, die mir später tatsächlich begegneten. Darauf hatte ich mir schon zu dieser Zeit etwas eingebildet, es als Menschenkenntnis angesehen.

Doch jetzt stimmt das Bild nicht. Ich hatte eine verbitterte Frau Anfang dreißig erwartet, deren Gesichtszüge ich mir hart und abweisend vorgestellt hatte. Feindseligkeit und Aggressivität hatte ich erwartet und versucht, mich darauf einzustellen. Was ich sehe, ist das offene sympathische Gesicht einer Frau, die keinesfalls älter zu sein scheint als ich mit meinen 26 Jahren und die – verdammt, was solle das denn jetzt – so haargenau meinem Ideal entspricht. Schön, aber nicht puppig, schmale Züge, aber nicht verhärmt, kluge dunkle Augen, Anmut in der Bewegung, ohne affektiert zu wirken. Abwehr und gespannte Erwartung glaube ich in ihrem Blick zu erkennen, aber auch so etwas wie Erschrecken, Erstaunen. Letzteres kann ich nicht deuten, und das verwirrt mich zusätzlich.

Immer wieder habe ich versucht, diese Situation in meiner Erinnerung zu rekonstruieren. Dabei stellte ich mir eine selbstbewusste, attraktive junge Frau vor, die von der Richtigkeit ihres Handelns überzeugt war und auch davon, dass ich derjenige war, der hier Unrecht tat. Ich konnte mich selbst sehen, als einen jungen Karrieristen, eitel, aber unsicher, der eine Chance zum Aufstieg bekommen hat, seinerseits glaubt, das politisch und damit auch moralisch Richtige zu tun, und sich doch auf eine Weise zu dieser Frau hingezogen fühlt, dass er sich nur mit Mühe auf seine Aufgabe konzentrieren kann.

Was macht also dieser junge Mann in seiner Not? Er versucht in Einklang zu bringen, was nicht wirklich in Einklang zu bringen ist: seinen Job bestmöglich zu erledigen und zugleich diese Frau für ihn als Mann zu interessieren. Seine Rolle ist nicht auf die Erlangung von Sympathie ausgerichtet, sondern darauf, die Grundlagen für politisch bestimmte strafprozessuale Entscheidungen zu schaffen. Seine Rolle besteht in der des allwissenden, allmächtigen, politisch und moralisch überlegenen Vertreters realsozialistischer Staatsräson. Seine Aufgabe ist es, vor allem in den Vernehmungen, Beweise für das sozialismusfeindliche und damit zwangsläufig gesetzwidrige Tun seines Gegenübers zu erbringen bzw., wie in den meisten Fällen, die inoffiziell (heute würde er sagen: illegal) bereits beschafften Beweise durch die Aussagen des Beschuldigten für den Strafprozess verwertbar zu machen. Der junge Mann ist sich seiner Rolle auch durchaus bewusst, und er hat es gelernt, die für sein Fortkommen notwendigen Prioritäten zu setzen. Um genau zu sein, er hat gelernt, dass die Priorität nur militärische und Parteidisziplin sein konnte. Wenn es diese Disziplin von ihm verlangt hätte, zu denunzieren, zu schnüffeln, sich von nahe stehenden Menschen zu trennen, seine Empfindungen zu verleugnen, hätte er es wahrscheinlich ohne großes Zögern getan. Bis auf Letzteres ist all das nie von ihm verlangt worden, und auch das nicht einmal direkt. Das schaffte er schon ganz allein. Es gab eine Zeit, da hätte er, wäre seine Familie nicht mit seiner Tätigkeit einverstanden gewesen, eher die Familie verlassen als die Tätigkeit aufgegeben.

Schon die Anrede »Genosse« – diese Bezeichnung mit mehrfacher Bedeutung – hatte für ihn etwas magisch Disziplinierendes. Es war die Anrede sowohl für Mitglieder der SED als auch für die Angehörigen militärischer Organisationen in der DDR, ob sie nun Mitglieder dieser Partei waren oder nicht. Es hieß eben nicht »Herr Gefreiter«, sondern »Genosse Gefreiter«, und das hatte vor allem eine praktische psychologische Dimension. Der »Herr Gefreite« beanspruchte noch etwas Eigenes, Individuelles, einen Hauch von Mündigkeit; der »Genosse Gefreite« war Teil einer Masse, ein Rädchen, hatte nur noch Bedeutung im Sinne von etwas Größerem.

Seit er 18 Jahre alt war, sprach man ihn mit »Genosse« an. Kurz nach Beginn der Lehre hatte er seine Mitgliedschaft in der SED beantragt, ohne Zweifel und folgerichtig, wie er glaubte.

Ob dies Vor- oder eher Nachteile haben würde, spielte für ihn damals kaum eine Rolle. Er war dabei, einen Industriearbeiterberuf zu erlernen, wie bereits sein Vater und auch andere aus seiner Familie vor ihm.

Zeit seines Lebens lag über seinen Entscheidungen ein seltsamer Idealismus, der oft völlig unpraktisch und meist nicht einmal karrierefördernd war. Später war es dann eher schon so, dass er im Interesse seines beruflichen Fortkommens an diesem realitätsfernen Idealismus festhielt und ihn vor sich und vor anderen vehement zu schützen suchte. Selbst bei der Wahl seines Ausbildungsberufes orientierte er sich nicht etwa an praktischen Gesichtspunkten, sondern er baute sofort ein Bild von »Fortsetzung der Familientradition« auf. Alles musste seinen Nimbus haben. Wahrscheinlich wäre er auch überzeugter Kirchgänger oder Sektenmitglied geworden, wenn er ein anderes Elternhaus gehabt hätte und nicht ausgerechnet in einer Gegend aufgewachsen wäre, in der die Kirche eine so prägende Rolle spielte. Nur so bekam es für ihn schon wieder etwas Großartiges, dagegen zu sein und sich zumindest von diesem Umfeld zu unterscheiden.

Also sollte auch der Bezeichnung »Genosse«, weil einer höheren Idee zugeordnet, etwas Hehres innewohnen. Es war der Inbegriff von erwählt sein, von dazuzugehören, sein Leben einem gemeinsamen Ziel mit weltgeschichtlicher Bedeutung zu weihen, teilzuhaben an der Gesetzmäßigkeit der Menschheitsentwicklung. Auch wenn er damals nicht wirklich etwas davon verstand, es klang verdammt gut, und er hatte den Eindruck, sich aus der dumpfen Masse herauszuheben und damit – ohne eigene Mühe, nur durch das Treibenlassen im Strom – etwas Besonderes zu sein, sozusagen ein Held auf Sparflamme. Erst viele Jahre später, Ende der 80er, als endlich auch für ihn nichts Großartiges mehr am »Genossen« war, begann er langsam zu begreifen, dass diese Bezeichnung nichts anderes bedeutete als: Disziplin, Unterordnung und Aufgabe der Individualität.

# 5.

6. April 1981.

Ich sitze in einem »Lada« und habe drei Begleiter. Das Auto ist Eigentum des Ministeriums für Staatssicherheit, die Herren sind es ebenfalls, ich gehöre mir. Das unterscheidet uns grundsätzlich voneinander, deshalb die Fahrt.

Nachdem ich über T.s Verhaftung in Kenntnis gesetzt worden war, hatte ich als Zeugin bei der Durchsuchung unserer beiden Wohnungen zur Verfügung stehen müssen. In Pankow gestaltete sich das etwas schwierig, weil unsere beiden Katzen kein Verständnis für die vielen ungebetenen Gäste in ihrem Revier aufbringen wollten. Sie fauchten und sprangen nervös umher. Die Herrschaften fühlten sich in ihrer verantwortungsvollen Tätigkeit gegen den Klassenfeind empfindlich gestört. »Rufen Sie Ihre Tiere zur Ordnung!«

Es gelang mir nicht zu vermitteln, dass Katzen, im Gegensatz zu Hunden, für Kommandos jeglicher Art unempfänglich sind. Die Durchsuchung der Wohnung in Köpenick verlief dann reibungslos; Tussy und Mungo mussten in Pankow bleiben.

Ich kann immer noch keinen klaren Gedanken fassen. Das ist nur der Schock, beruhige ich mich selbst. Immerhin gelingt es mir, ruhig und gefasst zu wirken, jedenfalls bilde ich mir das ein.

T. konnte mir vorhin gerade noch zuflüstern, dass ich Dr. Vogel über seine Verhaftung informieren solle. Das war alles, mehr Verständigung war nicht möglich. Danach wurde er weggebracht, ohne dass man mir mitteilte, wohin. Wir haben in unseren Brieftaschen einen kleinen Zettel, auf dem wir die Namen von Anwälten notiert hatten, nur für den Notfall. Dr. Vogel steht an erster Stelle.

Gestern hatten wir im engsten Kreis eine kleine Abschiedsfeier für D. gegeben. Sein Ausreiseantrag war genehmigt worden. Das wurde auch Zeit, jahrelanges Warten hatte ihn reichlich zermürbt, und er hatte immer abenteuerlichere Pläne entwickelt, um endlich rauszukommen. Die Besetzung der amerikanischen Botschaft gehörte noch zu seinen harmloseren Phantasien. Folglich waren wir alle erleichtert, dass er es endlich geschafft hatte, ohne sich oder andere durch irgendeine Kurzschlussreaktion in Gefahr gebracht zu haben.

Wir tranken reichlich Rotwein, und dazu gab es das obligatorische Knoblauchbrot, geröstet selbstverständlich. Die Stimmung war ausgelassen, immerhin war wieder einmal der Beweis erbracht worden, dass es doch nicht vollkommen abwegig war, »ungesetzliche Anträge« an »staatliche Organe« zu richten. Aber wir würden die Zurückbleibenden sein. Um die aufkommende Wehmut zu unterdrücken, tauschten wir unsere Erfahrungen aus, die wir im Umgang mit der behördlichen Staatsmacht gesammelt hatten. Brüllendes Gelächter, wenn jemand die demütigende Erinnerung durch gelungenen Wortwitz kompensierte und in seine eigene kleine Heldentat umwandelte.

Ich hatte mich ein wenig abgesondert von der lärmenden Gesellschaft, weil ich nachdenken musste. Meine Absicht, den eigenen Ausreiseantrag zurückzuziehen, wurde durch diesen Abend wieder in Frage gestellt. Einerseits hatte ich ein nicht zu unterdrückendes Fernweh, andererseits war ich seit der oppositionellen Gewerkschaftsbewegung in Polen davon überzeugt, dass auch in der DDR Widerstand möglich und dringend nötig war, und ich wollte ihn mitgestalten. In letzter Konsequenz hätte dies aber auch bedeutet, dass T. und ich uns trennen müssten. Genau an dem Punkt endeten immer unsere Diskussionen.

Als alle gegangen waren, teilte T. mir mit, dass er sich in K. verliebt habe. K. gehörte zu unserem Freundeskreis und war T.s Kollegin in der Uni-Buchhandlung. Erstaunt registrierte ich, dass der Himmel nicht einstürzte, dass ich zwar völlig überrascht war, aber seine Mitteilung mit einem gewissen Gleichmut zur Kenntnis nahm. Gleichmut ist nicht das richtige Wort, ich empfand Zärtlichkeit für ihn und bemerkte, dass ich nicht einmal neidisch auf ein Gefühl war, das mir schon abhanden gekommen zu sein schien. Ich war tieftraurig, weil das Ende unserer Beziehung abzusehen war, und empfand gleichzeitig eine merkwürdige Befriedigung bei dem Gedanken, dass T. jetzt etwas erlebte, das ich schon sehr lange vermisste: die Euphorie der Verliebten, diesen Zustand ungebärdiger Lebensfreude.

T. und ich hatten in letzter Zeit ein zwar liebevolles, aber eher freundschaftliches Verhältnis zueinander, was noch durch unsere zwei Wohnungen begünstigt wurde. Vor kurzem hatten wir uns die Wohnung von T.s Großeltern »gesichert«, er war dort als Untermieter eingeschrieben. Nach dem Tod der Großmutter war der Großvater zu seiner Tochter gezogen, so besaßen wir plötzlich eine Zweitwohnung. T. war von da an in Pankow polizeilich gemeldet und ich weiter in Köpenick.

Wir stritten uns nicht, wir diskutierten nicht, wir gingen ins Bett, weil wir müde waren. Als wir uns umarmten, musste ich weinen. Unsere zärtliche Umklammerung kam mir wie ein verzweifelter Versuch vor, die drohende Trennung nicht vollziehen zu müssen.

Heute Morgen, nachdem T. zur Arbeit aufgebrochen war, hatte ich mich noch einmal in unser Bett gelegt, dessen Wärme mich an die vergangene Nacht erinnerte. Gott sei Dank war von der Marschmusik, die uns aus dem Schlaf gerissen hatte, nichts mehr zu hören. Vom Fenster aus hatten wir einen grauen Kleintransporter vom Typ »B 1000« ausmachen können, der nicht weit von unserer Haustür entfernt auf der Straße stand, wir konnten aber unmöglich feststellen, ob die unangenehm lauten Töne von dort kamen.

»Also, entweder gibt es in unserer Nachbarschaft einen Liebhaber von Militärmusik, oder das kommt aus dem B 1000«, T. beugte sich noch einmal aus dem Fenster.

»Vielleicht sollen die Leute auf diese Art und Weise auf den Einmarsch in Polen vorbereitet werden«, meinte ich besorgt.

»Regina«, T. schüttelte den Kopf, »1981 ist nicht 1968!«
Na hoffentlich!

Als T. ging, dröhnte der Lärm noch durch das geöffnete Fenster, nicht lange danach trat plötzlich Stille ein. Wenigstens zwei Stündchen schlafen, dachte ich, zwei Stunden vollkommen abschalten, und danach bin ich wieder fit. Die Probleme werden schon nicht weglaufen ...

Sie schienen geradewegs auf mich zuzutrampeln. Es hörte sich an, als ob eine Hundertschaft auf dem Treppenflur unterwegs war. Na, prima! Bestimmt hat sich ein Hausbewohner beim ABV (Abschnittsbevollmächtigten) über unsere ausgelassene Fete beschwert. Warum der aber nun gleich mit so vielen Leuten anrücken musste, war mir nicht ganz klar. Vorsichtshalber sprang ich aus dem Bett, um noch schnell etwas überzuziehen.

Es klingelte an der Wohnungstür. Bevor ich dazu kam, die Tür zu öffnen, wurde sie von außen aufgeschlossen. Vor mir stand etwa ein Dutzend Leute, und mitten unter ihnen sah ich meinen Mann. Ehe ich realisieren konnte, was geschah, drängte mich der Pulk in die Wohnung.

Jetzt sitze ich in diesem Auto und weiß nicht, was weiter geschehen wird. Ich mache mir Sorgen um Uli und überlege, wie man ihn noch warnen kann ... Die Katzen wollen gefüttert werden, ich habe keine Ahnung, wie lange sie auf meine Rückkehr warten müssen. Und eigentlich weiß ich schon, dass ich die beiden vorläufig nicht wieder sehen werde.

Meine Begleiter wollen mir eine Bockwurst aufdrängen. Sie halten an einem Kiosk. Ich lehne ab. Sie sind irgendwie pikiert und diskutieren miteinander, ich verstehe nicht, worum es geht. Plötzlich wird mir schlagartig klar, dass es im Auto abartig nach Knoblauch stinken muss. Natürlich, unser Abschiedsfest für D.! Das scheint Jahre her zu sein.

Die Herren schmatzen Bockwurst. Als der Wagen in die Magdalenenstraße im Bezirk Lichtenberg einbiegt, wird mir klar, wohin die Fahrt gegangen ist. Ich erinnere mich an Bettina Wegners Lied über die berüchtigte Untersuchungshaftanstalt: »Tausend Leben hat sie wohl zu Tod gedrückt ...«. Doch ich bin erst einmal erleichtert. Ganz bestimmt ist mein Mann hierher gebracht worden, und ich hoffe, dass ich ihn bald sehen werde.

Der Raum, in den ich geführt werde, ist klein und spartanisch eingerichtet. In der Mitte steht ein Schreibtisch, davor ein rechteckiger Tisch mit drei gepolsterten Stühlen. Wenn mich nicht alles täuscht, sind die Fenster weiß angestrichen oder aus Milchglas, man hat jedenfalls keine Sicht nach draußen. Meine drei Begleiter sind verschwunden, ohne sich von mir verabschiedet zu haben. Ich sitze vor dem kleinen Tisch und warte, die Tür im Rücken. Ein Posten in Uniform wartet ebenfalls. Wir wechseln kein Wort miteinander.

Anscheinend fühlt sich niemand für mich zuständig. Von draußen ist kein Laut zu hören. Im Raum ist es absolut still, nur der Posten räuspert sich ab und zu, als wolle er dadurch seine Anwesenheit in Erinnerung bringen.

Spätestens seitdem Uli seinen Verdacht über den letzten Kurier geäußert hatte, mussten wir damit rechnen, dass eine solche Situation eintreten könnte. Eigentlich schon seit Beginn der »Zusammenarbeit« mit dem Komitee. Immer löste die Vorstellung, eines Tages von der Bildfläche zu verschwinden, Ängste aus, die sich nicht selten in Alpträumen manifestierten, aus denen ich schweißgebadet hochschreckte. Aber jetzt, wo die Falle tatsächlich zugeschnappt ist, verspüre ich seltsamerweise nicht die geringste Angst. Es gibt ein Leben außerhalb dieses Zimmers, aber das ist schon Erinnerung.

Jetzt sitze ich hier, T. muss irgendwo in der Nähe sein … Dem, was jetzt auf uns zukommt, können wir nicht entgehen. Lass uns die Herausforderung annehmen, denke ich, moralisch sind wir ihnen sowieso überlegen. Also, Augen auf und durch!

Hinter meinem Rücken scheint sich etwas zu tun. Ich höre eine gedämpfte Stimme, die den Posten anweist, den Raum zu verlassen. Nach der endlosen Stille wirken die Geräusche wie ein Signal, alle Sinne sind angespannt und auf die bevorstehende Konfrontation eingestellt.

Zunächst passiert nichts Bemerkenswertes. Ein junger Mann huscht an mir vorbei zum Garderobenständer, hängt dort etwas hektisch seinen Mantel auf, ebenso schnell ist er am Schreibtisch. Er legt seine Aktentasche ab, setzt sich und ordnet umständlich irgendwelche Unterlagen. Er wirkt zerstreut, seine dunkelblonden Haare sehen leicht zerwühlt aus, immer noch keinen Blickkontakt. Ich bin einigermaßen verblüfft. Offenbar sitzt hier jemand vor mir, der sich erst mit der Materie vertraut machen muss! Meine Vorstellung vom Perfektionismus, mit dem die Mitarbeiter von »Horch und Guck« ihrer Tätigkeit nachgehen, gerät ins Wanken.

Die Durchsicht der Papiere wird beendet, man scheint jetzt im Bilde zu sein. Man hebt den Kopf, man sieht mich zum ersten Mal an.

Ich spüre einen Schlag und ein seltsames Ziehen in der Magengegend ...

Manche Menschen scheinen ihr Gefühlsleben völlig unter Kontrolle zu haben. Ein ihnen innewohnendes Regulativ scheint zu bestimmen, wann, wo und warum sie sich in wen verlieben. Diese Schlussfolgerung drängte sich mir zumindest nach der Lektüre einiger Rezensionen zum Film »11 und 12« auf. Wobei ich hinzufügen muss, dass ich vor der Begegnung mit Uwe an die so genannte Liebe auf den ersten Blick auch nicht recht glauben konnte. Ich hatte mich noch nie auf den ersten Blick verliebt, ich brauchte immer eine gewisse Anlaufzeit.

Bis heute kann ich nicht genau sagen, wodurch die magische Anziehungskraft ausgelöst wurde, die mich mit voller Wucht traf und von einem Mann ausging, dessen Person eine Bedrohung für mich darstellte, und dessen Arbeit ich verabscheute. Vielleicht lag es an dem Déjà-vu-Erlebnis, das ich hatte. Vor mir saß ein Fremder, aber seine Gesichtszüge waren mir aus unerklärlichen Gründen vollkommen vertraut. Es dauerte bestimmt nur wenige Sekunden, bis ich mir über den Ursprung dieses seltsamen Gefühls im Klaren war: Der junge Mann sah genau so aus wie die Gestalt aus einem Traum, vor vielen Jahren geträumt, schon längst in Vergessenheit geraten und durch diese Begegnung wieder in Erinnerung gebracht. Ich zweifelte an meinem Verstand. So etwas konnte es nicht geben! Ich versuchte, eine rationale Erklärung für das eben erlebte Phänomen zu finden, um wieder auf den Boden der Tatsachen zu kommen. Ganz sicher macht sich die Anspannung der letzten Stunden bemerkbar, versuchte ich mich innerlich zur Ordnung zu rufen, du bist einfach überdreht. Es gelang mir tatsächlich, die Realität wieder wahrzunehmen und mich auf die Situation einzustellen.

»Es gibt noch einige Fragen, die im Zusammenhang mit der Verhaftung Ihres Mannes geklärt werden müssen. Aus dem Grund werde ich zunächst Ihre Personalien aufnehmen.« Die Stimme des Mannes klingt sachlich, durchaus nicht unfreundlich.

Immer noch verwirrt, bemühe ich mich, seinen Blicken auszuweichen und ihm nicht ins Gesicht zu schauen. »Die Personalien können Sie meinem Ausweis entnehmen, er wurde mir vorhin abgenommen. Ansonsten bin ich nicht bereit, auf Fragen zu antworten, ohne zu wissen, wo sich mein Mann jetzt gerade aufhält. Im Übrigen möchte ich einen Anwalt sprechen!« So, das wäre erst einmal geschafft! Ich bin total ruhig geblieben, ebenfalls sachlich, allerdings ohne jede Spur von Freundlichkeit.

Schallendes Gelächter zwingt mich, meinem Gegenüber wieder ins Gesicht zu sehen. Der Mann vor mir lacht herzhaft, ohne jede Häme. Sein Heiterkeitsausbruch berührt mich unangenehm. Er scheint seine Reaktion selbst als unangemessen zu empfinden, jedenfalls beruhigt er sich schnell. Die folgende Erklärung wird wieder sachlich vorgebracht, wobei der Blick direkt auf mein Gesicht gerichtet ist; vielleicht möchte er ihre Auswirkung auf mich kontrollieren: »Ich kann Ihnen jetzt schon mal sagen, dass sich Ihr Mann hier befindet. Gegen ihn wurde ein Ermittlungsverfahren eingeleitet, er wird einen Anwalt dringend nötig haben. Aber aus welchem Grund wollen Sie einen konsultieren? Sie sind nicht verhaftet. Bei unserem Gespräch geht es lediglich um die Klärung eines Sachverhaltes, also um eine

Befragung. Im Übrigen kann ich mich des Eindrucks nicht erwehren, dass Sie zu viele Kriminalfilme im Westfernsehen gesehen haben!«

Ich bin genervt. Die Magie des kurzen Augenblicks ist verflogen. Kein Wort glaube ich diesem Menschen. Seit dem frühen Morgen war ich jede Sekunde unter Kontrolle. Ich durfte mich nicht einmal unbeobachtet waschen oder die Toilette aufsuchen, immer war eine seiner Kolleginnen anwesend, extra hinzubeordert. Was spielt es für eine Rolle, dass er von einer Befragung redet? Derartige juristische Spitzfindigkeiten sind mir gleichgültig. Für mich bleibt das, was hier stattfinden wird, eine Vernehmung, und ich glaube nicht, dass ich diesen Raum wieder als freier Mensch verlassen werde.

Gut, ich werde mich auf ein »Gespräch« einlassen. Vielleicht finde ich ja sogar heraus, was ihr schon wisst, Genossen. Oberster Grundsatz bleibt aber: keine Antwort ohne Frage. Verbindungen ins Ausland? Aber selbstverständlich, junger Mann, eine Tante in Westberlin und zwei Freunde in Warschau … Das war es auch schon, mehr gibt es dazu nicht zu sagen. Nein, die Frage nach den Verbindungen meines Mannes ins Ausland werde ich nicht beantworten, die müssen Sie ihm schon selbst stellen. Mein Freundes- und Bekanntenkreis? Jetzt heißt es, auf der Hut zu sein! Fünf Namen werde ich nennen, unter anderem den von Uli. Mal sehen, wie er reagiert. Diesmal sehe ich genau in sein Gesicht, um keine Regung zu verpassen.

Welche Verbindungen diese Personen ins sozialistische oder kapitalistische Ausland haben? Nun, fast jeder hat Verwandte im Westen … Uli S.? Einen Onkel in Australien, glaube ich … Mein Herzschlag muss bis Köpenick zu hören sein. Nur nichts anmerken lassen, verdammt! Ruhig und freundlich, ein wenig leutselig und mit hoffentlich offenem Blick belüge ich den Herrn von der Staatssicherheit. Sein Gesicht wird streng, die dunklen Augen wirken jetzt fast schwarz, für einen kleinen Moment erinnern sie mich wieder an die Traumfigur.

»Sie lügen, Frau L., Sie lügen hinsichtlich der Verbindungen ins kapitalistische Ausland, die sowohl Sie als auch Ihr Mann als auch Uli S. unterhalten! Ich kann Ihnen nur empfehlen, die Wahrheit zu sagen. Und ich möchte jetzt nicht in Ihrer Haut stecken oder den Stuhl mit Ihnen tauschen.«

Das hört sich nicht gut an, ganz und gar nicht! Aber eines müssen wir hier doch noch klarstellen: »Ich würde unter keinen Umständen jemals den Stuhl mit Ihnen tauschen wollen, ich bin mit meinem sehr zufrieden. Außerdem habe ich nicht gelogen. Ich habe Ihnen die Wahrheit gesagt und dem nichts hinzuzufügen.«

Er scheint etwas irritiert zu sein, gewinnt aber sofort wieder die Fassung, und weiter geht es im Text. »Frau L., es hat überhaupt keinen Sinn, dass Sie sich weigern, die Wahrheit zu sagen. Ich weiß, dass Sie lügen! Uli S. ist schon hier, seit gestern!«

Das sitzt! Er hat mich überrumpelt. Wenn Uli schon hier ist, hat sich sein Verdacht bestätigt. Wir wurden verraten ... Oder hat er unsere Namen genannt ... Spielt keine Rolle mehr. Sie haben uns. Jetzt kommt es nur noch darauf an, den Schaden zu begrenzen. Es sollen nicht noch mehr von uns hier sitzen müssen.

Innerlich werde ich vollkommen ruhig, wie immer in Situationen, die ich nicht mehr beeinflussen kann. Ich habe die Hoffnung noch nicht aufgegeben, anhand seiner Fragen herauszufinden, wie viel über uns schon bekannt ist. Sie haben gewonnen, junger Mann. Ja, wir unterhalten Verbindungen zu einer Organisation in Westberlin ... und so weiter und so weiter ...

Die »Befragung« wird plötzlich unterbrochen. Für kurze Zeit bin ich allein im Raum, die Tür steht halb offen. Die innere Ruhe ist wie weggeblasen. Gedanken überschlagen sich. Wie geht es weiter? Werde ich mit T. sprechen können? Wie geht es Uli? Wer wird unsere Katzen versorgen? Warum wurde das Verhör unterbrochen ... Ich habe kein Zeitgefühl mehr. Panik steigt auf.

Hinter meinem Rücken vernehme ich wieder ein Geräusch. Die Tür wird geschlossen. Wieder geht der Mann, der sich bis jetzt bei mir noch nicht vorgestellt hat, um den Schreibtisch herum und bleibt diesmal stehen. Er sieht mich an, und sein Blick passt nicht zu dem, was er mir zu sagen hat: »Frau L., ich teile Ihnen mit, dass Sie verhaftet sind. Es besteht der dringende Verdacht einer strafbaren Handlung nach § 219 des StGB. Das bedeutet ungesetzliche Verbindungsaufnahme zu einer feindlich-negativen Organisation im kapitalistischen Ausland.« Dann, sehr freundlich und leise: »Wir sehen uns gleich wieder.«

Hoffentlich, denke ich, und im gleichen Augenblick wird mir bewusst, wie grotesk mein Wunsch ist.

# 6.

Ich wusste, dass ein paar Zimmer weiter bereits seit einigen Stunden der Ehemann dieser Frau L. verhört wurde und dass ein Dritter, ein Freund des Paares, bereits nach Hohenschönhausen gebracht worden war. Worum es hier ging glaubte ich auch zu wissen. Den Informationen der operativen Abteilung zufolge sollten diese drei eine illegale oppositionelle Gruppe (als hätte es eine legale Opposition in der DDR geben können) aufgebaut und Informationen über die Verhältnisse in der DDR und darüber hinaus der VR Polen – es war gerade die Blütezeit der »Solidarnosc«-Bewegung – an nicht genau zuzuordnende Organisationen im Westen geliefert haben. Um das Maß voll zu machen, waren die Eheleute auch noch Antragsteller auf Übersiedlung in die BRD.

Allerdings, so hatte ich in der Vorbesprechung erfahren, war der Grad der Teilnahme der Frau L. auch operativ noch ziemlich unklar, deshalb bestand meine Aufgabe vorrangig darin herauszubekommen, ob und was sie von den Taten der beiden Männer wusste und inwieweit sie sogar selbst daran beteiligt war. (Das stellte sich im Nachhinein als Lüge heraus, denn aus den OV-Akten der Gauck-Behörde konnten Regina und ich später ersehen, dass sehr wohl bekannt war, welche Stellung sie tatsächlich einnahm. Ich kann rückblickend also nur vermuten, dass man meine Vernehmungsfähigkeiten testen wollte.) Im Unterschied zu den Männern war jedenfalls nicht angewiesen worden, sie sofort in Haft zu nehmen, sondern zunächst den Ausgang der Befragung abzuwarten. Von Befragung statt von Vernehmung zu sprechen, hatte lediglich prozessuale Bedeutung, ein Verhör war es in jedem Fall.

Zu dieser Zeit war ich seit fast drei Jahren Untersuchungs-führer in der Hauptabteilung IX des Ministeriums für Staats-sicherheit der DDR, der so genannten Hauptabteilung Untersuchung. »Mit Auszeichnung« hatte ich einen halbjäh-rigen Lehrgang für angehende Untersuchungsführer absol-viert, war unter Anleitung älterer Vernehmer eingearbeitet worden und hatte schon die ersten Ermittlungsverfahren relativ selbstständig bearbeiten dürfen. Bis dahin handelte es sich zumeist um Verfahren gegen DDR-Bürger, die versucht hatten, das Land illegal zu verlassen. Diese Verfahren, wie auch die betreffenden Beschuldigten, wurden wegen des ent-sprechenden Strafrechtsparagraphen nur »213er« genannt. Da diese Ermittlungsverfahren in der Regel keine großen Anforderungen an vernehmungstaktisches Geschick und Beweisführungsmaßnahmen stellten, wurden sie in der Ab-teilung, in der ich arbeitete, allgemein als etwas »minder-wertig« betrachtet und gerne zur Einarbeitung neuer Mit-arbeiter genutzt.

Schwerpunkt der Tätigkeit dieser Abteilung war das straf-rechtliche Vorgehen gegen Personen aus den Bereichen Kunst, Kultur, Medien, Kirche und Jugendpolitik. Weshalb man mich ausgerechnet dieser Abteilung zuordnete, kann ich nur vermuten. Möglicherweise hing das damit zusam-men, dass ich seit meiner Schulzeit stets ausgezeichnete Noten in den Fächern Staatsbürgerkunde und später in Marxismus-Leninismus vorweisen konnte. Ach ja, wieder die höhere Idee.

Mein Referatsleiter hatte mich nachdrücklich auf die Bedeutung dieses Verfahrens für meine weitere Entwicklung zum »allseits einsetzbaren« Untersuchungsführer hingewie-sen; die Leitung der Abteilung würde damit schon großes Vertrauen in mich setzen. Es war gar nicht notwendig, mich weiter zu motivieren, ich fühlte mich schon so geehrt genug und angestachelt, zu beweisen, was für ein »tüchtiger« Vernehmer ich bereits war.

Wie immer hatte ich mich am Tag zuvor gründlich vorbereitet, den Vernehmungsplan ausgearbeitet, der meine Fragen sowie in Stichpunkten sogar die möglicherweise zu erwartenden Antworten enthielt, hatte den Plan bis in den späten Abend nach Absprache mit dem Mitarbeiter, der für meine Anleitung zuständig war, mehrfach geändert und mir eine Strategie ausgedacht, wie ich der Frau L. gegenübertreten wollte. Diese Strategie besagte: Nutze die ersten Minuten der Begegnung, um dein Gegenüber so weit zu verunsichern, dass er Ansatzpunkte bietet, auf denen die weitere Vernehmung aufbauen kann. Je mehr Statements, beiläufige Äußerungen, ja auch Verhaltensweisen du zum Gegenstand der Vernehmung machen kannst, desto weniger brauchst du eigenes Wissen oder auch Unkenntnis offen zu legen. Von älteren Vernehmern abgeschaut und mittlerweile mehrfach selbst ausprobiert lief meine Taktik darauf hinaus, Frau L. zu verunsichern, indem ich ihr den Eindruck vermittelte, ich wüsste bereits alles, mit freimütigen Aussagen könnte sie deshalb nur noch sich selbst helfen, und ohnehin müsste ich, sozusagen im Vorbeigehen, nur noch ein paar Details mit ihr klären. Und immer wieder Selbstsicherheit und uneingeschränkte Macht demonstrieren und dem Gegenüber verdeutlichen, dass er zwar nach dem Gesetz, aber doch nicht wirklich Rechte hatte.

Weder dieser Vernehmungsplan noch die späteren sind erhalten geblieben. Sie wären wichtig gewesen für meine Erinnerung an den, der ich einmal war. Ich selbst hatte sie aus purer Eitelkeit, als Zeugnisse meiner vernehmerischen Unvollkommenheit, nach dem Ende des Verfahrens weisungswidrig nicht in die zu archivierende Handakte – das interne Pendant zu den Gerichtsakten – geheftet, sondern zerrissen. Ich wollte nicht, dass sich irgendein Mitarbeiter über die Schlichtheit meiner Fragestellungen, meine häufigen Änderungen und Randnotizen lustig machen konnte. Ich konnte nicht ahnen, dass ich das eines Tages bedauern würde.

# 7.

Frühjahr 1998.

Till und seine Freundin erwarteten mich in ihrer Hinterhofwohnung in Prenzlauer Berg. Als sie gegangen war, schaltete Till das Tonbandgerät an. In den folgenden acht Stunden versuchte ich das Lebensgefühl in einem Land zu beschreiben, das es seit 1990 nicht mehr gibt, ohne daraus eine Exotenschau zu machen.

Ich erinnerte mich an 1976, an die Biermann-Ausweisung. Sie war zwar nicht Ursache, aber immerhin Auslöser für meinen unfreiwilligen Weg in die MfS-Untersuchungshaftanstalt Berlin-Hohenschönhausen. Als der Liedermacher Wolf Biermann im Herbst 1976 nach einem Konzert in Köln nicht wieder in die DDR einreisen durfte, als er von »seiner« Regierung aus »seinem« Land ausgewiesen wurde, inszenierte man in den DDR-Medien eine beispiellose Schlammschlacht gegen ihn. Regie führte das Politbüro des ZK der SED unter dem Oberspielleiter Erich Honecker.

Täglich konnte man im »Neuen Deutschland«, Zentralorgan der SED, in den Zentralorganen der befreundeten Blockparteien, im Zentralorgan der FDJ, das heißt in jeder Tageszeitung, die Stellungnahmen der DDR-Bürger zu der »Maßnahme der Regierung der DDR gegen den Liedermacher Wolf Biermann« lesen. In der Reihenfolge der Veröffentlichungen war eine gewisse Hierarchie nicht zu verkennen: Zuerst durften sich die bekanntesten Persönlichkeiten des öffentlichen Lebens äußern, »Kulturschaffende« hauptsächlich, um im Sprachgebrauch dieser Zeit zu bleiben, danach die weniger bekannten, zum Schluss die völlig unbekannten. Ganz zum Schluss brachten Vertreter der werktätigen

Bevölkerung ihren Unmut über den Liedermacher Wolf B. auf Seite 1 oder 2 der »zentralen Organe« zum Ausdruck.

Alle waren empört über den »feindlich-negativen«, gegen die Regierung der DDR und ihre staatlichen Organe, also gegen den Sozialismus gerichteten, also schändlichen Auftritt des Wolf Biermann in Köln. Wie konnte er – und noch dazu vor Gewerkschaftern, und noch dazu in Feindesland – in seinen Liedern ein derart verzerrtes und hasserfülltes Bild vom real existierenden Sozialismus in der DDR zeichnen?! Dieser Nestbeschmutzer hatte es nicht verdient, Bürger der DDR zu sein, so der einhellige Tenor der aufgebrachten »Kulturschaffenden« aller Genres und der mit der Partei- und Staatsführung zutiefst verbundenen Werktätigen. Etliche Künstler und Intellektuelle ließen es sich nicht nehmen, abschließend noch ihre Dankbarkeit für die aufopferungsvolle Arbeit der Regierung zum Ausdruck zu bringen. Nur unter den in der DDR vorhandenen Bedingungen sei es möglich, die eigenen schöpferischen Fähigkeiten in vollem Umfang zu entfalten.

»Eigentlich fehlte nur noch eine Ode oder Hymne an die Landesväter, aber die Zeiten waren offensichtlich vorbei und das Maß der Heuchelei auch so schon voll«, sagte ich einundzwanzig Jahre später zu Till.

Ich musste an den Abend denken, als mein Freund von der Spätschicht im Berliner Verlag nach Hause kam, mehrere Meter Fernschreibpapier aus der Tasche zog und es mir zu lesen gab. T. arbeitete zu der Zeit noch in der Nachrichtenabteilung des Verlages. Wir hatten uns dort kennen gelernt und wohnten seit einigen Monaten zusammen in meiner Köpenicker Einzimmerwohnung. Ich wollte Theaterwissenschaften studieren und hatte vor allem aus diesem Grund meine Arbeit gekündigt.

Selbstverständlich war es verboten, ADN-Material aus dem Verlag mitzunehmen und Außenstehenden zu zeigen.

Es musste schon etwas Besonderes vorliegen, wenn T. riskierte, bei einer Taschenkontrolle erwischt zu werden. In dem Fall wäre er nicht nur seinen Job losgeworden. Aber sein Einsatz hatte sich gelohnt. Einen Abend vor ihrer Veröffentlichung las ich die »Erklärung der Regierung der DDR« und die »Stellungnahmen« von »Bürgern aus allen Schichten der Bevölkerung der DDR«.

Ich war fassungslos. Wir kannten Wolf Biermann nicht persönlich. Das war auch nicht wichtig, wir kannten seine Lieder. Die machten ja wohl unzweifelhaft deutlich, dass man ihn wirklich nicht zu den Gegnern des Sozialismus zählen durfte. In seinen Texten setzte er sich kompromisslos mit den gesellschaftlichen Widersprüchen in »seinem Land« auseinander und mit den Herrschaften, die dafür verantwortlich waren. Es gab wohl damals in der DDR keinen Sänger, der leidenschaftlicher und poetischer den Kommunismus einforderte, als Wolf Biermann.

Wie haben nie ein Konzert von ihm gehört, er hatte Auftrittsverbot, aber wir besaßen eine Tonbandaufnahme mit seinen damals bekanntesten Liedern. Als ich sie zum ersten Mal hörte, war ich fasziniert. Hier war einer imstande und mutig genug, alles, was sich in mir an Unbehagen und Zorn im Laufe der Jahre angesammelt hatte, ganz direkt, ganz präzise auszudrücken.

Ich spürte, dass T. mich ansah und auf meine Reaktion wartete. Es geschah etwas Merkwürdiges. Ich stand plötzlich neben mir und hörte mich sagen: »Ich muss hier raus!«

Ich glaube, dass ich diesen Satz mehrmals mechanisch vor mich hin sprach, um ebenso abrupt wieder ganz bei mir selbst zu sein. Schlagartig wurde mir klar, dass ich im Begriff war, eine Entscheidung zu treffen, die ich ein oder zwei Jahre, was sage ich, ein oder zwei Tage vorher nicht einmal in Erwägung gezogen hätte: Ich wollte dieses Land, in dem ich sechsundzwanzig Jahre gelebt hatte, verlassen. Der Biermann-Rausschmiss hatte bei mir ein Fass zum Überlaufen gebracht, und das Wasser musste schon sehr lange an den Rand geschwappt sein.

T. nahm meinen Ausbruch verhältnismäßig ruhig zur Kenntnis. Vermutlich war er innerlich darauf vorbereitet und hatte ihn sogar erwartet. Ich musste ihn nicht überzeugen, er hatte schon lange vor diesem Abend mit dem Gedanken gespielt, das Land zu verlassen.

Wir entschieden uns, einen Antrag auf Entlassung aus der DDR-Staatsbürgerschaft zu stellen, verbunden mit dem Antrag auf die Ausreise nach Westberlin. Es dauerte noch fast anderthalb Jahre, ehe wir unseren Beschluss in die Tat umsetzten. T.s Eltern baten uns, alles noch einmal zu überdenken. Sie waren beide freischaffende Journalisten und arbeiteten für Wochenzeitschriften, die im Berliner Verlag erschienen. Sie befürchteten, dass ein Ausreiseantrag ihres Sohnes nicht nur ihm, sondern auch ihnen berufliche Nachteile einbringen würde. Was ihren Sohn betraf, hatten sie durchaus Recht. Sie selbst wurden in ihrer Arbeit nicht beeinträchtigt.

Meine Eltern informierte ich vorerst nicht, unsere Beziehung war seit T.s Einzug in meine Wohnung wieder einmal gestört. Für sie war er »der Gammler«, weil er seine Haare schulterlang trug, manchmal zusammengebunden, manchmal offen. Der »intellektuelle Spinner« war ihnen zutiefst suspekt. Wir wohnten Tür an Tür, und diese Nähe brachte es mit sich, dass sie nicht loslassen konnten. Ich hatte den Abnabelungsprozess schon längst vollzogen, meine Eltern pflegten das in regelmäßigen Abständen zu ignorieren.

T. und ich vereinbarten mit seinen Eltern eine »Bedenkzeit«, und nicht zuletzt Wolf Biermanns öffentliche Mahnungen an Ausreisewillige gaben den Anstoß, uns alles noch einmal durch den Kopf gehen zu lassen. Er war für uns eine moralische Instanz – damals.

Dann verschwanden Jürgen Fuchs, Gerulf Pannach und Christian Kunert von der Bildfläche und tauchten nach neun Monaten Untersuchungshaft in Westberlin wieder auf. Rudolf Bahro, der zur gleichen Zeit inhaftiert wurde, hatte nicht so viel Glück. Er wurde zu acht Jahren Freiheitsentzug verurteilt, nur weil er sein Buch »Die Alternative« im Westen veröffentlicht hatte. Für uns gab es nun keine Zweifel mehr. Die Bedenkzeit war abgelaufen.

Anfang Januar 1978, an unserem ersten Hochzeitstag, schickten wir unsere Ausreiseanträge an den Rat des Stadtbezirks Berlin-Köpenick, Abteilung Innere Angelegenheiten. »Inneres« war, wie auch das Standesamt, im Rathaus untergebracht. Wir hatten damals zur Trauung »Kosmogonia« von Penderecki hören wollen und der Standesbeamtin unsere eigene Platte zur Verfügung gestellt. Die kam aus unerfindlichen Gründen abhanden, und wir durften uns die üblichen Klassiker anhören. Die Eheschließung war notwendig, um eine gemeinsame Ausreise zu erreichen, ansonsten liebten wir uns auch ohne Berechtigungsschein.

Als man uns Mitte Februar endlich zu einem Gespräch, besser gesagt zur Klärung eines Sachverhaltes ins Rathaus bestellte, waren wir erleichtert, wenigstens eine Reaktion erhalten zu haben. Einige Freunde hatten schon Erfahrungen im Umgang mit der Staatsmacht und mit dem Verlauf dieser »Sachverhaltsklärungen«, so waren wir auf das »Gespräch« seelisch und moralisch vorbereitet.

Unsere Anträge waren kurz und präzise formuliert. Wir hatten die entsprechenden Paragraphen aus dem »Staatsbürgerschaftsgesetz der DDR« zitiert und auf die Vereinbarungen in der Helsinki-Akte hingewiesen. Erwartungsgemäß wurde die Bearbeitung des »Antrages auf Entlassung aus der

Staatsbürgerschaft der DDR und gleichzeitige Übersiedlung in die selbstständige politische Einheit Westberlin« abgelehnt. Die Beamtin ließ es sich nicht nehmen, uns darauf hinzuweisen, dass die Zitate aus den Gesetzen völlig überflüssig gewesen seien, die kenne sie nämlich, und im Übrigen sei unser Antrag rechtswidrig. Unsere Entgegnung, dass wir mit den Auszügen aus den Gesetzestexten lediglich darauf hinweisen wollten, dass wir nicht die Absicht hätten, das Land illegal zu verlassen, sondern mit Hilfe des sozialistischen Rechts, wurde von ihr als Provokation aufgefasst.

»Ihr Antrag ist rechtswidrig und muss bei den zuständigen staatlichen Organen gestellt werden!« Na, das war wenigstens eine eindeutige Auskunft. Demzufolge gab es staatliche Organe, zuständig für »rechtswidrige Anträge«, und die kannten die Gesetze der DDR wahrscheinlich ebenso gut wie diese Beamtin.

Nein, sie sei nicht befugt uns mitzuteilen, an welches staatliche Organ wir uns mit unserem Antrag – der, das könne sie nicht oft genug betonen, eindeutig rechtswidrig sei – wenden müssten. Auf Wiedersehen!

Es war der Frau anzumerken, dass ihr diese Demonstration ihrer Entscheidungsgewalt erheblichen Genuss bereitete.

Unsere Bemerkung, dass wir die Anträge unter diesen Umständen an sämtliche lebendigen und toten Organe des Staates schicken würden, wertete die beamtete Dame als »erneute Provokation«, die sie in ihren Räumen nicht dulden würde. Wir wurden vor die Tür gesetzt. Vielleicht war das in dem Moment nicht einmal die ungünstigste Variante. Unsere ohnmächtige Wut hätte uns sicher noch zu erheblich schärferen »Provokationen« gereizt.

Wir warteten nicht lange, sondern schickten die gleichen Anträge, bereichert um Zitate aus der UNO-Charta für

Menschenrechte, an das Innenministerium, zu Händen des Herrn Ministers, an den Herrn Justizminister und an den Herrn Staatsratsvorsitzenden der DDR. Die Briefe sollten nicht »verloren« gehen, deshalb deklarierten wir sie als Einschreiben mit Rückantwort.

Wie zu erwarten, erhielten wir keine Antwort. Nach einer angemessenen Frist richteten wir besorgte Anfragen an die Herren Minister und den Herrn Staatsratsvorsitzenden. Wir bezeichneten unsere Briefe als »Eingaben« und wiesen die Politiker des Volkes auf die gesetzlich vorgeschriebenen Bearbeitungsfristen hin. Offenbar waren die Herren mit ihren vielfältigen Aufgaben ein wenig überlastet. Sie schafften es jedenfalls nicht, auf unsere Briefe zu reagieren. Mein Mann versuchte beim Stadtbezirksgericht Berlin-Köpenick einen Strafantrag gegen führende Politiker des Landes, wegen Verletzung des Eingabegesetzes, zu stellen. Wir wussten zwar, dass es dazu im Arbeiter- und Bauernstaat keine rechtlichen Grundlagen gab, hielten es aber für wichtig, bei allen möglichen staatlichen Institutionen nachdrücklich auf unseren Ausreisewunsch hinzuweisen.

Till wollte wissen, ob wir uns durch diese Aktionen nicht schon gleich zu Anfang der Gefahr einer Verhaftung ausgesetzt hätten. Es interessierte ihn, ob wir sie eventuell sogar provozieren wollten, um aus dem Gefängnis »abgeschoben« zu werden, nach dem Beispiel von Fuchs, Pannach und Kunert.

Na, danke! Aber solche Vorstellungen scheinen ziemlich weit verbreitet zu sein. Einmal fragte mich ein Besucher der Gedenkstätte sogar, ob »man« nicht insgeheim schon mit der »Haftentschädigung« gerechnet und aus diesem Grund »die Unannehmlichkeiten« billigend in Kauf genommen hätte.

Ich hatte Till einmal erzählt, dass ich, hätte man mich aus dem Strafvollzug zurück in die DDR entlassen, sofort mit meinem Ausweis zur Grenze gegangen wäre und ihn dort abgegeben hätte. Das wäre eine bewusste Provokation gewesen. Aber eben erst nach der Haft, wenn wirklich nichts mehr zu verlieren gewesen wäre!

»Wir hatten solche Überlegungen damals nicht, Till. Unsere Wut richtete sich gegen die Verhältnisse in unserem Land. Aber wir waren jung, lebenslustig und ganz bestimmt nicht so mutig, oder wenn du willst, nicht so fanatisch, um die Ausreise durch eine Haft erzwingen zu wollen. Wir waren der Meinung, dass sie uns legal, nach sozialistischem Recht ermöglicht werden müsse. Und was Fuchs, Pannach und Kunert betrifft: Sie waren in der Öffentlichkeit schon bekannt. T. und ich gehörten zu der Kategorie ›völlig unbekannt‹, auf eine Abschiebung aus der Untersuchungshaft hätten wir nicht hoffen dürfen.«

Da wir keine Reaktion auf unsere Eingaben erhielten, kamen wir auf die Idee, uns an das Büro der Vereinten Nationen für Menschenrechte in Genf zu wenden. Unser Schreiben gaben wir einem Bekannten mit. Er kam aus Peru, studierte in der DDR und konnte ungehindert nach Westberlin reisen. Wir vertrauten darauf, dass er unseren Brief von dort aus in die Schweiz senden würde. Aber das Büro für Menschenrechte muss unseren Fall als eine »innere Angelegenheit« der DDR betrachtet haben. Wir erhielten auch aus Genf keine Antwort und richteten uns auf eine lange Wartezeit ein.

Bis zu unserer Verhaftung sollten noch drei Jahre vergehen. Einerseits war es eine »tote Zeit« für uns, andererseits erlebten wir sie sehr intensiv. Das Liebesleben geriet aus den Fugen, als wir uns jeweils in einen anderen Partner verliebten. Nach drei Monaten Trennung lebten wir wieder gemeinsam in Köpenick. Wir hatten nie über die »sexuelle Revolution« der 68er-Bewegung diskutiert, aber die zehn sozialistischen Ehegebote waren auch keine besondere Hilfe angesichts der Komplexität einer Partnerbeziehung. Zumindest ist uns damals klar geworden, dass die geforderte Treue nicht ausschließlich auf sexueller Treue beruhen kann und dass man nicht automatisch den Partner »besitzt«, weder seine Gedankenwelt noch seine Sexualität. Ziemlich simple Weisheiten, die sich in der Realität so unendlich schwer umsetzen lassen. Wir haben versucht, sie zu leben, und am Ende trotzdem keine Lösung für uns gefunden. 1987 ließen wir uns von einem Westberliner Familiengericht scheiden. Aber das ist der Zeit schon zu weit vorgegriffen.

T. hatte im Verlag gekündigt und arbeitete als Fakturist in der Uni-Buchhandlung Unter den Linden, ich war als Sachbearbeiterin beim Bezirksvorstand der Urania untergekommen. Als ich meine Vorgesetzten über die Antragstellung in Kenntnis setzte, um dadurch einer Information durch das »zuständige Organ« zuvorzukommen, gab es eine so genannte Aussprache. Im Klartext heißt das, der Bezirksvorstand, die Parteileitung und Kollegen redeten auf mich ein und verurteilten diesen Schritt aufs Schärfste. Ich war nicht überrascht, empfand es aber als lächerlich, dass sie erwarteten, ich würde auf Grund dieser »Aussprache« meinen Antrag zurückziehen. Wenige Monate später hielt man ein kurzes, aber intensives Mobbing gegen mich für angebracht. Resultat: Ich kündigte. Der Parteisekretär bot großzügig seine Hilfe bei der Suche nach einem neuen Arbeitsplatz an, ich lehnte sie ebenso großzügig ab. Er war nicht unwesentlich an meiner Kündigung beteiligt gewesen.

Finanziell war dieser Schritt anfänglich kein Problem. Das Leben in der DDR war nicht teuer. Es gab also keinen zwingenden Grund, dem Staat meine Arbeitskraft weiter zur Verfügung zu stellen. Das Einkommen von T. reichte für unseren Lebensunterhalt aus. Einige Bekannte, die auf Grund ihres Ausreiseantrags nicht mehr in ihren Berufen arbeiten durften, waren in kirchlichen Einrichtungen als Friedhofsarbeiter, Krankenpfleger oder Hausmeister untergekommen. Eine Perspektive, die ich auch für mich sah, sollte das Geld doch einmal knapp werden.

Ein enger Freund von uns war Bühnenarbeiter an der »Volksbühne« am Rosa-Luxemburg-Platz. Er wollte Theaterwissenschaften studieren und bewarb sich trotz seines Ausreiseantrages an der Humboldt-Universität. Er erhielt die Zulassung! Seinen Antrag zog er zurück, das war die Bedingung, die man ihm gestellt hatte.

Er kam ziemlich aufgedreht zu uns und beschrieb den unglaublichen Hergang der Aufnahmeprüfung: »Die haben mir doch tatsächlich nur eine Frage gestellt, ratet mal, was die allen Ernstes von mir wissen wollten!«

Wir wollten nicht raten, wir wollten endlich erfahren, wie es für ihn gelaufen war.

»Also, die haben mich wirklich gefragt, in welcher Gesellschaftsordnung wir leben würden! Ich habe sofort an eine Falle gedacht, plötzlich kam mir die Erleuchtung. Natürlich, wir leben im real existierenden Sozialismus! Genau das wollten sie hören. Nicht zu fassen, da hat man sich nun wochenlang auf die Prüfung vorbereitet, und dann kommt so eine dämliche Frage. Übrigens, ein Mitbewerber hat mir erzählt, dass er durchgefallen sei, weil er ganz einfach ›Wir leben im Sozialismus‹ geantwortet habe.«

Armer Kerl, er war bei der Definitionsfrage nicht auf dem letzten Stand der Parteisprache, dachte ich bei mir.

Wir freuten uns mit unserem Freund über seinen gelungenen »Coup«, obwohl mir in diesem Moment schmerzlich
bewusst wurde, worauf ich vorerst verzichten musste. Wir
akzeptierten seine Entscheidung, sie tat unserer Freundschaft jedenfalls keinen Abbruch. Wenn er uns später über
sein Studium auf dem Laufenden hielt, wurde ich manchmal richtig neidisch, Wehmut kam auf und eine gute Portion
Selbstmitleid. Trotzdem hätte ich es nicht über mich
gebracht, für dieses heiß ersehnte Fach den Antrag zurückzuziehen. Da war ich Kind meiner Eltern; taktieren, loyales
Verhalten gegenüber der Staatsmacht bei gleichzeitigem
heimlichen »Dissidententum« entsprach nicht meinem Naturell.

Während der drei Monate Trennungszeit hatte T. Kontakt
zu einer Kölner Organisation aufgenommen, die sich
»Komitee gegen politische Unterdrückung in beiden Teilen
Deutschlands« nannte. Nicht zu fassen, wie viele Zufälle bei
dieser Verbindungsaufnahme eine Rolle spielten! Zufällig
brachte ein ehemaliger Partner von mir, zu dem ich noch
eine oberflächlich-freundliche Beziehung hatte, seinen peruanischen Freund zur Sylvesterfeier 1977 mit. Die beiden
studieren in Freiberg an der Arbeiter- und Bauernfakultät.
Der Freund besuchte uns im März noch einmal und nahm,
wie erwähnt, das Schreiben für die UN-Menschenrechtskommission mit. Wie es der Zufall so will, kannte er jemanden in Westberlin, der Verbindungen zu dem schon erwähnten Komitee hatte. Zufällig interessierte sich dieser
»Verbindungsmann« für unseren Fall und tauchte im Sommer 1987 bei T. auf.

Um das Thema »Zufälle« noch abzuschließen: Zufällig
fand ich vor kurzem im Internet den Namen und die Personenkennziffer meines einstigen Partners auf der Liste ehemaliger Mitarbeiter des MfS. Ralph H., Ralli, der »nette Junge«,

dem meine Eltern noch lange nachtrauerten, war zuletzt Offizier der Hauptverwaltung Aufklärung des MfS, Abteilung IX.

In den Dokumenten der Gauck-Behörde ist über den Zuständigkeitsbereich der HVA, Abteilung IX, Folgendes zu lesen: »Aufklärung und Bearbeitung von gegnerischen Diensten (Gegenspionage), insbesondere der Bundesrepublik Deutschland: Bundesnachrichtendienst (BND), Militärischer Abschirmdienst (MAD), Bundesamt/Landesämter für Verfassungsschutz (BfV/LfV), Bundes- bzw. Landeskriminalämter (BKA/LKA) und USA; Aufklärung und Bearbeitung der Polizei, aber auch von Emigranteneinrichtungen und anderen Organisationen; Telefonüberwachung im Großraum Bonn und Auswertung von Telefongesprächskontrollen (auch anderer Abteilungen der HVA)«.

Ich möchte dem Ralph H. keinesfalls etwas unterstellen, er war damals noch sehr jung, holte in Freiberg sein Abitur nach, aber irgendwie gehen mir Erich Mielkes Worte, die das Parlament 1989 so erheiterten, nicht aus dem Sinn: »Wir haben, Genossen Abgeordnete, einen außerordentlich hohen Kontakt mit allen werktätigen Menschen.« Vielleicht verdiente sich der junge Mann auf unsere Kosten seine ersten tschekistischen Sporen ...

T. und ich hatten den Appell des bekannten DDR-Schriftstellers Stefan Heym via Westfernsehen zur Kenntnis genommen, in dem er unter anderem die Ausreisewilligen beschwor, »ihr« Land nicht zu verlassen, es erfordere die Mitarbeit jedes Einzelnen, für demokratische Verhältnisse in der DDR zu sorgen. Flucht sei keine Lösung.

Mit zunehmender Wartezeit fühlten wir uns durch Sendungsbewusstsein jeglicher Art nur noch genervt. Aus welchem Grund forderten diese Leute, dass »die Bürger unseres Landes« das Recht auf Bewegungsfreiheit als Privileg für

einige »Auserwählte« akzeptieren müssten, als wäre der
»Sieg des Sozialismus« gerade von diesem Verzicht abhän-
gig? Warum kaschierten sie ihre eigene Ohnmacht gegenüber der herrschenden Politbürokratie, von der sie oft genug
gemaßregelt wurden? Gerade die Generation des aufrech-
ten und verehrten Schriftstellers musste doch wissen, dass in
der DDR nach sowjetischem Muster von Anfang an gegen
die »eigenen Leute« vorgegangen wurde, wenn sie den Versuch wagten, die bloße Kopie des sowjetischen Modells für
ihr Land abzulehnen, indem sie den Aufbau des Sozialismus
mit demokratischem Antlitz forderten. Jedem, der es wirklich wissen wollte, war bekannt, dass in den DDR-Gefäng-
nissen nicht nur Gewalt- und Naziverbrecher einsaßen. Der
Staatsratsvorsitzende Erich Honecker hatte sich in einem
Interview, das er seinem englischen Verleger gab, zu der
Äußerung hinreißen lassen, dass es in der DDR keine politischen Gefangenen gäbe. Die politischen Häftlinge in seinen Gefängnissen wussten es besser und der bekannte
Schriftsteller ebenso. Das internationale Ansehen der DDR
war zwar gewachsen, nicht zuletzt nach der Unterzeichnung
des Helsinki-Abkommens, innenpolitisch wurde mit Hilfe
des MfS, dem »Schild und Schwert der Partei«, rigide gegen
Menschen vorgegangen, die von ihrer Regierung die Einhaltung der Vereinbarungen abforderten. Derweil gab sich Herr
Honecker in seinen Reden so weltoffen, als hätte er Freizü-
gigkeit, Freiheit, Menschenwürde und Menschenrechte persönlich erfunden.

Wen, verdammt nochmal, wollte der Schriftsteller mit seinem dramatischen Appell eigentlich dazu bewegen, zu
Hause zu bleiben, um vor Ort gesellschaftlichen Ungehorsam zu praktizieren? Die Masse der Namenlosen, die nicht
geschützt waren vor politischer Verfolgung, weder durch
einen Reisepass noch durch öffentliche Aufmerksamkeit?

Schlimm genug, dass bei Prominenten Berufs-, Reiseverbot und Hausarrest oder die Verurteilung zu einer Geldstrafe wegen angeblicher Devisenvergehen als Mittel zur Disziplinierung angewendet wurden! Bei uns hätte die Staatsmacht andere Maßstäbe angesetzt, die gleichen »Delikte« hätten uns in den sozialistischen Strafvollzug gebracht. Der Schriftsteller Stefan Heym und wir lebten zwar im selben System, aber in zwei verschiedenen Welten.

»Seit unserer Verbindung nach Westberlin, die etwa im Herbst 1978 begann, empfand ich meine Situation als leicht schizophren«, versuchte ich Till mein damaliges Lebensgefühl zu beschreiben.

Der schon erwähnte Zufall hatte uns zu einer Verbindung verholfen, die ich anfangs ablehnte. Erst als T. mir die »Plattform« des Komitees zu lesen gab und erklärte, dass die »Freunde« auch unseren Ausreisewunsch unterstützen würden, war ich mit einer Zusammenarbeit einverstanden. Eigenartigerweise vermied ich es, die konkreten Möglichkeiten einer solchen Unterstützung zu hinterfragen. Wir wollten die Wartezeit in der DDR sinnvoll nutzen und versuchen, Gleichgesinnte zu finden, die bereit wären, sich für die Verwirklichung demokratischer Rechte und Freiheiten und gegen die Verfolgung politisch Andersdenkender zu organisieren.

In den nächsten zweieinhalb Jahren befand ich mich in einem inneren Zwiespalt, den ich bis zu unserer Verhaftung nicht lösen konnte. Einerseits wollte ich unbedingt raus, mir fehlte praktisch die Luft zum Atmen, andererseits war ich zutiefst von der Notwendigkeit einer oppositionellen Bewegung in der DDR überzeugt und hatte gleichzeitig eigentlich keine Hoffnung, dass diese Art von »Untergrundtätigkeit« wirklich etwas in dem erstarrten Land in Bewegung bringen würde, außer das Ministerium für Staatssicherheit. Aber mein Zorn auf die »Verräter an der Sache des Sozialismus«, in meinen Augen die Politelite der DDR, samt ihrer Erfüllungsgehilfen, war so riesengroß, dass ich an ihm erstickt wäre, wenn ich nicht wenigstens den Versuch unternommen hätte, mich gegen sie aufzulehnen.

Es gab noch einen außerordentlich belastenden Aspekt der »Zusammenarbeit«, das war die Notwendigkeit zur so genannten Konspiration. Aus Sicherheitsgründen kannten wir nur »Decknamen« unserer wechselnden Kuriere, während ihnen unsere Identität bekannt war. Solcherart einseitiges Sicherheitsrisiko führte immer wieder zu Konflikten in der »Zusammenarbeit« mit den »Freunden«. Wir hofften auf materielle Unterstützung, wir benötigten dringend Informationsmaterial und vor allem eine Vervielfältigungsmöglichkeit. Wir hatten unter anderem vor, »Die Alternative« von Rudolf Bahro zu kopieren und »unters Volk« zu bringen. Schließlich betraf seine Kritik des real existierenden Sozialismus die Verhältnisse in der DDR. Wer sollte das Buch lesen und sich mit seinen Thesen auseinander setzen, wenn nicht in erster Linie die DDR-Bürger? Wir wollten Flugblätter mit einem eigenen Programm zur Gründung einer oppositionellen Bewegung in der DDR herstellen und sie per Post aus verschiedenen Städten verschicken. Wahllos besorgten wir uns Adressen aus den örtlichen Telefonbüchern. Dazu wäre eine Schreibmaschine notwendig gewesen, die in der DDR noch nicht registriert war. Meine Maschine war schon erfasst, wir hatten sie für unsere Anträge benutzt.

Im November 1978 fand in Westberlin der so genannte Bahro-Kongress unter dem Motto »Freiheit für Rudolf Bahro und alle politischen Gefangenen in der DDR« statt. Wir übergaben dem Kurier eine Grußadresse sowie Daten und Namen politisch Inhaftierter, soweit wir sie in unserem

Umfeld ermitteln konnten. Kurz nach dem Kongress brach der Kontakt zum Komitee ab, das heißt, der Kurier meldete sich nicht mehr bei uns. Wir wurstelten weiter vor uns hin, diskutierten mit Freunden und Bekannten über aktuelle politische Probleme und versuchten, eine »Gruppe« zu organisieren. Die Gewerkschaftsbewegung in Polen gab uns wieder neuen Auftrieb. Wir hofften, dass irgendwann auch die Arbeiter in der DDR versuchen würden, sich in freien Gewerkschaften zu organisieren.

Und siehe da, plötzlich tauchte auch wieder unser Kurier auf! Er habe den Kontakt zum Komitee verloren, es hätte sich selbst aufgelöst, weil es von Spitzeln unterwandert gewesen sei. Aus diesem Grund habe er sich auch lange nicht bei uns gemeldet, sozusagen um uns zu schützen. Jetzt habe er aber Kontakt zu einem Mann mit Decknamen »Alberto«, der bereit sei, uns zu unterstützen, politisch stehe er der linken Szene nahe.

Wieder Konspiration zu unserem Nachteil, denn den »Spitzeln« dürften unsere Namen ja bekannt gewesen sein! Mein Bedürfnis nach konspirativer Zusammenarbeit war eigentlich schon restlos gedeckt, aber T. erhoffe sich von dieser neuen Verbindung immer noch Material, mit dem wir wirklich hätten arbeiten können.

Vermutlich wollte »Alberto« mit unserer Hilfe eine Zelle der KPD/ML aufbauen, jener westdeutschen linken Splittergruppe mit dem hochtrabenden Namen »Kommunistische Partei Deutschlands / Marxisten-Leninisten«, teilweise ging das aus den recht nebulösen Bemerkungen des Kuriers hervor, aber dazu waren wir nicht bereit. Wir wollten eigenständig bleiben, ohne Kontrolle durch eine Person, die uns nicht einmal bekannt war. Es war uns inzwischen gelungen, in unserem Bekanntenkreis vier Leute von einer Zusammenarbeit zu überzeugen, darunter auch einen Journalisten, der allerdings Honorarvorstellungen entwickelte, die uns wiederum in Abhängigkeit von »Alberto« gebracht hätten.

Als Anfang 1981 wieder einmal ein Kurierwechsel anstand und »Alberto« eine andere Kontaktperson aus unserer »Gruppe« benannt haben wollte, übernahm mein Freund Uli S. diese Aufgabe. Uli war mein engster Freund, obwohl unsere Verbindung manchmal längere Zeit unterbrochen war. Ich hatte ihn 1973 im Arbeitertheater des VEB LEW Hennigsdorf kennen gelernt. Er studierte in Potsdam Pädagogik und schrieb zu der Zeit an seiner Diplomarbeit, die ich auf meiner Schreibmaschine für ihn abtippte.

Uli war mit dem Gang der Dinge in der DDR zwar nicht einverstanden, es kam für ihn aber nicht in Frage, offiziell seine Ausreise zu beantragen, weil er das jahrelange gesellschaftliche Abseits, in das er dadurch geraten wäre, nicht ertragen hätte. Das »Räuber- und Gendarmenspiel« kam seinem Bedürfnis entgegen, aus dem Alltagstrott auszubrechen.

Gleich nach dem ersten Treff mit dem neuen Kurier informierte uns Uli, dass er den Verdacht nicht loswerde, mit einem Spitzel geredet zu haben. Wir überlegten, was zu tun sei. Am Ende entschlossen wir uns, weiterzumachen. Wir waren schon zu weit gegangen, ein Rückzieher hätte jetzt auch nichts mehr bewirkt. Uli übergab dem Kurier einen Brief an »Alberto«, in dem wir uns über gravierende »Konspirationsfehler« des Kuriers beschwerten und auf Trennungsabsichten eines »Gruppenmitglieds« verwiesen. Wir hofften, dass wir »Alberto« durch diese versteckten Hinweise vor dem Kurier warnen könnten.

»Die Terminologie jener Jahre habe ich schon fast vergessen, ich merke, wie schwer es mir fällt, mich an die Sprachgewohnheiten von damals zu erinnern.«

Till schaltete das Gerät kurz ab. »Wollte denn wirklich jemand aussteigen, oder war das tatsächlich lediglich eine Warnung?«

»Es war keineswegs nur als Warnung gedacht. Ich hatte vor, die Verbindung nach Westberlin aufzugeben. Ich zog sogar in Erwägung, den Antrag zurückzuziehen, weil die Entwicklung in Polen wieder ganz große Hoffnungen in mir weckte. Meine Freundin arbeitete in Wernigerode als Pflegerin in einer kirchlichen Einrichtung, dort wollte ich auch anfangen. Ich wollte unauffällig bleiben, um so in Ruhe eine eigene Gruppe aufzubauen. Aber das war illusorisch, denn ›Schild und Schwert‹ hatte uns ja bereits im Visier.«

»Alberto« verstand die Warnung nicht, stattdessen wollte er über den Kurier den Namen des »Gruppenmitglieds« erfahren. Wir hofften, dass unsere Weigerung bei ihm Alarm auslösen würde, was aber anscheinend nicht der Fall war.

T. schrieb für eine Tageszeitung, die von »Alberto« noch nicht näher benannt wurde, einen Beitrag über die Stimmung in der DDR vor dem X. Parteitag der SED angesichts der Ereignisse in Polen. Als Honorar wurde das lang erwartete Kopiergerät in Aussicht gestellt. Und, oh Wunder, endlich auch wollte man uns Verbindungen zu oppositionellen Gruppierungen verschaffen, die ähnliche Ziele wie wir vertraten.

Ende März oder Anfang April übergab Uli dem Kurier T.s Beitrag. Die Hälfte davon handschriftlich, die andere Hälfte in Maschinenschrift. T. hatte buchstäblich bis zur letzten Minute daran gearbeitet, deshalb konnte ich nicht den gesamten Text abtippen.

Am Morgen des 6. April 1981 wurde T. von Mitarbeitern des Ministeriums für Staatssicherheit verhaftet. Bei mir war es erst nachmittags so weit. Uli hatte man schon einen Tag vorher in Potsdam in die Untersuchungshaft gebracht, aber das erfuhren wir erst später.

Am 29. Oktober des gleichen Jahres wurden wir vor dem 1. Strafsenat des Stadtgerichts Berlin wegen landesverräterischer Agententätigkeit und Nachrichtenübermittlung angeklagt. Die Verhandlung fand unter Ausschluss der Öffentlichkeit statt. Staatsanwalt Krüger beantragte Freiheitsstrafen gegen meinen Mann und mich. Uli war bereits, wie wir von unserem Verteidiger, Herrn Starkulla aus dem Rechtsanwaltsbüro Dr. Vogel, informiert wurden, in einem vorhergehenden Verfahren zu zwei Jahren Freiheitsentzug verurteilt worden.

Am 3. November wurde T. von der »ehrenwerten Richterin« Klabuhn zu vier Jahren und sechs Monaten und ich zu drei Jahren und zwei Monaten Freiheitsentzug verurteilt. Die Urteilsverkündung im Namen des Volkes war öffentlich, aber das Volk nahm seine Rechte wieder einmal nicht wahr. Die Urteilsbegründung wollte man dem Volk nicht zumuten, sie fand, wie schon die Hauptverhandlung, unter Ausschluss der Öffentlichkeit statt.


»Ich erinnere mich an Frau Klabuhn noch sehr deutlich, zumindest in rhetorischer Hinsicht muss Hilde Benjamin ihr Vorbild gewesen sein«, reagierte ich auf Tills Frage.

»T. kam, nachdem er längere Zeit im Meusdorfer Haftkrankenhaus gelegen hatte, in den Strafvollzug nach Cottbus. Ich ging im Winter auf Transport in die Frauenhaftanstalt Burg Hoheneck, nicht weit entfernt von Karl-Marx-Stadt, das heute Chemnitz heißt. Nachdem sich meine Haftzeit bis auf eine Woche dem Ende genähert hatte, wurden wir im Rahmen des Häftlingfreikaufs durch die Bundesregierung in die Bundesrepublik entlassen, erste Station war Gießen.«

Das Interview war beendet. Till hatte sich ganz besonders für die Zeit, die ich als Untersuchungshäftling in Hohenschönhausen verbrachte, und für die Beziehung, die zwischen Uwe und mir bestand, interessiert. Ich hatte mich bemüht, seine Fragen so offen wie möglich zu beantworten.

# 8.

Ich lasse sämtliche Prozeduren, die offenbar nötig sind, um
einen Bürger in einen Untersuchungshäftling zu verwan-
deln, stoisch über mich ergehen: Fahrt in einem Kleintransporter vom Typ »B 1000«, in dem winzige Dunkelzellen ein-
gebaut sind … Ankunft in einer Autoschleuse, die keinen
Blick nach draußen freigibt … grelle Neonbeleuchtung, die
schmerzhaft in die Augen sticht. Ganz zum Schluss erwartet mich ein Aufnahmeritual, welches wohl in jeder Haftanstalt für den Neuankömmling ein demütigendes Erlebnis
ist: Wie verbirgt man Wut und Scham, wenn wildfremde
Menschen verlangen, dass man sich vollständig entkleidet?
Es sind keine »Halbgötter in Weiß«, sondern Frauen in Uniform, die in sämtliche Körperöffnungen sehen und es sich
nicht nehmen lassen, auch das blutige Tampon zu beäugen!
Letzter Schock: Ich erhalte einen blauen Trainingsanzug,
ein gestreiftes »Fleischerhemd«, ein schwarzes T-Shirt, Un-
terwäsche, Baumwollnachthemd, Frotteehandtücher und
Hausschuhe. »Das ziehen Sie jetzt an!«

Eine Beamtin führt mich aus dem »Empfangszimmer«.
Der Gang vor mir scheint endlos lang zu sein, aber sie lässt
mir keine Zeit, mich umzusehen. Zielstrebig geht sie auf
eine der vielen Metalltüren zu und schließt sie auf. »Geh'n
Se rein!«

Ich stehe zum ersten Mal in meinem Leben in einer Gefängniszelle. Hinter mir wird abgeschlossen, das schep-
pernde Geräusch dröhnt in meinem Kopf weiter, und plötzlich drängt sich das Endgültige dieser Situation überdeutlich
in mein Bewusstsein. Ich verliere die Fassung. Mein Hirn
produziert sinnlos aneinander gereihte Worte. Mit äußerster
Willensanstrengung zwinge ich mich zur Ruhe.

Die Zelle ist größer als die Kammer, die jeweils dem ältesten der Kinder in der Wohnung meiner Eltern zur Verfügung stand und von ihnen in maßloser Übertreibung als »halbes Zimmer« bezeichnet wurde. Ich schätze den Raum auf zweieinhalb mal vier Meter oder vielleicht nur zweieinhalb mal dreieinhalb Meter oder ... ist ja auch egal. Ich will aus dem Fenster sehen und glaube meinen Augen nicht zu trauen. Die Schweine! Es sind Glasbausteine, man kann nichts erkennen. Ich könnte vor Wut heulen.

Das durchdringende Geräusch des Schlüssels lässt mich erstarren, die Tür wird aufgerissen, die Beamtin bringt blaukarierte Bettwäsche und etliche dunkle Decken. Armeebestände, vermute ich mal. »Ziehen Sie das auf!«

Enormer Wortschatz, Tante, denke ich bei mir. Sie ist bereits verschwunden, hat die Zellentür wieder geräuschvoll verschlossen. An den Längswänden steht jeweils eine Pritsche aus Holz, die Schaumgummiauflage hat einen blauen Überzug. Ich nehme die linke Pritsche. Links, wo das Herz ist ... Wann und wo habe ich diesen Spruch schon mal gehört? Nichts zu machen. Keine Erinnerung. Das Beziehen der Decken geht schnell, zwei benutze ich als Kopfkissen, eine als Bettdecke und eine ist sogar übrig.

Plötzlich öffnet sich eine Klappe in der Tür, ich habe sie bis jetzt noch gar nicht bemerkt. Sie befindet sich etwa in Brusthöhe, und auf der waagerechten Fläche steht eine Plastikschüssel, daneben liegt ein Löffel aus dem gleichen Material. »Mittagessen!«

Die Stimme ohne Gesicht ist monoton und scheint direkt aus dem uniformierten Brustkorb zu kommen, den ich im Rechteck der geöffneten Luke sehe. Kaum habe ich Schüssel und Löffel entgegengenommen, wird die Klappe auch schon geschlossen. Metall scheppert auf Metall, Schlüssel rasseln. Die Geräusche breiten sich in der Zelle aus, entwickeln ein Eigenleben, als wollten sie sich für immer in mein Gedächtnis eingraben.

Ich setze mich an einen kleinen rechteckigen Holztisch. Er steht an der Fensterwand, direkt vor der Heizung. Zwei Holzhocker komplettieren das Ensemble. Die Heizung lässt sich nicht regulieren, sie ist mit einem Maschengitter verkleidet.

Seit heute Morgen habe ich außer einer Scheibe Weißbrot nichts mehr gegessen. Der Eintopf in der Plastikschüssel vor mir duftet und sieht appetitlich aus. Aber bei der Vorstellung, den Löffel in die Suppe zu tauchen, zum Mund zu führen und zu essen, krampft sich mein Magen zusammen. Ich habe Mühe, nicht in die Schüssel zu kotzen. Ich weiß nicht, wie viel Zeit vergangen ist, wie lange ich in die dampfende Schüssel gestiert habe, gegen die Übelkeit ankämpfend, die sich vom Magen nach oben arbeitet und nur durch heftiges Atmen und Schlucken zu bändigen ist.

Die Klappe wird wieder aufgerissen, die gefüllte Schüssel ohne Kommentar entgegengenommen. Vielleicht ist es nur Einbildung, aber der Essensduft scheint sich immer noch in dem engen Raum auszubreiten. Ich suche nach einer Lüftungsmöglichkeit. Es stellt sich heraus, dass das »Fenster« aus zwei Schichten Glasbausteinen besteht. Der Spalt zwischen den beiden Fronten ist mit einem Holzbrett verschlossen. Ich schiebe einen kleinen Hebel zur Seite, und siehe da, das Brett klappt herunter, frische Luft strömt durch die Öffnung!

Das Schlüsselgeräusch verkürzt den Genuss. Die Zellentür wird geöffnet. »Raustreten! Gesicht zur Wand!«

Der Mann in Uniform ist genauso wortkarg wie seine Kollegin, und seine Stimme hört sich ebenso monoton an. »Geh'n Se!«

Er hat die Zellentür verschlossen und läuft, fast neben mir, den Gang entlang. Vor einer Gittertür muss ich stehen bleiben. »Gesicht zur Wand!«

77

Das widerwärtige Scheppern der Schlüssel ist zu hören, ich sehe aus den Augenwinkeln, dass er einen Schalter betätigt, und kann mir keinen Reim darauf machen. »Komm' Se!«

Der Gang verzweigt sich, ich verliere langsam die Orientierung. An der nächsten Gittertür, hinter der sich eine Treppe befindet, das gleiche Ritual. Stehen bleiben ... Gesicht zur Wand ... schlüsseln ... weiter gehen. Am Ende der Treppe die nächste Gittertür, alles wiederholt sich. Der Gang sieht jetzt anders aus. Das liegt vielleicht daran, dass die Türen hier nicht aus Metall sind.

»Stehen bleiben! Gesicht zur Wand!«

Er öffnet eine Tür, dahinter eine zweite: »Geh'n Se rein!«

# 9.

Frau L. gab sich von Beginn an alle Mühe, nicht den Eindruck zu erwecken, sie sei von der Situation überrumpelt worden. Außer dem hastigen Auftritt hatte meine so mühsam erarbeitete Taktik keinen Eindruck gemacht. Die so wichtigen ersten Minuten der Vernehmung waren verspielt. Irgendetwas hatte nicht funktioniert, ich hatte nicht funktioniert. Meine Gedanken waren minutenlang blockiert. Ich ertappte mich doch tatsächlich bei Überlegungen darüber, wie ich es bewerkstelligen könnte, mich dieser Frau sympathisch zu machen. Schnell eine Zigarette anzünden, Zeit gewinnen, Gedanken ordnen. Während ich einen ersten tiefen Zug nahm, kehrte allmählich der Anlass dieses Zusammentreffens in mein Bewusstsein zurück. Ich schob meinen Vernehmungsplan zurecht, und endlich gelang es mir auch, mich auf meine Aufgabe zu konzentrieren.

Ich nahm an, dass sie, nachdem mein Überraschungscoup so danebengegangen war, alles abstreiten würde, was sie belasten könnte. Aus meiner Sicht wäre das auch total verständlich gewesen. Verständlich, weil ich es so gelernt und auch in vorangegangenen Verfahren selbst erlebt hatte.

Außerdem gab es noch einen anderen Aspekt: Der andere durfte niemals moralisch integerer sein! Das unterschwellige Bewusstsein der eigenen Schwäche, kompensiert durch die Befriedigung, den anderen schwach zu sehen. Aber warum habe ich sie mehrmals in diesen zwei Stunden, ganz im Widerspruch zum eigentlichen Ziel der Befragung, darauf hingewiesen, sich genau zu überlegen, was sie mir antworten soll, und dass ihre Antworten letztlich die weiteren Entscheidungen beeinflussen? Vielleicht aber auch nicht. Mensch, Mädchen, bekommst du denn nicht mit, was ich dir zu sagen versuche? Du kannst den anderen nicht mehr helfen, zieh den Kopf aus der Schlinge! Stopp mal, was mache ich denn da, bin ich von allen guten Geistern verlassen?

Meine so gut vorbereiteten Fragen nach ihren Verbindungen und denen ihres Ehemannes und ihrer Freunde ins kapitalistische Ausland, immer wiederkehrende Aufforderungen, doch alles zuzugeben, »wir« wüssten doch ohnehin schon alles, brachten überhaupt nichts.

Schließlich entschloss ich mich, ihr zu sagen, dass gegen ihren Ehemann bereits ein Ermittlungsverfahren eingeleitet wurde und sich auch ihr Freund in Haft befand. Ich bekam jetzt immer deutlicher den Eindruck, als wolle sie es darauf anlegen, auch inhaftiert zu werden. Und tatsächlich, nach ca. eineinhalb Stunden konnte ich meinem Vorgesetzten im Nebenzimmer vom sich erhärtenden Verdacht ihrer Mitwirkung am staatsfeindlichen Tun berichten, worauf auch prompt die Entscheidung fiel, dass gegen sie ebenfalls ein Ermittlungsverfahren einzuleiten und sie in Untersuchungshaft zu nehmen sei. Ungesetzliche Verbindungsaufnahme – § 219 Absatz 1 und Absatz 2 Ziffer 1 des Strafgesetzbuches der DDR – lautete der strafrechtliche Vorwurf, wie auch schon bei ihrem Ehemann und ihrem Freund.

*§ 219 Ungesetzliche Verbindungsaufnahme*

*(1) Wer zu Organisationen, Einrichtungen oder Personen, die sich eine gegen die staatliche Ordnung der Deutschen Demokratischen Republik gerichtete Tätigkeit zum Ziele setzen, in Kenntnis dieser Ziele oder Tätigkeit in Verbindung tritt, wird mit Freiheitsstrafe bis zu fünf Jahren, Verurteilung auf Bewährung oder mit Geldstrafe bestraft.*

*(2) Ebenso wird bestraft,*

*1. wer als Bürger der Deutschen Demokratischen Republik Nachrichten, die geeignet sind, den Interessen der*

*Deutschen Demokratischen Republik zu schaden, im Ausland verbreitet oder verbreiten lässt oder zu diesem Zweck Aufzeichnungen herstellt oder herstellen lässt.*

Immerhin trotz der Strafandrohung noch kein Staatsverbrechen, beruhigte ich mich.

(Was für eine Blauäugigkeit! Ich hatte wirklich noch keine Ahnung, von fundierter juristischer Ausbildung ganz zu schweigen. Erst kürzlich, als ich mir nochmals die Kopien der Gerichtsakten in Ruhe ansah, fiel mir etwas auf, was mich stutzig machte, weil es im Widerspruch zu dem stand, was ich während meines Studiums gelernt hatte. Sowohl der Antrag des Staatsanwalts auf den Erlass eines Haftbefehls als auch der Haftbefehl selbst waren mit der strafprozessualen Begründung erfolgt, dass Gegenstand des Ermittlungsverfahrens ein Verbrechen sei. Nach den Definitionen im Strafgesetzbuch der DDR ist jedoch ein wesentliches Kriterium für die Unterscheidung zwischen Vergehen und Verbrechen, dass für Verbrechen eine Freiheitsstrafe von mindestens zwei Jahren in dem betreffenden Paragraphen angedroht sein muss, oder dass »innerhalb des vorgesehenen Strafrahmens im Einzelfall eine Freiheitsstrafe von über zwei Jahren ausgesprochen wird«. Der § 219 Strafgesetzbuch enthält jedoch keine solche Androhung einer Mindeststrafe, lässt vielmehr sogar eine Verurteilung auf Bewährung oder Geldstrafe zu. Dass in der Gerichtsverhandlung eine Strafe über zwei Jahren ausgesprochen werden würde, hätte zum Zeitpunkt der Einleitung des Ermittlungsverfahrens noch niemand wissen können. Der Haftbefehl war also zu diesem Zeitpunkt völlig widerrechtlich begründet. Dafür gibt es nur zwei Erklärungen: Entweder es war bereits zu diesem Zeitpunkt abgestimmt, dass der strafrechtliche Vorwurf sehr bald in ein Staatsverbrechen abgeändert wird, oder es stand schon fest, dass es keine Verurteilung unter zwei Jahren Freiheitsstrafe geben würde. Das eine so fernab jeder Rechtsstaatlichkeit wie das andere.)

Dann lief alles sehr schnell ab. Entgegen der sonst üblichen Praxis, wonach über die Befragung zunächst ein Protokoll anzufertigen ist, erhielt ich die Anweisung, die Niederschrift sofort abzubrechen und Frau L. nach Hohenschönhausen bringen zu lassen. Noch am selben Abend sollte ich dann in meinem dortigen Büro die Erstvernehmung durchführen.

Ich informierte sie kurz darüber, dass gegen sie ein Ermittlungsverfahren eingeleitet und sie in Untersuchungshaft genommen würde. Die Dramatik dieser Mitteilung versuchte ich durch einen fast bedauernden Tonfall abzumildern, als ich ihr schließlich sagte, wir würden uns bald wieder sehen.

Sie wurde aus dem Zimmer geführt, und als ich sie einige Stunden später in meinem Büro wiedersah, hatte sie schon die übliche Haftkleidung an: blauer Trainingsanzug und Hausschuhe. Es war schon später Nachmittag, die Büros um mich herum längst leer, von draußen schien bereits das Licht einer der an der Gefängnismauer angebrachten Bogenlampen ins Zimmer. Jetzt hatte ihr Gesicht diesen harten Ausdruck, den ich schon Stunden zuvor erwartet hatte. Wie die Einlieferung in die Untersuchungshaft ablief und auf sie wirkte, keine Ahnung, kein Gedanke. Ich sah nur, was ich sehen wollte. In diesem Trainingsanzug, von deren Sorte ich selbst einen zerknüllt zwischen Turnschuhen und Sporthemd in meinem Büroschrank liegen hatte, wirkte sie zerbrechlich, schutzbedürftig.

Als sie sich gesetzt hatte und mich ansah, erschrak ich. Obwohl ich wusste, dass ich lange für das Protokoll brauchen würde und deshalb die Vernehmung möglichst kurz halten musste, wollte ich unbedingt diese Feindseligkeit aus ihren Augen verschwinden lassen. Du bist schön, ich mag dich, ich will nicht dein Feind sein, bei mir soll es dir nicht schlecht ergehen. Empfindungen, kaum denkbar, schon gar nicht auszusprechen.

»Wie fühlen Sie sich? Möchten Sie etwas essen, etwas trinken, eine Zigarette?« Verzweifelt versuchte ich der Konfrontation auszuweichen und begann sogar, wie immer, wenn ich unsicher war, über mich zu sprechen. Langsam glaubte ich, ihren Blick weicher werden zu sehen. Irgendwann wurde ihr übel, und ich brachte sie entgegen jeder Sicherheitsvorschrift allein über den menschenleeren Flur auf die eigentlich nur für Mitarbeiter gedachte Toilette. Ein tollkühnes Unterfangen, wie mir aber erst später bewusst wurde. Noch ein paar Stunden später ließ ich sie in einem zufällig noch im Zimmer stehenden Sessel schlafen, während ich mich an der alten »Consul« mit dem Protokoll quälte. Immer wieder jedoch schweifte mein Blick zu ihr hinüber. Sie schlief, zusammengerollt, ganz fest, schien weit weg zu sein. Ihre jetzt offenen langen Haare bedeckten zur Hälfte das Gesicht. Ich war dabei, die Bestätigung dafür aufzuschreiben, dass sie eine Straftat begangen hatte und also rechtmäßig in Untersuchungshaft war und bleiben musste, und doch empfand ich in diesem Moment nur Zärtlichkeit.

# 10.

Wieder ein Zimmer mit Schreibtisch, wieder ein kleiner rechteckiger Tisch mit drei blaugepolsterten Stühlen davor. Das Fenster hinter dem Schreibtisch ist vergittert, aber kein Milchglas, keine Glasbausteine versperren die Sicht. Die Tapete an den Wänden ist hässlich, der Raum ist mit hässlichen Büromöbeln eingerichtet, trotzdem habe ich für einen kurzen Augenblick das Gefühl, nach endlos langer Abwesenheit wieder in der Zivilisation gelandet zu sein.

Der Augenblick ist wirklich nur sehr kurz. Der Mann hinter dem Schreibtisch lässt mir keine Zeit für weitere Überlegungen. Die Erlebnisse der letzten Stunden hatten ihn vollkommen aus meinem Gedächtnis verdrängt.

Wir sitzen uns gegenüber, er hinter seinem Schreibtisch, mit dem Rücken zum Fenster, ich hinter dem kleineren Tisch, mit dem Rücken zur Tür.

»Wie geht es Ihnen?«

Was meint er, wie es einem geht, wenn einem keiner sagt, wo man sich befindet, wenn einem mal eben sämtliche persönlichen Utensilien weggenommen werden, wenn man in einer unförmigen Kluft vor jemandem sitzt, der eben keinen Trainingsanzug trägt, sondern aussieht wie aus dem Ei gepellt. Ganz zu schweigen von dem, was hier anliegt. Was soll also, um Gottes Willen, diese rhetorische Frage? Ich setze ein freundliches Lächeln auf und antworte ebenso rhetorisch: »Danke, es geht mir gut.«

Für mich ist das Thema damit abgehakt. Er scheint mit meiner Antwort nicht ganz zufrieden zu sein, und mit einem gewissen schulmeisterlichen Eifer werde ich belehrt: »Es geht Ihnen den Umständen entsprechend gut, würde ich mal sagen, das entspricht doch wohl eher den Gegebenheiten.«

Er lächelt mich an, als hätte er mir mit seiner Bemerkung einen Freundschaftsdienst erwiesen. Absurde Situation! Wir verständigen uns über meine Befindlichkeit, die in jedem Fall weder meiner noch seiner Darstellung entspricht. Beide Beteiligten wissen das. Wozu dieses Theater? Ich bin einigermaßen ratlos, was den Zweck dieser Übung betrifft. Um Zeit zu gewinnen, wiederhole ich artig, wie eine folgsame Schülerin, seinen Satz: »Einverstanden, es geht mir den Umständen entsprechend gut!«

Wieder lächelt er mich an, als hätte diese Floskel ein geheimes Einverständnis zwischen uns hergestellt. Ich reagiere nicht. Das scheint ihn zu verwirren. Plötzlich lächelt er wieder und beginnt freundlich, aber eindringlich auf mich einzureden: »Sie können es mir glauben, ich bin gern Vernehmer, wirklich!«

Ich glaube es ihm unbesehen. Ich begreife nur nicht, warum er das ausgerechnet mir erzählt, warum er meint, sich vor mir schon fast rechtfertigen zu müssen. Ich warte auf den Beginn der Vernehmung, aber er scheint es nicht eilig zu haben. Im Brustton der Überzeugung, als hätte er vergessen, wer vor ihm sitzt und wo wir uns befinden, gibt er sein Statement ab: »Das ist ein interessanter Beruf, wirklich, ich lerne hier die unterschiedlichsten Menschen kennen.«

Blitzartig fällt mir die kurze Auseinandersetzung in der Magdalenenstraße ein. Der Tausch der Stühle ... Mein Gott, es scheint, als hätte er sich das zu Herzen genommen, als sei er durch meine Bemerkung in seiner Berufsehre gekränkt worden, und nun setzt er alles daran, die gewohnte Ordnung der Dinge wiederherzustellen! Ich bin verblüfft, diese Unsicherheit hatte ich ihm nicht zugetraut. Mein Gesichtsausdruck muss ihn zu weiteren Erklärungen ermuntern, die er wie ein Schüler vorbringt, der seinem Lehrer die richtige Lösung einer Aufgabe offeriert: »Hier werden die interessantesten Gespräche geführt, das können Sie mir glauben. Und wenn ein Verfahren beendet ist, das steht schon mal fest, kennt der Vernehmer sein Gegenüber in- und auswendig!«

Unter anderen Umständen hätte mich seine Allmachtsphantasie nur belustigt, hier empfinde ich sie als Bedrohung und beginne, mich zu wehren: »Dass Sie gern Vernehmer sind, steht wohl außer Frage. Ich möchte aber bezweifeln, dass Sie hier jemals einen Menschen wirklich kennen lernen. Wie stellen Sie sich das vor? Ich bin immerhin die Beschuldigte! Das ist für mich eine absolute Ausnahmesituation! Ich weiß nicht, wer Sie sind, ich weiß nicht, wo ich mich befinde ... Glauben Sie ernsthaft, dass Sie unter diesen Umständen jemanden wirklich kennen lernen können? Aber vielleicht verstehen Sie darunter ja auch etwas anderes als ich!«

Ein Mensch lernt niemals einen anderen Menschen vollständig kennen, nicht einmal sich selbst, guter Mann ...

Damit lässt er sich nicht abspeisen. Er wird richtig lebhaft und versucht, seinen Standpunkt durchzusetzen. Wir kommen auf keinen gemeinsamen Nenner. Der Nachmittag ist schon weit fortgeschritten, im Zimmer herrscht Zwielicht. Nun scheint er sich an seine eigentliche Aufgabe zu erinnern. Er schaltet die Deckenbeleuchtung an, die Vernehmung, die der Wahrheitsfindung dienen soll, wie er mit einem gewissen Pathos von sich gibt, beginnt. Ihr Ablauf ist relativ schnell geklärt: Er wird Fragen stellen, ich werde sie beantworten oder auch nicht.

Welche Wahrheit willst du herausfinden? Meine Wahrheit sieht bestimmt anders aus als die Wahrheit, die du daraus machen wirst. Deine Aufgabe, Vernehmer, besteht darin, aus meiner Wahrheit ein Delikt zu fabrizieren, Paragraph sowieso StGB ... Die Wahrheit ist, dass wir beide das wissen und uns an die Spielregeln halten werden, welch ein seltsames Einverständnis! Die Wahrheit ist, dass es nicht um Wahrheitsfindung geht, denn wenn dem so wäre, säßen wir nicht hier, in diesem Zimmer mit vergittertem Fenster.

Der Anfall kommt ganz überraschend. Meine Gesichtshaut wird kalt, ich habe das Gefühl, dass sie sich unerträglich über die Knochen spannt. Magensaft steigt in den Mund, mir ist kotzübel. Der Herr vor mir registriert, dass irgendetwas nicht in Ordnung ist, und hebt fragend seine Augenbrauen.

»Ich muss mich übergeben, mir ist schlecht...«

Er hebt den Hörer vom Telefon, legt ihn kurz entschlossen wieder auf. »Ich bringe Sie zur Toilette, das geht am schnellsten, aber bitte verhalten Sie sich ruhig auf dem Gang.«

Selbstverständlich werde ich mich ruhig verhalten, was denn sonst, ich bin viel zu sehr damit beschäftigt, den rebellierenden Magen unter Kontrolle zu behalten.

Schon das Laufen bringt Erleichterung. Der Gang zum Klo ist eigentlich nicht mehr notwendig, trotzdem versuche ich auf der Herrentoilette mein Bestes, aber es klappt nicht, ich würge nur bitteres Wasser ins Becken.

Aus dem Spiegel vor dem Waschbecken starrt mich ein kalkweißes Gesicht an. Ich drehe mich um und bemerke den Blick des Vernehmers.

»Geht es, können Sie noch?« Sein Gesichtsausdruck wirkt besorgt, die großen Augen sehen wieder fast schwarz aus. Trotz seiner eindringlichen Frage macht er einen unsicheren Eindruck auf mich, ganz anders als in den vergangenen Stunden der Vernehmung.

»Es geht wieder, ich bin in Ordnung.«

Wir begegnen keiner Menschenseele auf dem langen Gang mit den endlos aneinander gereihten Türen. In seinem Zimmer brennt noch das Licht. Ich setze mich auf

»meinen« Stuhl, aber er möchte noch nicht weitermachen. Ob mir wirklich nicht mehr übel und ich wirklich imstande sei, der Vernehmung zu folgen. Mir ist der ganze Auftritt peinlich, ich will ihn so schnell wie möglich in Vergessenheit geraten lassen.

»Es geht mir wieder den Umständen entsprechend gut. Zu viele Zigaretten, zu wenig gegessen ... Es ist alles in Ordnung, Sie können weitermachen.«

Jetzt wirkt er erleichtert. Und lebhaft, als hätte ich ihm ein Stichwort gegeben: »Sie müssen unbedingt etwas essen! Ich versuche mal, aus der Küche noch Brötchen zu bestellen. Es ist zwar spät, aber das müsste noch klappen!«

Es ist nicht spät, es ist mitten in der Nacht, und ich möchte keine Brötchen, ich möchte überhaupt nie wieder etwas essen, schon bei dem Gedanken, etwas zu mir nehmen zu müssen, wird mir wieder übel. Also, lassen wir das. Ich lehne sein Angebot ab, und es stellt sich heraus, dass die Vernehmung »für heute« so gut wie beendet ist.

Das Protokoll müsse noch geschrieben werde, erklärt er. Ob ich den Wunsch hätte, so lange in die Zelle gebracht zu werden, oder ob ich hier warten wolle.

Ich habe den Wunsch, nie wieder in die Zelle gebracht zu werden. Aber das kann ich natürlich nicht sagen, nur nicht noch einmal Schwäche zeigen. »Ich werde hier warten. Sollte ich einschlafen, müssen Sie mich wecken.«

Er zögert kurz, seinen Augen ist anzusehen, dass er auch nicht mehr ganz taufrisch ist. »Ich habe eine Idee! Sie können es sich im Sessel bequem machen, schlafen Sie ruhig, ich wecke Sie nachher.«

Den Sessel habe ich noch gar nicht gesehen, er steht in der Ecke. Was für ein Kleinod in dieser Umgebung! Die Knie fast ans Kinn gepresst, liege ich im Polster und genieße den unerwarteten Komfort.

Der Mann hinter dem Schreibtisch bemerkt meinen heimlichen Blick. Er schüttelt den Kopf, neigt ihn ein wenig zur Seite und legt eine Hand an seine Wange. »Schlafen Sie, bitte!«

Ich schließe sofort die Augen. Obwohl es für mich keinen Zweifel gibt, dass er sich jetzt an die Arbeit macht und in seinem Protokoll, als Quintessenz der vergangenen Stunden, den strafrechtlich relevanten Charakter meiner Handlungen in den letzten drei Jahren herausarbeiten wird, hat seine Geste die Atmosphäre des Zimmers verändert. Sie lässt Entspannung zu.

Ab und an riskiere ich einen Blick aus den Augenwinkeln. Er sitzt vor seiner Schreibmaschine, spricht leise vor sich hin, manchmal schüttelt er den Kopf oder runzelt die Stirn. Ich bin zu erschöpft und müde, um mir noch Gedanken über ihn zu machen. Das Klappern der Tastatur erinnert mich an mein Zuhause …

Ich liege im Sessel, Mungo hat es sich auf meinem Schoß gemütlich gemacht und schnurrt so laut, dass sich eigentlich die Nachbarn beschweren müssten, denn es ist Nacht. An meinem Schreibtisch sitzt ein wunderschöner junger Mann, der mich mit seinen dunklen Augen anstrahlt. Er zieht ein Manuskript aus der Maschine und reicht es mir zu. Auf dem Papier sind Noten abgebildet. Eine seltsame, nie gehörte Melodie scheint direkt von dem Blatt aufzusteigen und das gesamte Wohnzimmer mit Tönen zu füllen. Jetzt schweben wir drei durch den Raum: mein Liebster, der Kater und ich. Vollkommene Harmonie, die fast schon schmerzt. Plötzlich werde ich unruhig. Wo ist Tussi … wo ist die kleine Katze … sie gehört doch zu uns …

»… jetzt wach werden! Ich bin so weit.«

Ich begreife nicht gleich, was geschehen ist, eben haben wir noch in unserem Wohnzimmer getanzt …

»Das Protokoll ist fertig. Jetzt müssen Sie es sich durchlesen, und wenn etwas Ihrer Meinung nach nicht richtig ist, werde ich es ändern. Sie müssen es dann unterschreiben, und dann haben wir es für heute geschafft.«

Ich muss doch eingeschlafen sein! Blitzartig wird mir klar, wo ich mich befinde, aber keine Panik bricht aus, ich bin wieder hellwach.

An dem Protokoll ist, bis auf das verhasste Amtsdeutsch, nichts auszusetzen, ich unterschreibe Seite für Seite. Das war es – für heute. Der Vernehmer greift zum Telefon. Seine Stimme klingt müde, als er in den Hörer spricht: »Ja, bitte mal die 770 abholen!«

Die 770 schwört bei sich, diese Nummer nie zu vergessen, ansonsten hat sie nichts mehr dagegen, in ihre Zelle gebracht zu werden, sie möchte nur noch schlafen.

# 11.

November 1997.

Schon eine Stunde vor der verabredeten Zeit war ich in Hohenschönhausen angekommen, hatte mein Auto abgestellt und schlich seitdem um diese Kneipe herum. Je länger ich mich dort aufhielt, desto mehr hatte ich den Eindruck, beobachtet zu werden. Kannte ich den Mann nicht, der eben aus der Gaststätte kam, sich nach allen Seiten umsah und wieder in der Tür verschwand? Ein ehemaliger Kollege? Wonach hatte er sich umgesehen? Ein anderer Mann ging in die Gaststätte, kam nach wenigen Minuten wieder heraus, überquerte die Straße und stellte sich schließlich an den gegenüberliegenden Imbissstand. Wer waren diese Leute, wollten sie etwas von Regina, von mir, oder uns beiden? Oder spielten mir meine Nerven einen Streich und ich sah schon Gespenster? Ganz bestimmt wurde ich nicht beobachtet, und es war auch niemand hinter uns her. Trotzdem, so richtig beruhigen konnte ich mich nicht, und so beschloss ich, Regina lieber bereits beim Verlassen des Gefängnisses abzufangen.

Ich fuhr bis in die Nähe des Tores und nutzte die noch verbleibende Zeit, um mir das Gelände, das ich nun schon seit acht Jahren nicht mehr betreten hatte, genauer anzusehen. Es war totenstill und kaum ein Mensch zu sehen, nur selten fuhr ein Auto vorbei. Der Gebäudekomplex hatte sich kaum verändert, mal davon abgesehen, dass es den Schlagbaum nicht mehr gab, das ehemalige Wachhäuschen jetzt einer ausgebrannten Ruine glich und überhaupt alles heruntergekommen und verwahrlost wirkte. Lediglich der Neubau, in dem der medizinische Dienst untergebracht war, wo ich mir meine alljährlichen Grippeschutzimpfungen – zu denen ich im Übrigen verpflichtet war – abgeholt hatte, wurde offensichtlich von kleinen Firmen und Ausbildungseinrichtungen genutzt. Und in den Werkstätten des ehemaligen Fuhrparks hatte sich eine bekannte Automarke etabliert. Die Haftanstalt selbst machte den Eindruck, als wäre sie nie geschlossen worden, und die Tatsache, dort einmal täglich ein- und ausgegangen zu sein, bekam etwas Unwirkliches, so als hätte ich das nur irgendwo gelesen, aber es beträfe mich nicht wirklich.

Ich versuchte mich zu erinnern, wie das damals war, wenn ich morgens kam und bereits das erste Mal am Schlagbaum meinen Dienstausweis vorzeigte.

Plötzlich erwacht das ganze Gelände zu altem Leben, ein ständiges Kommen und Gehen von einem Gebäude zum anderen. Ich passiere den Schlagbaum, kontrolliert von Soldaten des Wachregimentes, der Truppe, zu der ich einberufen wurde, aber nie gelangte.

Vor mir kann ich schon das Gefängnisareal sehen und gehe geradewegs darauf zu. Rechts von mir liegt ein Gebäudekomplex, von dem ich nur durch Flüsterpropaganda erfahren hatte, dass sich darin die Fälscherwerkstatt des MfS befände. Ich gehe an dem vergitterten Altbau mit seiner verschnörkelten Gründerzeitfassade vorbei. In diesem Haus ist die Hauptabteilung IX/II untergebracht, jene Abteilung, die sich mit der Aufspürung von noch lebenden Nazi- und Kriegsverbrechern beschäftigt. Dahinter das Archiv, unter anderem Aufbewahrungsort der Hand- und Gerichtsakten, die in den späten 80er Jahren in die Zentrale nach Lichtenberg umgelagert wurden. Daneben steht das große Gebäude des »Operativ-Technischen-Sektors« (OTS), das eine Vielzahl von Labors beherbergt und in dem ich schon ein paar Mal war, um Sachverständigengutachten, zum Beispiel zu Schriftuntersuchungen, abzuholen.

Schließlich stehe ich vor der hohen Gefängnismauer mit dem verschiebbaren Stahltor. Neben dem Tor ist eine kleine Tür eingelassen, die man fast übersehen könnte. Ein Sehschlitz in Gesichtshöhe. Dort zeige ich das zweite Mal den Ausweis, nunmehr gegenüber Mitarbeitern der Abteilung XIV, die für die Sicherung der Haftanstalt verantwortlich sind. Ich gehe um das u-förmige Haftgebäude und den Seitenflügel, in dem sich die Vernehmerbüros befinden, herum und gelange in das Verwaltungsgebäude der Hauptabteilung IX. Ein angesetzter Plattenneubau, der so gar nicht zu dem grauen Putz und den kleinen vergitterten Fenstern der Haftanstalt passt. Jetzt betrete ich den verglasten Vorraum mit dem Empfang und einer kleinen Sitzgruppe in der Ecke, wo gerade – so will es meine Erinnerung – ein Weihnachtsbaum aufgebaut und geschmückt wird.

Hier muss ich schließlich das dritte Mal an diesem Morgen den Dienstausweis vorzeigen. Die Kontrollierenden gehören zur eigenen Wachtruppe der Hauptabteilung IX. Mit dem Fahrstuhl fahre ich anschließend in die zweite Etage, kaufe mir in der Kaffeeküche ein Kännchen Kaffee und gehe, in der einen Hand das Tablett und in der anderen meine Aktentasche, eine Etage höher und durch den mit einem dreistelligen Zahlencode gesicherten Durchgang in das Vernehmergebäude. Eigentlich soll der Code jeden Monat geändert werden, aber zu meinem Glück passiert das nur ein- oder höchstens zweimal im Jahr. Bei meinem Zahlengedächtnis hätte ich öfter vor verschlossener Tür gestanden. Auf dem schier endlos lang gestreckten Gang stehen die meisten Bürotüren noch offen. Erst nach und nach treffen die Mitarbeiter ein, die letzten stürzen noch kurz vor acht Uhr über den Flur, unmittelbar bevor die rote Ampel angeschaltet und die ersten Untersuchungshäftlinge aus der Haftanstalt gebracht werden. Wer es nicht mehr in sein Zimmer schafft, verschwindet schnell hinter der Toilettentür.

Die Büros werden von einem Putzkommando gesäubert, das sich aus Strafgefangenen zusammensetzt, die man für solche Arbeiten separat in der Haftanstalt untergebracht hat. Aus diesem Grund müssen die Zimmer nachts geöffnet bleiben. Der erste Weg führt mich deshalb zum Panzerschrank, um die am Vorabend eingeschlossenen Schreibtischutensilien und das Telefon herauszunehmen. Den Mantel hänge ich in den Kleiderschrank. Meine Vorbereitungen schließe ich damit ab, dass ich ein Licht am Innenrahmen der Doppeltür anschalte. Die Tür ist an den Innenseiten mit braunem Lederimitat überzogen und schallschluckend abgepolstert. Das Licht dient als Warnsignal, als Zeichen, dass in diesem Zimmer eine Vernehmung stattfindet und kein Unbeteiligter eintreten darf.

Jetzt eine Tasse Kaffee einschenken und einen Blick in den Vernehmungsplan werfen. Wenige Minuten später wird die Tür geöffnet, der Beschuldigte steht im Zimmer.

# 12.

Der Rückweg aus dem Vernehmergebäude in den Zellentrakt verläuft genauso wie die Prozedur am Nachmittag, nur in umgekehrter Richtung. Kein Mensch ist auf den Gängen zu sehen. Lediglich die Anweisungen des Postens und die fast schon vertrauten Geräusche, die durch das Öffnen und Schließen der Gittertüren verursacht werden, unterbrechen die Stille in diesem nächtlichen Labyrinth.

»Gesicht zur Wand!«

Ganz vorsichtig, damit mein uniformierter Begleiter es nicht bemerkt, wende ich den Kopf zur Seite und kann sehen, dass er sich an einem Schalter an der Wand zu schaffen macht. Sein Blick geht nach oben, meiner ebenfalls. Im gleichen Moment wird mir sein seltsames Gebaren verständlich. Über der Gittertür ist eine Ampel angebracht, die jetzt rot aufleuchtet. Offenbar regelt der Posten mit ihrer Hilfe den »Verkehr« auf den Gängen. Kein Wunder, dass niemand zu sehen ist, nicht einmal ein anderer Wachhabender. Hastig drehe ich mein Gesicht wieder zur Wand. Er hat nichts bemerkt und dirigiert mich zu »meiner« Zellentür.

»Gesicht zur Wand!« Das Schlüsselbund klirrt, schon ist sie offen. »Geh'n Se rein!«

Die Tür fällt hinter mir ins Schloss, das rasselnde Geräusch des Schlüssels lässt nicht lange auf sich warten.

Ich bin entsetzt über die Entdeckung auf dem Flur. Wenn meine Vermutung richtig ist, werde ich hier nie einen anderen Gefangenen zu Gesicht bekommen! Aber in der Zelle stehen zwei Pritschen. Ich komme zu dem Schluss, dass es müßig ist, sich jetzt darüber den Kopf zu zerbrechen.

Gleich links neben der Tür steht ein WC, der Deckel ist ebenso grau wie der Anstrich des Ölsockels an den Wänden.

Über dem Waschbecken daneben ist sogar ein Spiegel angebracht. Man hat ihn eingemauert und mit weißen Kacheln umrahmt.

Ich möchte die Toilette benutzen, mich waschen und danach nur noch schlafen, am besten bis zum jüngsten Tag. Die Erschöpfung macht sich wieder deutlich bemerkbar, ich kann mein Gesicht im Spiegel kaum noch erkennen, alle Konturen verschwimmen. Vielleicht liegt das aber an der Deckenbeleuchtung. Die Neonlampe ist eine Beleidigung für die Augen, ihr grelles Licht leuchtet kalt jeden Winkel der Zelle aus. – Grenzstreifen im Niemandsland.

Plötzlich habe ich den Eindruck, beobachtet zu werden. Ich weiß nicht genau, wodurch dieses unbehagliche Gefühl hervorgerufen wird, ob durch ein leises Geräusch oder durch eine winzige Bewegung. Ich drehe mich um und blicke in ein kreisrundes Auge. Es ist nichts weiter, nur ein Auge, mitten in der Tür. Halluzination, denke ich, denn beim zweiten Hinsehen ist das Auge verschwunden. Aber über der Luke befindet sich tatsächlich ein Spion, und die leichte Bewegung seiner Klappe beweist, dass ich keinesfalls phantasiert habe.

Ich will weder beim Benutzen der Toilette noch beim Waschen beobachtet werden. Irgendwo in diesem verdammten Raum muss doch ein Lichtschalter sein … Richtig, direkt neben der Tür. Ich drücke den Knopf in der Hoffnung, dass mich danach schützende Dunkelheit umgibt. Nichts passiert. Das Licht bleibt an. Ich höre Schritte auf dem Gang, sehe wieder ein Auge im Spion, gleich danach wird die Luke heruntergeklappt. Und, welch ein Wunder, in der Öffnung ist ein Gesicht zu sehen, rundlich, mit Brille!

»Ja, was ist?«

»Es ist nichts. Ich wollte nur das Licht ausmachen, aber der Schalter funktioniert nicht. Ich möchte mich waschen, und die Beleuchtung ist mir unangenehm dabei.«

Das rundliche Frauengesicht sieht mich kurz an. Streng und belehrend, wobei ein leicht belustigter Unterton nicht zu überhören ist, kommt die Antwort: »Hier können Sie kein Licht löschen. Das machen wir. Was glauben Sie denn, wo Sie sich befinden?! Wenn Sie den Knopf drücken, geht draußen eine Lampe an, dadurch machen Sie sich bemerkbar. Benutzen Sie den Knopf nicht unnötig, er ist nur für wichtige Angelegenheiten gedacht!«

Die Luke kracht zu, das Licht geht aus. Endlich im Dunkeln, endlich allein, kann ich ungestört die Toilette benutzen, mich waschen und auf der ungewohnt harten Pritsche in die Decken einrollen. Ich bin todmüde, kann aber nicht einschlafen. In meinem Kopf dreht sich ein Karussell, und die Bilder des vergangenen Tages huschen vorbei, ohne dass ich sie festhalten kann. Ich versuche, mir T. und Uli in ihren Zellen vorzustellen. Es gelingt mir nicht, aber es ist beruhigend zu vermuten, dass wir unter einem Dach untergebracht sind. Hoffentlich geht es ihnen gut oder zumindest nicht schlechter als mir. Ich sehe mich noch einmal in der fremden Umgebung um. Wenn mich meine Sinne nicht täuschen, ist durch das Glasbausteinfenster schon die Morgendämmerung zu erkennen.

Die vielen Türen auf dem Gang … es gibt Leben in diesem Geisterhaus, hinter jeder Tür … T. und Uli und die anderen hinter den vielen Türen …

Ein durchdringend schriller Ton, dem Pausenläuten in der Schule ähnlich, lässt mich hochschrecken und verdrängt die Erinnerung an den Traum, in dem ich eben noch so vollständig zu Hause war. Obwohl die Grenze zwischen Traum und Realität, dieser Zustand schwebender Leichtigkeit, noch nicht ganz überschritten ist, weiß ich, dass es ganz und gar nicht gut wäre, jetzt die Augen zu öffnen. Vergiss das

Klingeln, gönne dir noch ein paar Sekunden Illusion. Gleich werden die Katzen kommen und energisch ihr Frühstück verlangen, T. ist bestimmt schon im Bad ...

Geräusche auf dem Gang dringen ins Bewusstsein, das Phantasiegebäude stürzt in sich zusammen. Schritte nähern sich, entfernen sich wieder. Dem Lärm nach zu urteilen, wird in unmittelbarer Nähe eine Luke geöffnet und kurz darauf krachend geschlossen. Dieser Vorgang wiederholt sich mehrmals, in unterschiedlichen Entfernungen zu meiner Zelle, wie es mir scheinen will. Noch habe ich die Augen nicht geöffnet. So kann ich mich besser auf die Geräusche konzentrieren. Jedes Mal, wenn sich Schritte meiner Zelle nähern, halte ich vor Anspannung den Atem an, aber das Herz pumpt laut seine Schläge und verrät meine Anwesenheit. Was wird jetzt als Nächstes geschehen, werden sie die Luke öffnen, was habe ich dann zu tun? Ganz plötzlich ist es wieder ruhig auf dem Gang, kein Laut dringt in meine Zelle. Noch vor wenigen Stunden hat mir das gespenstisch leblose Haus Angst eingeflößt. In diesem Moment ist die Stille eine Erlösung.

Mein erster Blick geht zum Spion. Kein Auge zu bemerken. Über der Tür ist eine kleine Vertiefung in die Mauer eingelassen. In dieser Vertiefung, die mit Maschendraht verkleidet ist, hängt eine Glühlampe. Sie hat mich heute Nacht fast zum Wahnsinn getrieben. Jedes Mal, wenn ich fast schon eingeschlafen war, ging dieses Licht an. Jedes Mal war am Spion ein Auge zu sehen. Beim ersten Mal hörte ich noch das Schließen an der Gittertür und die sich nähernden Schritte, bevor das Licht plötzlich eingeschaltet wurde. Es dauerte nur wenige Sekunden; als ich mich bewegte, wurde es sofort wieder ausgeschaltet. Dieses Treiben wiederholte sich vermutlich die ganze Nacht hindurch. Mal konnte ich vorher Schritte hören, mal nicht. Ich ertappte mich dabei, auf die Schritte und das Licht zu warten. Irgendwann bin ich offensichtlich doch fest eingeschlafen.

Wieder bemerke ich Bewegung auf dem Gang. Wieder höre ich das Herunterklappen der Luken und den Krach, wenn sie geschlossen werden. Ein Geräusch ist undefinierbar. Ich kann mir nicht vorstellen, was diesen leisen schlurfenden Ton, verbunden mit einem kaum vernehmbaren Quietschen und Scheppern, verursacht. Wieder tritt ganz plötzlich Stille ein. Meine Luke wurde auch diesmal nicht geöffnet.

In der Zelle ist es mittlerweile hell geworden. Gestern lag ich um diese Zeit noch in meinem Bett, neben mir lag T. Seit gestern sind hundert Jahre vergangen.

Ich halte es auf der Pritsche nicht mehr aus. Irgendetwas muss jetzt geschehen, irgendwie muss es weitergehen! Ich stelle mich vor das Waschbecken, streife das geblümte Baumwollnachthemd über den Kopf und genieße das warme Wasser auf meiner Haut. Gestern wurden mir auch alle Haarspangen abgenommen, deshalb halte ich meine Haare mit der rechten Hand fest, um mir den Hals zu waschen. Im gleichen Moment spüre ich die Beobachtung. Das Auge! In Windeseile wickle ich mir das Nachthemd um den Körper. Der Deckel am Spion schwingt ganz leicht hin und her.

Ich fühle mich beschmutzt, einem anonymen Auge ausgeliefert, das meinen Schlaf und meine intimsten Verrichtungen kontrolliert. Wir wollen ja keineswegs den Klogang vergessen, nicht wahr! Zitternd vor Wut und Scham, ziehe ich die Anstaltsunterwäsche und den unsäglichen blauen Trainingsanzug an.

Die Luke geht mit Getöse auf. »Frühstück! Halten Sie den Becher fest! Wir haben Sie schlafen lassen, morgen stehen Sie nach dem Klingeln auf!«

Ich beuge mich ein wenig herunter, um den Plastikbecher festzuhalten, und habe genau den Bauch der Beamtin im Blickfeld. Als sie sich zur Seite beugt, sehe ich den Frühstückswagen. Die Luke kracht zu. Plötzlich höre ich wieder den leisen, schlurfenden Ton, das Quietschen und Scheppern. Alles klar! Seltsam beschwingt durch die Entdeckung eines kleinen Stückchens Normalität – es war nichts weiter, nur ein Wagen der quietschte, dessen Gummiräder schlurften –, nehme ich mein erstes Frühstück in einer Gefängniszelle ein. Auch die Tatsache, dass ich mein Brot mit einem Plastiklöffel bestreichen muss, Messer scheint es hier nicht zu geben, kann meiner aufgedrehten Stimmung nichts anhaben.

»Geschirr rausgeben!«

Ich reiche Teller, Becher und Löffel durch die Öffnung. In der Luke erscheint ein Gesicht. »Den Becher behalten Sie drin! Wenn Sie noch was zu trinken wollen, müssen Sie ihn auf die Platte stellen!«

Ich stelle den Becher auf den Lukendeckel und halte ihn dabei mit der Hand fest. Das Getränk wird aus einer großen Blechkanne eingeschenkt. Die Frau mit den groben, hageren Gesichtszügen hat ein wenig Mühe dabei, zumindest lässt ihre leicht schnaufende Atmung darauf schließen. Es ist dieselbe Beamtin, die mich einen Tag zuvor in diese Zelle gebracht hat.

Krach, die Luke ist zu, ich bin wieder allein mit mir. Der Kräutertee schmeckt süß und wirkt durchaus magenfreundlich auf meine angeschlagenen Innereien. Schritte und Schlüsselklappern nähern sich meiner Zellentür. Man muss aufstehen und sich in gebührender Entfernung mit Blickrichtung zur Tür aufstellen, wenn sie geöffnet wird. So ähnlich stand es in der Haftanstaltsordung, die man mir gestern zu lesen gab und die ich nur flüchtig durchgeblättert habe. Vorsichtshalber übe ich das gleich mal. Meine Vermutung war richtig, vor meiner Tür verstummen die Schritte, der Schlüssel wird ins Schloss gesteckt, es wird umständlich geschlossen, mein Herz stolpert hastig, meine Hände werden schweißnass, die Tür öffnet sich mit Getöse.

»Raustreten, Gesicht zur Wand!«

Aha, das kennen wir ja schon. Gleich kommt: »Geh'n Se« und so weiter und so weiter. Der Mann in Uniform ist nicht viel größer als ich. Seine Haare sind fast schwarz und wirken irgendwie ungepflegt, vielleicht, weil er Pomade benutzt, dadurch sehen sie fettig und strähnig aus.

Der Gang ist menschenleer, meine Ahnung scheint sich zu bestätigen. Hier werde ich wohl wirklich immer nur diesen Mann in Uniform zu Gesicht bekommen. Plötzlich bemerke ich den Draht, der etwa in Schulterhöhe längs an den Flurwänden angebracht ist. An einigen Stellen ist er mit einer Art Bananenstecker zusammengefügt worden. Seltsam, diese Einrichtung ... kann sich nur um ein Alarmsystem handeln.

Meine Grübelei wird unterbrochen: »Bleiben Sie gefälligst stehen! Sind Sie blind, können Sie die weiße Linie nicht sehen?! Vor der weißen Linie wird stehen geblieben!« Fast brüllend gestikuliert der Mann in Uniform vor meinem Gesicht. Er stößt seinen Gummiknüppel immer wieder auf eine weiße Linie, die kurz vor der Gittertür auf den Fußboden gemalt ist. Ich bin nicht blind. Ich habe diese Linie nicht gesehen, weil ich nicht auf sie gefasst und in Gedanken bei den Drähten war. Wäre ich nicht unterbrochen worden, hätte ich auch noch über die Kameras nachgedacht, die ich ziemlich weit oben an den Wänden entdeckt hatte.

Er ist noch nicht fertig. Seine Gesichtszüge sind vor Zorn verzerrt, als sei er durch meine vermeintliche Ignoranz der Ordnung dieses Hauses persönlich beleidigt worden. »Sie haben rechts an der Wand lang zu gehen! Sie haben nach unten zu sehen, damit Sie die weißen Streifen nicht verpassen, merken Sie sich das! Gesicht zur Wand!«

Ich reagiere mit keinem Wort und komme seiner Aufforderung nach. Sein Wutausbruch hat mich verstört. Ich benötige ein paar Sekunden, um wieder gleichmütig wirken zu können.

»Geh'n Se!«

Vertrautes Kommando, gewohnt eingeschränkter Wortschatz. Mit einem Mal wird es mir klar, und dabei durchrieselt ein warmer Strom meinen ganzen Körper: Ich habe, ohne es zu wollen, diesen Menschen dazu gebracht, ganze Sätze zu sprechen, besser gesagt, zu brüllen. Das ist doch immerhin etwas, nicht wahr?

Der Gang mit den Vernehmungszimmern ist erreicht. Auftauchen aus dem Labyrinth. Kurz vor der Tür mit der Zimmernummer 770 bleibe ich mit dem Gesicht zur Wand stehen, nicht ohne Aufforderung, versteht sich. Der Posten öffnet die gepolsterte Doppeltür, ich kann hören, dass er sich kurz am Rahmen zu schaffen macht, dann kommt das erlösende Kommando: »Geh'n Se rein!«


Der Vernehmer sitzt hinter dem Schreibtisch, sein Gesicht sieht abgespannt aus. Die Haare sind um eine Nuance zerzauster als am Tag zuvor. Er trägt noch dieselbe Kleidung, dunkle Schatten unter den rot umränderten Augen verraten seine Müdigkeit. Er steht auf, und sein kaum merkliches Schwanken verstärkt noch meinen Eindruck. Ich kann mir nicht helfen, aber er wirkt auf mich in diesem Augenblick unbeschreiblich jung und verletzlich.

»Guten Morgen. Setzen Sie sich. Wie geht es Ihnen, haben Sie gut geschlafen?«

»Danke, es geht mir den Umständen entsprechend gut.« Ich sage mein Sprüchlein auf und setze mich.

Wie schon in der vergangenen Nacht liegen ein karierter Schreibblock, ein Bleistift und, ganz besonders wichtig, eine Schachtel »Cabinet« auf dem Tisch. Ich rauche seit meinem siebzehnten Lebensjahr, in den letzten Jahren ausschließlich die filterlosen »Karo«. Sie stinken zwar penetrant nach Lumpen, aber geschmacklich sind sie mir lieber als jede Filterzigarette. »Den Umständen entsprechend« bin ich natürlich dankbar, dass der vernehmende Herr die Zigarettenfrage nicht als Druckmittel benutzt, sondern mich wie ein Räuchermännchen qualmen lässt. In der vergangenen Nacht müssen sich mehr als zwei Schachteln in Rauch aufgelöst haben.

»Schön für Sie, dass Sie gut geschlafen haben. Mir ging es nicht so, ich habe am Schreibtisch übernachtet.«

Verdammt, du weißt genau, dass ich schlecht geschlafen habe! Ein guter Schlaf ist in eurem Knast mit den ewigen Lichtkontrollen wohl kaum möglich, mal ganz abgesehen von dem psychischen Ausnahmezustand, in dem man sich befindet. Die hohle Floskel über mein Befinden berechtigt dich noch lange nicht, mich mit deinem werten Gemütszustand zu belästigen. Und wenn ich mir über dich Gedanken mache, dann ist das meine Sache, dann geht dich das nicht im Geringsten etwas an!

Ich sehe dem Mann hinter seinem Schreibtisch direkt ins Gesicht, setze ein freundliches Lächeln auf und bemühe mich, besonders deutlich zu artikulieren: »Tut mir Leid, aber ich kann da kein Mitgefühl für Sie entwickeln. Es ist Ihr Job. Sie haben ihn sich ausgesucht, er verlangt nun mal eine gewisse Einsatzbereitschaft, oder sehe ich da etwas falsch?«

Meine Stimme muss ziemlich hart geklungen und den Gesichtsausdruck Lügen gestraft haben. Ich sehe ihn immer noch an, sehe, dass er mit einer anderen Antwort gerechnet hat. Mir scheint, dass er nach meiner Bemerkung ganz unmerklich auf seinem Stuhl zurückgezuckt ist.

»Können Sie mir mal sagen, was Sie hier so besonders belastet, mal davon abgesehen, dass Sie inhaftiert sind? Was stört Sie so, was bedrückt Sie?«

Ich könnte vor Wut platzen: mal davon abgesehen, dass ich inhaftiert bin! Welche Vorstellungen hat dieser Mensch eigentlich? Glaubt er, dass ein Inhaftierter es fertig bringt, so ganz nebenbei mal davon abzusehen, in welcher Lage er sich befindet? Ich bin wütend auf ihn, ich bin auch wütend auf mich selbst, weil ich mich gezwungen sehe, meine Maske fallen zu lassen, und sei es auch nur für einen Augenblick. Wir haben uns die ganze Zeit gegenseitig angesehen, und es ärgert mich maßlos, dass er mich aus der Reserve locken konnte. Aber die eigentliche Wut richtet sich gegen etwas ganz anderes, sie richtet sich gegen den kurzen Augenblick des unglaublichen Glücksempfindens, das ich verspürte, als ich den Raum betrat und der verschlafenen Gestalt gegenüberstand.

Aufgepasst, Psychologe! Hier versucht eine Frau, sich selbst zu betrügen, und ihr Wissen darum verstärkt den Zorn.

Er blickt mich immer noch an. Ich werde eine Erklärung liefern, die einfach und simpel ist, für jedermann verständlich. Wir kommen ohne Tiefendeutung aus, nicht wahr: »Es ist zum Beispiel demütigend für mich, vor Ihnen im Trainingsanzug sitzen zu müssen, während Sie Privatkleidung tragen. Ist das für Sie verständlich?«

Erstaunter Blick seinerseits, der noch durch die hochgezogenen Augenbrauen unterstützt wird. »Sie müssen den Trainingsanzug nicht tragen.«

Das haut mich jetzt wirklich um. Ich muss ihn ziemlich ungläubig ansehen, denn jetzt wird er wieder lebhaft, er wirkt förmlich erleichtert, als er zu seiner Erklärung ansetzt:

»Sie können schriftlich beantragen, dass man Ihnen die Privatsachen wiedergibt. Ich weiß nur nicht, ob sie auch gewaschen werden, das geht nicht, glaube ich. Die meisten sind mit der Anstaltskleidung zufrieden. Sie wird regelmäßig gereinigt und außerdem ist sie bequem.«

»Es ist mir gleichgültig, ob man meine Sachen hier wäscht oder nicht. Ich möchte meine eigene Kleidung tragen, selbst wenn sie irgendwann vor Dreck stinken sollte. Es ist dann wenigstens mein eigener Gestank aus meinen eigenen Klamotten!«

Mittagspause in der Zelle. Der Rückweg verlief ohne Zwischenfälle. Der Posten gab seine Kommandos, und ich achtete darauf, keinen weißen Streifen auf dem Fußboden zu übersehen.

Es gibt Kartoffeln und gebratenen Fisch. Könnte Hering sein, ist aber bestimmt Makrele, Hering gibt es ja schon seit Jahren nicht mehr.

Ich bearbeite Kartoffeln und Fisch mit dem Plastiklöffel. Es macht Spaß und ist eigentlich doch zum Heulen, sich dabei eine der endlos vielen FDJ-Versammlungen vorzustellen, in denen es unter anderem auch um ideologische Begründungen für den jeweils vorherrschenden Mangel ging ...

Hering, ein Exportartikel für das von Krisen geschüttelte und dem sicheren Untergang geweihte westliche Wirtschaftssystem. Und wenn es dann endlich von seinem Schicksal ereilt wird, sehr lange dauert es bestimmt nicht mehr, kann jeder DDR-Bürger auch wieder seinen Hering genießen, wobei Makrele viel gesünder ist, Jugendfreunde. Wer hat hier die Parole ausgegeben, es gäbe kein Rindfleisch wegen der Maul- und Klauenseuche in einigen Regionen der Republik? Das ist totaler Unsinn, Jugendfreunde! Ernährungswissenschaftler haben festgestellt, dass zu viel

Rindfleisch, Schweinefleisch übrigens auch, einfach ungesund ist. Geflügel ist zart und äußerst nahrhaft. Nicht umsonst sind in der Illustrierten »Für Dich« Woche für Woche die leckersten Rezepte für Gerichte mit Geflügelfleisch abgedruckt. Maul- und Klauenseuche ist in unserer Gesellschaftsordnung nicht möglich, bei uns werden die Tiere hygienisch einwandfrei gehalten, wir leben ja nicht im Westen, liebe Freunde!

Die Kartoffeln sind nicht besonders weich gekocht, eigentlich sind sie gerade so, wie ich sie unter normalen Umständen, wenn mir Messer und Gabel zur Verfügung stehen, liebe. Ich verzichte darauf, sie zu zerkleinern, schiebe sie auf den Löffel und beiße Häppchen ab. Das macht sich auf die Dauer auch nicht besonders, also schiebe ich mir die Kartoffelhälften in den Mund und versuche auf diese Art, das Mittagessen zu bewältigen. Den Fisch nehme ich einfach in die Hand. Das Auge am Spion sieht meinem Treiben zu. Das stört mich zwar gewaltig, aber der Hunger ist stärker.

Heute Vormittag wurde im Vernehmerzimmer nicht vernommen. Nach der Auseinandersetzung über die Knastkleiderordnung mussten noch andere »organisatorische Fragen« geklärt werden.

Ich wollte wissen, ob mein Mann und Uli in guter Verfassung seien. Und, wie hätte es auch anders sein können, es ging ihnen »den Umständen entsprechend gut«. Hätte ich mir auch denken können. Auf meine Frage nach den Katzen wurde genauso präzise geantwortet. Sie würden versorgt. Von wem? Wüsste er nicht so genau, von K. wahrscheinlich. Das könnte sogar stimmen. T. und ich hatten mit K. gesprochen und sie gebeten, sich um die Tiere zu kümmern, sollten wir einmal ganz schnell ausreisen müssen oder uns sonst irgendetwas zustoßen. Sie versicherte uns, dass sie Bekannte auf einem Bauernhof hätte, dort würden Tussy und Mungo ein neues Zuhause finden.

Die Wohnungsfrage müsse noch geklärt werden. Richtig, sie haben ja Recht, junger Mann. So eine Wohnungsfrage ist von existenzieller Bedeutung, zumindest für denjenigen, der noch keine Wohnung hat. Auf kariertem Papier, der Block kam zum Einsatz, verfügte ich, dass K. die Wohnung bis zu meiner Entlassung voll verantwortlich nutzen dürfe. Ich hoffte inständig, dass sie ihr Versprechen halten würde und unsere Katzen schon bald auf einem Bauernhof ihren Jagdinstinkt ausleben könnten. Trotzdem hatte ich ein ungutes Gefühl, als ich daran dachte, dass die beiden Tiere von einer Minute zur anderen von uns allein gelassen wurden.

Der Teller vor mir ist leer. Zweiter Tag, erstes Mittagessen, erfolgreich bewältigt, Gratulation. Das Geschirr wird eingesammelt, die Geräusche auf dem Gang lassen es jedenfalls vermuten. Richtig, meine Luke öffnet sich mit dem nun schon vertrauten Getöse. Ich warte gar nicht erst das Kommando ab, sondern reiche unaufgefordert Teller und Löffel durch die Öffnung.

»Becher?«

Das hätte ich fast vergessen. Ich halte meinen Plastikbecher hin. Wieder ist, wie schon heute Morgen, das leise Ächzen und Atmen der Frau in Uniform zu hören. Vielleicht muss sie zu viele Klappen in zu kurzer Zeit öffnen. Vielleicht aber ist ihr im Laufe der Dienstjahre dieses schnelle Atmen und leise Ächzen bei der Arbeit ganz einfach zur Gewohnheit geworden. Die Luke kracht zu, in unmittelbarer Nähe wird eine andere aufgeschlossen.

Als vom Flur her keine Geräusche mehr zu hören sind, versuche ich, mich auf die kommenden Stunden vorzubereiten. Nachmittags würde die Vernehmung beginnen, hat er gesagt, bevor er die 770 vom Posten zur Mittagspause abholen ließ. Auch heute hat es mich irritiert, mit welch unbefangener Leichtigkeit es ihm gelang, von dem Menschen, der vor ihm saß, wie von einem Gegenstand zu sprechen: »Ja, bitte mal die 770 abholen!« Ganz beiläufig wurde dieser Satz in den Telefonhörer gesprochen. Und, was mich zutiefst verstörte, und dabei verspürte ich einen kurzen Stich in der Herzgegend: Seine wunderbar lebendige Stimme wurde in diesem Moment monoton und klanglos, genau wie die Stimmen seiner Genossen im Zellentrakt.

Selbst hier, in meiner Zelle, spüre ich noch den Widerwillen gegen diese Szene, gegen seine gedankenlose Routine im Arbeitsalltag. So soll er, verdammt nochmal, nicht sein! Mit voller Wucht trifft mich die Erkenntnis, dass ich Sehnsucht nach meinem Vernehmer habe. Was nützt es, dass ich mir sage: Deine Sehnsucht gilt dem falschen Mann zur falschen Zeit am falschen Ort? Es ändert nichts. Was nützt es, dass ich mir sage: Dein Mann ist hier irgendwo in irgendeiner anderen Zelle untergebracht? Die Sehnsucht bleibt, stärker und übermächtiger als mein Verstand es zulassen will. Ich möchte ihn sehen, sofort. Ich möchte, dass mich sein Anblick die klanglose Stimme vergessen lässt.

Die Zellentür wird aufgeschlossen. »Raustreten! Gesicht zur Wand!«

Der Posten kann mein Schweben nicht bemerken, denn ich beachte mit gleichgültiger Miene die weißen Striche auf dem Fußboden und lasse mich gehorsam durch den Irrgarten der Gänge zur Tür meines Vernehmers führen.

Der Mann hinter dem Schreibtisch sieht immer noch abgespannt aus, aber seine Augen wirken wach und aufmerksam, obwohl die dunklen Schatten unter ihnen noch größer geworden sind. Ruhig und sachlich stellt er seine Fragen, ruhig und sachlich beantworte ich sie, immer bemüht, meinen inneren Aufruhr und die Unsicherheit zu verbergen. Es ist mir klar, dass meine Aussagen mit denen von T. und Uli verglichen werden, um Widersprüche aufzudecken, und ich kann nur hoffen, dass unsere Angaben im Wesentlichen übereinstimmen.

Uli wurde zuerst verhaftet, danach T. und ich. Deshalb bin ich davon überzeugt, dass wir »von drüben« verraten wurden. Nur wir drei hatten direkten Kontakt zu den wechselnden Kurieren. Kann sein, dass Uli bei seiner ersten Vernehmung unsere Namen gesagt hat. Das wäre unter den gegebenen Umständen verständlich. Wenn dem wirklich so ist, hoffe ich, dass er sich deshalb keine Vorwürfe macht. Es ist nur wichtig, dass es nicht noch mehr Verhaftungen gibt.

Als der vorletzte Kurier »Rico« uns mitteilte, dass »aus Sicherheitsgründen« jemand anders den Kontakt zum nächsten Kurier halten müsste, hatten wir vier Namen nach Westberlin durchgegeben. Es kommt jetzt nur darauf an, dass T., Uli und vor allem die anderen drei nicht die Nerven verlieren.

Uli, meine Freundin, ein Freund meines Mannes und ein Bekannter kannten sich untereinander nur flüchtig. Keiner wusste vom anderen, dass der bereit war, in unserer Gruppe mitzuarbeiten. Meine Freundin und ich hatten genau abgesprochen, was sie in einer Situation wie dieser erzählen sollte. Ich bin mir ziemlich sicher, dass man sie befragen wird und kann nur hoffen, dass sie sich an unser Gespräch erinnert.

»Inwieweit wurden die von Ihnen genannten Personen über ihre mögliche Verwendung als Kontaktpersonen informiert?«

Die Kernfrage! Jetzt nur nichts anmerken lassen, ganz unbefangen antworten: »Überhaupt nicht. Wir haben erst die Entscheidung abgewartet. Als ich meine Freundin besuchte, habe ich sie lediglich nebenbei gefragt, ob sie eventuell bereit sei, irgendwann ein Päckchen für mich in Empfang zu nehmen, das ein Bekannter vorbeibringen würde. Es ist möglich, dass sie diese Frage schon vergessen hat; wie gesagt, ich habe sie nur ganz nebenbei gefragt. Die anderen beiden wussten ebenfalls nicht Bescheid, Herr Uli S. wurde von mir erst nach der Entscheidung des Mannes aus Westberlin informiert.«

Stoßgebet einer Atheistin: Lieber Gott, mach, dass T. und Uli sich an die Verabredungen erinnern und nichts anderes aussagen! Lieber Gott, mach, dass die drei, die noch draußen sind, auch draußen bleiben, dass sie sich in eventuellen Befragungen, Vernehmungen und was es sonst noch alles gibt, nicht verraten!

Die Vernehmung ist überstanden. Meine Antworten wurden ohne Kommentar zur Kenntnis genommen, eine kleine Notiz ab und zu sollte wahrscheinlich als gedanklicher Leitfaden für das Protokoll dienen.

Es muss schon später Nachmittag sein. Wieder, wie in der vergangenen Nacht, sitzt der Vernehmer vor seiner Schreibmaschine, um das Resultat seiner Arbeit zu Papier zu bringen.

Ich habe genügend Zeit, ihn zu betrachten, denn heute schlafe ich nicht im Sessel. Sein Mienenspiel deutet an, dass er vollkommen konzentriert an den Formulierungen für das Protokoll arbeitet. Kopfschütteln, Stirnrunzeln, blitzschnell, mit zwei Fingern, wird die Maschine malträtiert. Ab und zu blickt er in meine Richtung, aber er sieht mich dabei nicht an, die Augen fixieren einen Punkt, der nicht in diesem Raum liegt. Das Gesicht sieht dabei besonders schmal aus, dadurch wirken seine Augen hinter den Brillengläsern dunkler als sonst. Seine Nase ist weiß Gott nicht zierlich, aber sie passt zu den vollen, leicht geschwungenen Lippen.

Stundenlang könnte ich nur dieses Gesicht ansehen! Wie wunderschön ist dieser Mann, der hier vor mir sitzt! Ich bin glücklich, wieder Zärtlichkeit für ihn zu empfinden, und erstaunt, im Gegensatz zu gestern keinerlei Schuldgefühle dabei zu haben. Die Gedanken sind frei, nicht wahr? Und die Sehnsüchte auch. Da sitzt du nun vor mir, bist verbissen darum bemüht, ein ordentliches Protokoll zu schreiben, glaubst ernsthaft daran, hier einen Menschen kennen zu lernen, und dabei weißt du gar nichts! Du spürst nicht das Geringste, du bist gefangen, viel gefangener als ich, in diesem Käfig.

Vor mir liegt der karierte Block. Gestern Nacht musste ich darauf mit einem Bleistift die Chronologie der Zusammenarbeit mit »den Leuten aus Westberlin« aufzeichnen. Der Block sei für »persönliche Niederschriften« gedacht, hast du erklärt. Wenn mir etwas einfalle, solle ich es notieren. Nicht freiwillig, habe ich geantwortet. Plötzlich, fast blitzartig, schießt mir eine Idee durch den Kopf: Ich brauche ein Ventil für meine Gefühle. Was ist dafür besser geeignet als ein simpler Zahlencode? Die Anzahl der Buchstaben ergeben die Ziffern, so einfach ist das! Heute werde ich eine sehr persönliche Niederschrift zu Papier bringen. Nur einen einzigen Satz werde ich schreiben, freiwillig, ohne Aufforderung: »Und trotzdem und immer wieder 11 und 12«. Ganz einsam steht dieser Satz auf der karierten A4-Seite. Im Verhältnis zu diesem einen Satz ist dein Protokoll armselig und nichtig, auch wenn du darüber ins Schwitzen gerätst!

Ich habe mich geirrt. Die dürftige und gestelzte Protokollsprache ist zwar armselig, aber nichtig ist dieser Text ganz gewiss nicht. Jede Seite, die ich unterschreibe, bringt mich näher an eine Gerichtsverhandlung und somit in den sozialistischen Strafvollzug. Oder heißt es vielleicht real existierender sozialistischer Strafvollzug? Das würde ich den Hütern der sozialistischen Sprachkultur auch noch zutrauen.

Ich unterschreibe mit Vor- und Nachnamen. Mein Vorname ist mir, solange ich denken kann, verhasst. Mein Vater bestand darauf, mir den Namen seiner Schwester zu geben. Sie verstarb als junges Mädchen an Meningitis, und immer, wenn er von ihr erzählte, brach er in Tränen aus, war nicht imstande weiter zu sprechen. In solch einer Situation konnte ihn nur meine Mutter beruhigen und trösten. Sie mochte den Namen auch nicht, trotzdem konnte sie sich bei meiner Geburt nicht durchsetzen, ihr Wunsch wurde nur als zweiter Vorname auf der Geburtsurkunde registriert. Als Kind habe ich sehr unter meinem Namen gelitten und musste es mir oft gefallen lassen, seinetwegen von anderen Kindern gehänselt und verspottet zu werden. Zu Hause hatte man mir einen Kosenamen gegeben, sodass das eigentliche Martyrium erst mit der Schulzeit begann. Wie kann man aber auch sein Kind »Herta« nennen!

Als ich älter wurde, ging ich dazu über, mich mit meinem zweiten Vornamen anreden zu lassen. »Regina« klang im Gegensatz zu »Herta« wie Musik in meinen Ohren. Mein Vater war traurig über meine Weigerung, den Namen seiner Lieblingsschwester zu tragen. Vermutlich ist das der Grund, dass ich es bis heute nie fertig brachte, meinen Entschluss auch urkundlich, auf dem Lebensberechtigungsschein sozusagen, dokumentieren zu lassen, obwohl es mich jedes Mal Überwindung kostet, mit meinem »offiziellen« Namen ein »offizielles Dokument«, einen Aufsatz etwa, meinen Lebenslauf für die Kaderakte oder, wie in diesem Fall, ein Vernehmungsprotokoll des Ministeriums für Staatssicherheit zu unterzeichnen.

Der Vernehmer registriert zufrieden, dass ich keine Einwendungen gegen seine Ausarbeitung erhebe und jede Seite unterschreibe. Der karierte Block liegt unbeachtet am Tischrand, mir ist es recht so. Sollte er mich morgen nach der Bedeutung des Satzes fragen, werde ich mir etwas ausdenken. Wie wäre es zum Beispiel mit: »Und trotzdem und immer wieder Sozialismus und Demokratie?« Es gibt genug glaubwürdige Kombinationen, die ich für die beiden Zahlen einsetzen kann. Niemand würde die tatsächliche Bedeutung des Satzes auch nur ahnen, sie ist »unter den gegebenen Umständen« zu unglaubwürdig.

Der Vernehmer greift zum Telefon, sein Gesicht ist vor Müdigkeit ausgehöhlt und eingefallen, die monotone Stimme passt dazu. Heute kann sie mich nicht erschrecken. Ich sehe mir den ramponierten Helden an, der sogar seinen Nachtschlaf opfert, um eifrig und mit Hingabe der »großen Sache« zu dienen. Es ist mir nur nicht ganz klar, warum er meint, das ausgerechnet hier, an diesem exponierten Ort für Repressalien tun zu müssen. Er hat sich selbst als »junger Sozialist« bezeichnet. Irgendwie erinnert mich seine gläubige Naivität, mit der er mir teilweise gegenübertritt, an mich selbst. Aber das Gebäude meiner Begeisterung erfuhr 1968 seine ersten Risse. Ich würde zu gern wissen, wie alt er damals war und wie er die Ereignisse in Prag verarbeitete ...

Ich wurde in der DDR geboren, zwei Monate nach ihrer Gründung. Ich hatte Glück, denn ich war ein »Arbeiterkind«. Meine Mutter war zwar Hausfrau, sie hatte vier Kinder zu versorgen, aber mein Vater war Arbeiter, ein waschechter Proletarier, und er war stolz darauf. Bevor er 1946 Mitglied der SED wurde war er Mitglied der Kommunistischen Partei. Meine Eltern betrachteten die DDR als den einzigen deutschen Staat, der nach dem Zweiten Weltkrieg eine Existenzberechtigung hatte. Und genau so wurden wir Kinder erzogen. Wir sollten es einmal besser haben als sie, und in diesem Land wurden ihrer Meinung nach alle Voraussetzungen geschaffen, um den Kindern eine Zukunft zu bieten, von der sie selbst nur geträumt hatten.

1956 wurde ich eingeschult, wurde junger Pionier, dann Thälmann-Pionier, im entsprechenden Alter FDJ-Mitglied und machte 1969 mein Abitur.

Als 1968 die Truppen des Warschauer Pakts in Prag einmarschierten, wurde mein junges Sozialistenherz auf eine harte Probe gestellt. Ich wusste nicht viel vom »Prager Frühling«. Ich hatte keinen Zugang zu Kreisen, in denen heimlich offen darüber diskutiert wurde. Trotzdem verstörte mich die Tatsache zutiefst, dass Panzer notwendig waren, um in einem Bruderland die Ordnung wiederherzustellen, der Konterrevolution zuvorzukommen, wie es in den offiziellen Verlautbarungen hieß.

Ich kannte Krieg nur aus Filmen. Wenn mein Vater oder meine Mutter von ihren Erlebnissen im Krieg erzählten und bemerkten, dass wir Kinder ängstlich wurden, versprachen sie uns, dafür zu sorgen, dass wir so etwas nie erleben müssten. Krieg gehörte der Vergangenheit an und spielte in meinem Bewusstsein nur eine untergeordnete Rolle. Es war alles ganz klar und beruhigend: Wir waren die Guten, die Kriegstreiber saßen in Bonn und wurden durch den Warschauer Pakt in Schach gehalten.

Ich wollte nicht begreifen, aus welchem zwingenden Grund diese Truppen dermaßen zweckentfremdet werden mussten. »Was heißt hier Konterrevolution«, redete ich auf meinen Vater ein, »als wir in den Februarferien mit unserer Klasse dort waren, konnten wir nichts von einer Konterrevolution bemerken. Aber selbst wenn du Recht hast, und es sollte wirklich eine gewesen sein, dann ist sie unblutig verlaufen, mit Einverständnis der Bevölkerung. Jetzt findet dort Krieg statt, Menschen werden umgebracht, das kann einfach nicht richtig sein! Du hast mir beigebracht, dass man den Sozialismus nicht in die Köpfe der Leute hineinprügeln darf, sondern dass man sie überzeugen müsse, mit Argumenten und guten Beispielen. Seit wann sind Panzer gute Argumente?«

Mein Vater war außer sich, meine Mutter musste ihn erst beruhigen, bevor er sein Donnerwetter an mir auslassen konnte. So hatte ich ihn noch nie erlebt. Es folgte eine Belehrung über das Kräfteverhältnis zwischen den beiden Weltsystemen, darüber, dass die NATO-Staaten nur darauf warteten, uns vernichten zu können. Die sozialistischen Staaten hätten die verdammte Pflicht, wie ein Mann zusammenzustehen, damit der Sieg über den Kapitalismus errungen werden könne. Wenn dazu Panzer nötig wären, bitte schön! Er sei bereit, für die gerechte Sache zu kämpfen. Im Übrigen schäme er sich für seine Tochter, die sich offensichtlich kleinbürgerlichen Gefühlsduseleien hingebe, anstatt in so einer angespannten Lage einen klaren Kopf zu behalten und ihr Klassenbewusstsein unter Beweis zu stellen.

In der Schule wurde die offizielle Version zu den Ereignissen in der ČSSR verbreitet. Unser Klassenlehrer ging sogar so weit, uns von einem Gespräch zwischen ihm und seinen tschechischen Kollegen zu erzählen, in dem sie ihre Befürchtung vor konterrevolutionären Übergriffen auf Kommunisten zum Ausdruck gebracht hätten. Ich hatte in Prag nichts von der Not der Lehrer bemerkt und war äußerst skeptisch, was den Wahrheitsgehalt seiner Erzählungen betraf.

An einem Wochenende im Spätherbst 1968 war ich mit meinem Vater allein in unserer Wohnung, als wir überraschend Besuch bekamen. Es klingelte an der Wohnungstür, und als ich sie öffnete, stand Josef mit seiner Familie vor mir. Seit unserer Klassenfahrt im Januar war Josef mein tschechischer Brieffreund. Ich hatte mich bei ihm nicht mehr gemeldet. Ich hätte nicht gewusst, was ich ihm schreiben sollte. Scham und Verstörung saßen zu tief.

Als sie vor mir standen und mich lärmend und freundlich begrüßten, fiel plötzlich eine ungeheure Last von meiner Seele. Sie müssen meine Unsicherheit gespürt haben, denn immer wieder klopften sie mir auf die Schulter und umarmten mich. Josef sagte mir, dass sie auf ihrer Urlaubsreise einen Abstecher nach Berlin unternommen hätten, um zu sehen, was mit mir los sei. Ich bat sie ins Wohnzimmer und stellte sie meinem Vater vor. Er stand da und war offensichtlich völlig überfordert. Erst als Josefs Vater auf ihn zutrat, ihm die Hand reichte und in gebrochenem Deutsch sagte: »Wir sind doch beide Arbeiter. Du schießt nicht auf mich und ich nicht auf dich«, konnte man deutlich sehen, dass sich seine Anspannung löste.

Sie wollten unbedingt ein Erinnerungsfoto machen, vor unserer Haustür. Mein Vater war immer noch leicht irritiert und ließ sich in Pantoffeln fotografieren. Er sprach nicht mehr viel an diesem Tag, er wirkte auf mich nachdenklich und in sich gekehrt. Ein einziger Satz von ihm ist mir noch in Erinnerung geblieben: »Es muss für dich wirklich sehr schwierig gewesen sein.«

Ich fand keine Antwort auf seinen dürftigen, aber freundlichen Annäherungsversuch. Vermutlich begann damals die Entfremdung zwischen mir und meinen Eltern, ganz allmählich, kaum zu bemerken. Ich liebte sie, aber mein Vertrauen in ihre politische Weltsicht war erschüttert.

Mein Vater war kein Funktionär, er vertrat mir gegenüber auch nicht irgendeine offizielle Parteilinie, etwa aus Angst, seine Tochter könne sich irgendwo verplappern. Er war einfach ein grundehrlicher Mensch, dem jede Art von Doppelzüngigkeit und Zynismus völlig abging. Mein Vater war absolut überzeugt von dem, was er sagte. Später hat mich sein Fanatismus, mit dem er an die Gerechtigkeit und an den Sieg »der großen Sache« glaubte, immer auch an die Mentalität von Sektenmitgliedern erinnert, obwohl er sich gegen diesen Vergleich sicherlich mit Vehemenz gewehrt hätte.

*1968 war ich 13 Jahre alt. Den »Prager Frühling« und auch den Einmarsch der Truppen des Warschauer Paktes habe ich nicht bewusst wahrgenommen. Ich kann mich nicht einmal an irgendwelche politischen Statements an meiner Schule erinnern, schon gar nicht an in diesem Zusammenhang in meiner Familie geführte Gespräche. Im Sommer 1968 war ich im Rahmen eines Ferienlageraustausches in der ČSSR, und das Einzige, woran ich mich erinnere, waren die Zeltunterkünfte, die alten Burgen, zu denen wir Ausflüge machten, die Blasenkaugummis, die es in der DDR nicht gab, und die abends auf großer Leinwand gezeigten Winnetou-Filme, englisch synchronisiert mit tschechischen Untertiteln. In den folgenden Jahren habe ich mich einfach der offiziellen Sicht angeschlossen, ich hatte keinen Grund an deren Richtigkeit zu zweifeln.*

*Erst in den 80er Jahren erhielten das Jahr 1968 und die Ereignisse in der ČSSR für mich eine Bedeutung, als es darum ging, Zusammentreffen zwischen Oppositionellen in der DDR und Vertretern der tschechoslowakischen Bürgerrechtsbewegung »Charta 77« zu verhindern. Aber selbst zu diesem Zeitpunkt spukte der Begriff »Konterrevolution« noch in meinem Kopf herum.*

Er hat seinen Spruch am Telefon abgeleiert. Nun sitzt er vor mir und scheint den Posten ungeduldig zu erwarten, aus irgendeinem Grund wirkt er nicht nur übermüdet sondern auch unsicher auf mich, obwohl er doch mit seiner Arbeit zufrieden sein müsste.

Ich sehe den Satz auf dem karierten Papier und kann ein Lächeln nicht unterdrücken. 11 heißt: »Du bist schön.« 12 heißt: »Ich liebe dich.«

Der Posten öffnet die Tür. Du verabschiedest dich hastig, deine Augen sind schwarz und wollen nichts mehr sehen.

Schon auf dem Weg durch die Gefängnisgänge spüre ich meine Erschöpfung. Die nervliche Zerreißprobe der letzten Stunden macht sich bemerkbar. Der Posten läuft jetzt sehr schnell, ich habe fast Mühe, ihm zu folgen.

»Gesicht zur Wand!«

Wieder dröhnt der Gefängnisklang in meinen Ohren, die Wand vor mir scheint sich zu bewegen. Der Posten reißt energisch die Tür auf: »Geh'n Se rein!«

Das wurde auch höchste Zeit. Im Spiegel sehe ich ein entstelltes Gesicht, sogar die Lippen sind weiß. Das Auge! Ich bin mir sicher, dass es da ist, wenn ich jetzt zum Spion blicken würde. Aber die Genugtuung will ich ihnen nicht gönnen. Hastig lasse ich kaltes Wasser über die Handgelenke laufen und wasche mein Gesicht. Fast augenblicklich fühle ich mich besser, es war nur ein kurzer Schwächeanfall.

Die Geräusche auf dem Gang lassen darauf schließen, dass es jetzt Abendbrot gibt. Wortlos stelle ich den Becher auf das Brett. Wortlos gießt die Beamtin das Getränk ein, danach stellt sie den Teller mit dem Abendbrot auf den Lukendeckel. Alles geht sehr schnell, kurzes Krachen und schon bin ich wieder allein. Die Brotscheiben und der Belag interessieren mich nicht. Wichtig ist nur das Getränk.

Auf dem Gang wird es wieder lebendig. Fast automatisch gehe ich innerlich in Hab-Acht-Stellung. Hastig nehme ich den letzten Schluck Tee zu mir, ich brauche noch mehr. Mit Teller und Becher in den Händen erwarte ich das typische Geräusch der sich öffnenden Luke.

»Geschirr rausgeben! Was ist denn das! So etwas gibt's bei uns aber nicht! Hier wird gegessen!«

»Ich habe keinen Hunger, es ist noch zu früh.«

»In Zukunft werden Sie sich an die Zeiten gewöhnen müssen!« Die Dame ist ehrlich entrüstet.

Ich stelle rasch meinen Becher auf das Brett, um zu verhindern, dass sie es vor meiner Nase zuschließt. Sie gießt den Tee ein, und es ist mir im höchsten Maße gleichgültig, was sie dabei vor sich hinmurmelt.

Ich bin froh, endlich allein zu sein. Obwohl, das ist ein Trugschluss. Tatsächlich ist man hier niemals allein, das Auge ist fast ständig anwesend. Ich würde mich gern waschen und auf die Pritsche legen, aber dafür ist es noch zu früh, und das Auge sieht alles. Ich muss dringend auf die Toilette, aber der Gedanke, dabei einen Spanner zu haben, ist unerträglich. Ich muss heute Nacht eine Pause zwischen zwei Lichtkontrollen nutzen. Bis dahin heißt es durchhalten.

Ich setze mich an den kleinen Holztisch, das verschafft erst einmal Erleichterung. Mein Blick geht zum Spion, das Auge starrt mich an. Was du kannst, kann ich auch. Der Deckel schwingt ganz leicht und leise, es war nur ein kurzer Blick von Angesicht zu Auge.

Der schrille Klingelton, der mich heute Morgen geweckt hat, holt mich aus meinen Gedanken. Endlich, dieses Signal kann nur bedeuten, dass man sich für die Nacht vorbereiten darf. Ich richte die Pritsche her und greife das Baumwollnachthemd. Unvermutet geht die Luke auf, ich erstarre förmlich zu Eis.

»Vorlagen?«

Mir ist nicht klar, was sie von mir will.

»Brauchen Sie Vorlagen?« Ihre Stimme klingt jetzt schon ungeduldig.

Mir ist immer noch nicht klar, was sie von mir will.

»Mein Gott, haben Sie Mensis? Brauchen Sie Vorlagen?«

Ich verspüre den dringenden Wunsch, ihr eine kräftige Ohrfeige zu geben. Seitdem die Damen bei der so genannten

Aufnahme eingehend meine Körperöffnungen und das Tampon studiert haben, behelfe ich mich mit Klopapier. Man hielt es bis jetzt nicht für nötig, mir »Vorlagen« zur Verfügung zu stellen. Vorlagen, welch unsägliches Wort! Ich kann mich gerade noch beherrschen: »Ja, bitte.«

»Wie viele!«

»Fünf, bitte.«

Sie reicht mir fünf kleine Packpapierröllchen durch die Luke. Ich muss ziemlich entgeistert aussehen, denn sie fühlt sich zu einer Erklärung bemüßigt: »Wenn Sie sie benutzt haben, wickeln Sie sie wieder genau so ein! Morgens werden sie rausgereicht!«

Rums! Das war's für heute.

Jetzt bin ich wirklich neugierig, wie man hier das Problem der »Vorlagen« gelöst hat. Es ist unglaublich, jede Packpapierrolle enthält eine Damenbinde der berühmten Marke »Alba-Zell«! Allerdings fehlt der feinmaschige Gazeüberzug mit den langen Enden an jeder Seite. (Man wollte dadurch Suizidversuche verhindern. Immerhin bestand die Möglichkeit, aus diesen Gazestreifen ein Seil zu knüpfen und sich daran aufzuhängen! Aber das erfuhr ich erst viel später von Frauen im Strafvollzug, die als »Hausarbeiterinnen« in MfS-Untersuchungshaftanstalten gearbeitet hatten.)

Als ich das erste Mal meine Tage hatte, gab mir meine Mutter einen so genannten Monatsgürtel und eine Packung Binden. Die langen Streifen an beiden Enden der Binden wurden an zwei Metallschleifen befestigt, die vom Gürtel über den Bauch und den Hintern herabbaumelten. Mir war diese Art der Verpackung meines Unterleibes von Anfang an unangenehm, und ich fand sehr schnell heraus, dass es auch noch andere Möglichkeiten gab. Und ausgerechnet hier halte ich dieses Relikt aus meiner Teenagerzeit wieder in den Händen! Ich wusste gar nicht, dass es solche Binden noch gibt. Egal, besser als Klopapier ist diese Lösung noch immer.

Ich liege im Bett und kann das unbarmherzige Licht der kleinen Lampe kaum erwarten. Ich weiß von der vergangenen Nacht, dass die Zeit zwischen zwei Lichtkontrollen ausreicht, um ungestört die Toilette zu benutzen. Mit angehaltenem Atem versuche ich Schritte auf dem Gang auszumachen, die endlich die Erlösung bringen würden.

Das Licht blitzt auf und geht sehr schnell wieder aus, das Auge hat sich kaum Zeit genommen. Geschafft! Es ist wie verhext! Jetzt habe ich endlich die Gelegenheit, trotzdem klappt es nicht. Ich spüre, dass mir Tränen in die Augen steigen. Ich komme mir vollkommen hilflos vor, es demütigt mich zutiefst, dass die Körperfunktionen, denen ich normalerweise kaum eine Bedeutung zumesse, hier so eine übermächtige Präsenz im Hirn einnehmen.

In dieser Nacht habe ich kaum geschlafen, sondern mich von einer Lichtkontrolle zur nächsten gequält. Seit der letzten ist schon eine geraume Zeit vergangen. Ich liege wach und versuche, den Morgen heraufzubeschwören. Das schrille Signal lässt mich hochfahren, obwohl ich es so ungeduldig erwartet habe.

Das Frühstück ist ohne Zwischenfälle verlaufen, ich warte jetzt darauf, zur Vernehmung gebracht zu werden. Ich versuche, mir alle Einzelheiten meiner bisherigen Aussagen ins Gedächtnis zu rufen, um heute keinen Fehler zu begehen. Das Hirn scheint exakt zu arbeiten, trotzdem fällt es mir immer noch schwer, einen Gedanken für längere Zeit festzuhalten. Das nennt man Konzentrationsschwäche, sage ich mir, und bin erstaunt, dass sie offensichtlich immer noch stark ausgeprägt ist. Ich habe geglaubt, dass der Schockzustand schon überwunden sei, und werde nun eines Besseren belehrt. Montag wurde ich verhaftet, heute ist Mittwoch. Es ist erst der dritte Tag, dabei kommt es mir so vor, als sei ich schon unendlich lange in diesem Haus eingesperrt.

Auf dem Gang ist Bewegung zu hören, Türen werden geschlossen. Endlich!

Die Luke geht auf, darauf bin ich nicht gefasst. In der Öffnung taucht das Gesicht einer Frau auf.

»Eins!«

Ich starre das Gesicht an und begreife nicht, was es von mir will. Was heißt hier eins, soll ich jetzt zwei sagen, oder was?

»Eins!«

Was soll das, was fehlt ihr denn? Ich sehe zur Luke und warte darauf, dass der Frauenkopf mit Stimme eine sinnvolle Äußerung von sich gibt. In diesem Moment bedauere ich es zutiefst, die »Anstaltsordnung« nur flüchtig durchgesehen zu haben. Ganz bestimmt ist in ihr des Rätsels Lösung zu finden.

Jetzt ist sie schon richtig verärgert und ihre Stimme hört sich fast kreischend an: »Eins! Ja, Sie sind gemeint, kommen Sie her!«

Ich gehe zur Luke, ohne wirklich zu begreifen, was sie eben sagte.

»Sie sind ab jetzt die Eins! Die linke Pritsche heißt Eins! Die rechte Pritsche heißt Zwei! Wenn die Luke oder die Tür aufgeht, haben Sie zu kommen, wenn Sie gerufen werden, ist das klar!?«

Die Luke scheppert zu, der Lärm hört nicht auf, Schlüsselgeräusche sind zu hören, die Tür wird geöffnet.

»Eins! Raustreten!«

Jetzt habe ich es nicht mehr mit einem Gesicht zu tun, vor mir steht die dazugehörige Frau. Sie trägt einen weißen Kittel, der vermutlich eine Uniform verdeckt. Neben meiner

Zellentür steht eine Personenwaage. Die kurze Kopfbewegung der Frau soll wohl bedeuten, dass ich mich auf die Waage zu stellen habe. Richtig geraten. Anhand einer Meßlatte ermittelt sie meine Körpergröße. Sämtliche Hantierungen laufen in einem atemberaubenden Tempo ab. Ebenso schnell bin ich wieder in der Zelle eingeschlossen.

Erst jetzt kommt mir richtig zu Bewusstsein, was die Dame in Weiß zu mir gesagt hat. Hier, im Zellentrakt, heiße ich also Eins! Abgesehen davon, dass ich keine Pritsche bin, sondern nachts nur auf ihr liege, ändert das nichts an der Tatsache, dass mir 00XY persönlich eine Nummer verpasst hat. Die scheinen hier einen echten Nummerntick zu haben, mein namenloser Vernehmer nennt mich 770 ... Plötzlich kommt mir das wichtigtuerische Gehabe dieser Leute einfach nur lächerlich vor. Ich weiß nicht, wie viele Zellen es in diesem Haus gibt, ich weiß auch nicht, wie viele Pritschen in ihnen stehen, Fakt ist aber, dass sich hier sehr viele Einsen und Zweien aufhalten müssen. Na, so weit kommt es noch, ich bin doch keine Nummer! Ich bin Regina L., ganz egal, welcher faule Zauber, von kranken Gehirnen ausgeheckt, hier noch auf mich wartet, und dabei bleibt es! Ebenso gut könnte ich diese Leutchen mit Nummern belegen. 00XY war schon mal nicht schlecht. – Wenn ich das tue, begebe ich mich auf ihr Niveau, nur das nicht!

Die Tür springt wieder auf, die schlanke Beamtin mit den etwas hageren Gesichtszügen, die mich am Montag in diese Zelle einquartiert hat, kommt ein paar Schritte in den Raum. Ich werde mir einen Namen für sie ausdenken, vielleicht werde ich sie »Die Mecklenburgerin« nennen. Sie legt etwas auf meine Pritsche, und ich glaube meinen Augen nicht zu trauen. Es sind meine Privatsachen!

»Ziehen Sie das an!«

Die Tür kracht zu.

Was bedeutet das? Hat sich alles als großer Irrtum herausgestellt ... Werde ich gleich entlassen? Und die anderen beiden, was ist mit T. und Uli? Wenn sie mir meine Sachen wiedergeben, kann das ja nur bedeuten, dass ich entlassen werde ... Für einen Moment setzt der Herzschlag aus, um gleich darauf mit holpriger Eile wieder einzusetzen. Was schert mich der kurze, zuckende Schmerz in der Brust, was scheren mich Logik und Verstand! Gleich werde ich diese Zelle verlassen, genau so wird es kommen. Auf Nimmerwiedersehen, Mecklenburgerin und wie sie noch alle heißen mögen!

In Windeseile habe ich den verhassten Trainingsanzug ausgezogen. Ich bin so aufgeregt, dass ich mich fast in den Hosenbeinen meiner alten Jeans verheddere. Du musst dich beeilen, dröhnt es in meinem Kopf, sonst verpasst du noch deine Entlassung, es muss schnell gehen, das ist jetzt das Wichtigste!

Die Tür wird geöffnet, zum ersten Mal in diesem Haus habe ich die dazugehörigen Geräusche nicht wahrgenommen.

»Raustreten! Gesicht zur Wand!«

Die monotone Stimme des Postens zwingt mich in die Realität zurück. Fast augenblicklich schaltet sich der Verstand wieder ein, ich weiß, dass ich nicht entlassen werde. Jetzt nur nicht durchdrehen, bleibe ruhig, Regina, lass dir nichts anmerken!

Veränderte Streckenführung heute, sarkastisch versuche ich mein ramponiertes Seelenleben wieder in den Griff zu bekommen. Tatsächlich hat mich der Posten nach der Gittertür an der Treppe, die zum Vernehmergebäude führt, weiterlaufen lassen. Wieder spüre ich meinen Herzschlag überdeutlich. Wohin bringt er mich? Vor mir taucht wieder eine Gittertür auf.

bezirke **gericht** Berlin-Mitte

Hs. C 42/81                    Berlin , den  07. 04. 1981

Fernruf

# Haftbefehl

Herta geboren am 23. 12. 1949 in Berlin, wohnhaft in
Berlin, Annenallee 2 A

kungshaft zu nehmen.

ie wird beschuldigt, sich der ungesetzlichen Verbindungsaufnahme
gemacht zu haben.

huldigte hat seit mindestens 1978 zu Einrichtungen und
in Westberlin, welche sich eine gegen die staatliche
der DDR gerichtete Tätigkeit zum Ziele setzten, Verbindung
ten sowie diesen wiederholt Nachrichten, die geeignet sind
ressen der DDR zu schaden, übermittelt.
dabei andere Personen in diese Tätigkeit ein. Die Beschuldigte
von einem Kurier dieser Einrichtung Aufträge für gegen die
chtete Handlungen und übermittelte diesem gleichfalls Nach-
die geeignet sind den Interessen der DDR zu schaden.

rechen gem.    § 219 Abs. 1 Abs. 2 Ziff. 1 StGB
Straftat       dringend verdächtig.
der Untersuchungshaft ist gemäß § 122   Abs. 1 Ziff. 2 StPO
ründet, weil  ein Verbrechen den Gegenstand des Verfahrens

Haftbefehl ist das Rechtsmittel der Beschwerde zulässig (§ 127 StPO).
einer Woche nach Verkündung des Haftbefehls bei dem unterzeichneten Gericht zu
echtsantragstelle oder schriftlich durch den Betroffenen oder einen in der DDR zu-
htsanwalt einzulegen (§§ 305, 306 StPO

feld – §§ 124, 127, StPO                                    Ag 301/DDR/81/2175/1800
Österreich

125

Bekanntes Kommando: »Stehen bleiben! Gesicht zur Wand!«

Das übliche Ritual, die Gittertür wird vor mir auf- und nach mir zugeschlossen. Ich muss weitergehen. Er öffnet neben mir eine Tür auf der linken Seite des Ganges, sie hat keine Klappe. »Geh'n Se rein!«

Ich betrete den Raum. Auf der linken Seite steht vor einigen Regalen ein Schreibtisch. Dort sitzt eine Frau, die nur kurz aufblickt. Wie aus dem Nichts taucht mit einem Mal ein relativ großer Mann in Zivil vor mir auf. Er sei der Haftrichter und wolle von mir wissen, ob ich mich schuldig bekennen würde zu den im Haftbefehl aufgeführten Anschuldigungen.

Ich habe nicht das Bedürfnis, diesem Mann meine Einstellung zu Schuld und Nichtschuld und zum eindeutig politisch eingefärbten Strafrecht der DDR auseinander zu setzen. Ich halte diesen juristischen Schnickschnack für eine reine Formsache und will ihn ohne Kraftverlust hinter mich bringen.

»Ich bekenne mich im Sinne meiner bisherigen Aussagen für schuldig.«

»Schön, wenn Sie es so wollen ...«

Der Haftrichter diktiert meine Aussage der Schreibkraft direkt in die Maschine. Ich stehe mitten im Raum, ohne dass jemand Notiz von mir nimmt. Ein völlig ungewohntes Gefühl!

»Unterschreiben Sie das!« Er reicht mir eine vorgedruckte A4-Seite, auf der mein Satz mit Schreibmaschine eingefügt wurde.

Ich werde aus dem Zimmer geführt. Der Posten lässt mich gleich darauf vor einer anderen Tür anhalten. Ich betrete einen Raum, der durch eine Gittertür mit einem Nebenzimmer verbunden ist. Hier erlebe ich zum ersten

Mal die Prozedur der erkennungsdienstlichen Erfassung. Man nimmt mir die Fingerabdrücke ab, in dem Raum nebenan werden Fotos für die »Verbrecherkartei« geschossen. Der altertümlich anmutende Holzstuhl ruckt zur Seite, um mich in eine andere Position zu bringen.

»Bitte mal etwas freundlicher!« Es ist unfassbar, der MfS-eigene Fotograf entblödet sich tatsächlich nicht, diese bekannte Formulierung von sich zu geben. Fehlt nur, dass er auch noch das obligatorische Vögelchen fliegen lässt.

Ich empfinde eine unsagbare Wut auf die Menschen, die mich hier einsperren, isolieren, demütigen und wie einen leblosen Gegenstand behandeln. Vermutlich hat sich das Auge heute früh bei dem Anblick der hüpfenden Gestalt in der Zelle köstlich amüsiert! Was haben wir aber auch für einen tollen Job, alles tanzt nach unserer Pfeife, wir werfen einen Knochen hin, und er wird gefressen, ha, ha ... jeden Tag gibt's neuen Spaß!

Der Typ vor mir weiß genau Bescheid. Was geht ihn fremdes Elend an ... Bitte mal etwas freundlicher! Die angestaute Wut entlädt sich in den Blick, den ich auf die wartende Kamera richte.

Der Posten trabt vor mir her, und ich verspüre ein fast unbezähmbares Verlangen, ihm in den Hintern zu treten, immer kräftig rein, und noch einmal ...

»Stehen bleiben! Gesicht zur Wand!«

Ich hatte mich beherrschen können, es gab keinen Tritt. Gut gemacht, Regina.

Er reißt die Tür sperrangelweit auf: »Geh'n Se rein!«

Jetzt werde ich ein bisschen Leben in die Hütte bringen, mal sehen, wie er darauf reagiert.

»Danke schön!« Ich betrete meine Zelle, nicht ohne vorher freundlich-huldvoll mit dem Kopf genickt zu haben.

Die Tür kracht hinter mir ins Schloss. Ich könnte vor Freude springen, es hat gewirkt! Sein verdutzter Gesichtsausdruck war mir ein innerer Vorbeimarsch. Ich werde ihn »Rudolf« nennen, »Rudolf« mit der Pomade im Haar. Ich werde dir täglich in den Arsch treten, mein Lieber, ein schlichtes »Danke schön« ist genau die richtige Methode.

# 13.

Frau L. rauchte ausgiebig, in schnellen Zügen und für meinen Geschmack ziemlich viel. Die Schachtel »Cabinet«, die ich ihr am Morgen auf den Tisch legte, war am Ende des Vernehmungstages regelmäßig leer, der zweiten auf meinem Schreibtisch erging es nicht anders.

Ich selbst war ein ausgesprochener Arbeitsraucher. Zu Hause und auch während der Urlaubszeit rührte ich keine Zigarette an, hatte seltsamerweise auch kein Verlangen danach. Andererseits freute ich mich schon immer auf die erste Zigarette zum Kaffee in meinem Büro. Meine Frau wusste nicht, dass ich auf der Arbeit rauchte, na ja, das bildete ich mir jedenfalls ein. Wenn sie doch den unvermeidlichen Qualm in meinen Sachen roch, log ich mich damit heraus, den ganzen Tag unter Rauchern zugebracht zu haben. Ich hatte einfach die ewigen Diskussionen satt, an deren Ende ich dann der »Schwächling« war. Die paar Zigaretten, die ich am Tag rauchte, konnte ich stets unter irgendwelchen anderen Ausgaben verwischen; meine Frau verwaltete bei uns die meist immer zu knappen Finanzen.

Mit der Zeit hatte es sich dann eingespielt, dass ich in den Vernehmungen hin und wieder Kaffee und fast immer die Zigaretten stellte. Einen Teil des Kaffees konnte ich noch auf Staatskosten bei der Abteilung XIV bestellen und in mein Büro bringen lassen. Dazu brauchte ich allerdings jedes Mal einen vom Referatsleiter unterschriebenen Bestellzettel, der dann auch immer neu zu begründen war. Später gelang es mir auch hin und wieder, dem »Läufer« die fünfzig Pfennige für den Kaffee in die Hand zu drücken, um das Bestellzettelproblem zu umgehen.

Der Zigarettenkonsum von Frau L. stellte mich allerdings vor das Problem, dass ich eine zusätzliche Schachtel am Tag nicht so ohne weiteres verbuchen konnte. Also ließ ich des Öfteren mal das Mittagessen ausfallen oder nahm statt des Schnitzels eine Suppe. Von alldem bekam sie natürlich nichts mit; wie hätte ich denn dagestanden! Sollte ich ihr etwa erklären, dass ich zu feige war, gegenüber der eigenen Familie zu meiner Nikotinsucht zu stehen? Welches Bild hätte ich denn abgegeben? Oder, was hätte sie von mir gedacht, wenn sie gewusst hätte, dass ich jeden Abend nach der Vernehmung noch bis 19 oder 20 Uhr das Vernehmungs-protokoll von meinem Anleiter kontrollieren und kritisieren lassen musste? Ja, dass ich sogar bereits durchgeführte Ver-nehmungen wiederholte, weil mein Protokoll als ungenü-gend eingestuft worden war. Oder wenn ihr bekannt gewe-sen wäre, dass ich keine, nicht die geringste Entscheidung in diesem Ermittlungsverfahren, einschließlich ihrer Unter-bringung in der Untersuchungshaft, ohne vorherige Anwei-sung oder Zustimmung durch den Referatsleiter treffen konnte. 1981 war ich noch der Lehrling.

Nach einigen Tagen legte ich Frau L. ein gedrucktes Ver-zeichnis vor. »Hier ist eine Aufstellung aller zugelassenen DDR-Anwälte. Sie können sich einen aussuchen, ihn an-schreiben und mit Ihrer Verteidigung beauftragen.«

Während sie in dem Heftchen blätterte, fiel mir wieder ihre erste Äußerung während der Befragung ein: »Ich sage gar nichts, bevor ich nicht einen Anwalt gesprochen habe!«

Na, darüber konnte ich doch nur lachen. Das war eine immer wieder in solchen Situationen erhobene Forderung, die mehr der Darstellung in westlichen Kriminalfilmen als dem praktizierten Recht in der DDR entsprach. Denn die Strafprozessordnung sah zwar sogar zwingend die Mitwirkung eines Verteidigers vor, tatsächlich aber erst im Strafverfahren, nicht im Stadium der Ermittlungen und gar Befragungen.

Während der Zeit meiner Zugehörigkeit zur Hauptabteilung Untersuchung war es gängige Praxis, dem Beschuldigten etwa in der ersten Woche nach Verkündung des Haftbefehls ein Verzeichnis der in der DDR zugelassenen Rechtsanwälte vorzulegen und ihm Gelegenheit zu geben, einen Anwalt seiner Wahl mit seiner Verteidigung zu beauftragen. Bis der Anwalt dann geantwortet hatte, die Prozessvollmacht unterschrieben war und es zum ersten Zusammentreffen zwischen Anwalt und Mandant kam, dauerte es ohnehin noch mindestens drei Wochen, wenn nicht noch länger.

Für mich spielten die Anwälte im Rahmen des Ermittlungsverfahrens überhaupt keine Rolle. Ich konnte nach meinen bisherigen Erfahrungen davon ausgehen, dass hier lediglich einem formaljuristischen Akt Genüge getan wurde. Zudem war ich mir der Macht der Staatssicherheit und auch des direkten Drahtes zu den Staatsanwälten sicher. Hinzu kam noch ein weiterer Umstand, der mich in meinem Bild von den Verteidigern bestärkte: Ein Großteil der Anwälte in der DDR war in genau derselben Partei wie alle anderen Prozessbeteiligten, die Bewacher, die Untersuchungsführer, die Staatsanwälte und nicht zuletzt die Richter.

Der Staatsanwalt behielt in jeder Phase des Verfahrens die Oberhoheit. Er bestimmte, ob und unter welchen Auflagen ein Kontakt zwischen Anwalt und Mandant zustande kam. Er bestimmte, ob und inwieweit der Anwalt Informationen aus dem Ermittlungsverfahren vor dessen Abschluss erhielt. Alles natürlich in Abstimmung mit der Hauptabteilung IX oder den Abteilungen IX in den Bezirken. Bis auf ganz wenige Ausnahmen war es so, dass der Anwalt seinen

Mandanten nur im Beisein des Untersuchungsführers treffen durfte und Gespräche über Inhalt und Verlauf des Ermittlungsverfahrens wie auch zur Unterbringung strikt untersagt waren. Diese Regelung betraf selbstverständlich auch sämtliche Kontakte des Beschuldigten zu seinen Angehörigen.

War diese Ausgangslage nicht gegeben, konnte es schon zu irrwitzigen Situationen kommen. Ich erinnere mich noch an das erste Zusammentreffen von Frau L. mit Herrn Hartmann vom Rechtsanwaltsbüro Vogel, das wie alle derartigen Treffen nicht in Hohenschönhausen, sondern in der Magdalenenstraße stattfand. In meinem Beisein erklärte ihr der Anwalt, dass dies nur ein erstes Zusammentreffen sei, sie ihm gern persönliche Probleme mitteilen könne, man über die Sache jedoch noch nicht sprechen dürfe. Das hatte der Staatsanwalt im konkreten Fall jedoch noch gar nicht verfügt – vielleicht, weil man hoffte, dass Frau L. dem Anwalt irgendwelche Informationen oder Hinweise auf andere Personen zukommen lassen würde.

Als ich den Anwalt unterbrach, um ihn auf die fehlende Verfügung des Staatsanwaltes hinzuweisen, schien er völlig konsterniert und versuchte nun, Frau L. zu erklären, dass er die Aktenlage nicht kenne und es deshalb trotzdem keinen Sinn habe, zum gegenwärtigen Zeitpunkt über die Sache zu sprechen. Ihre mehrfachen Ansätze, doch etwas in dieser Richtung zu erzählen, blockte er dann auch konsequent ab. Ich weiß noch genau, dass ich mir damals ein überhebliches Grinsen nicht verkneifen konnte.

Es ist schon grotesk, wenn ich daran denke, dass es unter den mir bekannten Anwälten einen gab, den ich bis vor ein paar Jahren ganz sicher zu denen gezählt habe, die sich ehrlich um ihre Mandanten bemühten und dabei auch Auseinandersetzungen mit der Staatsmacht nicht scheuten. Dieser

Mann trat mir und auch anderen Vernehmern betont kämpferisch gegenüber, was ich bis dahin von einem Anwalt noch nicht erlebt hatte. Es erschien letztlich nur als folgerichtig, dass er sich später auch politisch auf die Seite der von ihm Vertretenen stellte. Sein Name war Wolfgang Schnur. Als ich Anfang der 90er Jahre erfuhr, dass er bis zum Schluss als inoffizieller Mitarbeiter für das MfS gearbeitet hatte, war ich genauso ungläubig überrascht wie sicher die meisten seiner ehemaligen Mandanten.

# 14.

Man darf hier tagsüber auf der Pritsche liegen!

Als ich mich gestern Nachmittag an den Holztisch setzte, ging die Luke auf: »Eins, wenn Sie wollen, können Sie sich auf das Bett legen; Sie müssen nicht immer am Tisch sitzen!«

Das war ein ausgesprochen nützlicher Hinweis, so viel Entgegenkommen hatte ich nicht erwartet. Selbst wenn es die Anordnung, am Tisch zu sitzen, nicht gibt, die korpulente Beamtin mit dem rundlichen Gesicht hätte mich nicht darauf aufmerksam machen müssen, das ist nicht ihre Aufgabe.

Gestern war nicht viel passiert. Nachmittags hatte ich nur das Protokoll über die Vernehmung vom Vormittag unterschrieben. Die immer wiederkehrenden Fragen nach unseren Verbindungen »zu den Organisationen in Westberlin« begannen mich zu langweilen. Ich hatte bereits alles, was ich zugeben wollte, ausgesagt, mehr war von mir nicht zu erwarten. Die Frage, welche »Aktivitäten« wir »im Zusammenhang mit dem X. Parteitag der SED« geplant und vorbereitet hätten, blockte ich ab. Keine Vorbereitung, keine Planung. Ich wusste nicht, was T. und Uli schon ausgesagt hatten.

Ich liege sprungbereit auf der Pritsche, gewärtig, dass jeden Augenblick die Zellentür aufspringt. Vom Gang her ist nichts zu hören. Wo bleibt »Rudolf«? Ich müsste schon längst im Vernehmerzimmer sitzen. Kann aber auch sein, dass mich mein Zeitgefühl täuscht. Ich stehe auf, um den Kreislauf in Schwung zu bringen, im gleichen Moment öffnet sich die Luke, ohne Vorwarnung, ohne dass ich vorher irgendein Geräusch ausmachen konnte.

»Frohe Ostern!«

Die Stimme klingt gleichgültig, als hätte sie »Becher« oder »Frühstück« gesagt. Ich starre ungläubig auf zwei bunt gefärbte Eier, die einsam und verloren auf der Klappe liegen.

»Na, nehmen Se schon!«

Mit einem Schlag bricht das Gebäude der Selbstbeherrschung in sich zusammen, es gibt keine Möglichkeit, sich irgendwo, in irgendeinem Winkel zu verkriechen. Das Auge ist überall, es registriert aufmerksam jede Bewegung der wimmernden Gestalt. Nach einer Weile erlischt das Interesse. Die Inhaftierte agiert nicht autoaggressiv, es ist nichts Aufregendes zu sehen, nur das Übliche.

Der Weinkrampf lässt nach. Allmählich entspannt sich der Körper und kommt zur Ruhe. Mir ist, als wäre ich von einer ungeheuren Last befreit worden.

Frohe Ostern! Lasst mich über den Witz lachen! Frohe Ostern! Ich höre in Gedanken noch einmal die klanglose Stimme der Beamtin. Man muss schon ziemlich abgebrüht oder stumpfsinnig sein, um in dieser Umgebung der perfektionierten Perversion den Ostergruß zu entbieten. Klappe auf, zwei gefärbte Eier hingelegt, Klappe zu. Frohe Ostern.

Es war nicht diese kurze und völlig irreale Szene, die mich die Kontrolle verlieren ließ. Es waren die Bilder aus der »anderen Welt«, die sich blitzartig aufdrängten, die Erinnerungsfetzen, die sich ins Bewusstsein schoben und ein schier unerträgliches Verlustgefühl auslösten.

Ich glaube, ich habe vorhin den Osterhasen im Garten vorbeiflitzen sehen, meinst du nicht auch, Mama? Mama ist sich nicht ganz sicher, ob es wirklich der echte Osterhase gewesen sei, aber wenn ja, dann habe er ganz gewiss ein paar Nester für uns versteckt. Nach dem Frühstück könnt ihr sie draußen suchen, sagt Mama. Protestgebrüll von allen Seiten.

Meine beiden älteren Geschwister sind etwas zurückhaltender als mein kleiner Bruder und ich.

Wir hatten uns noch am vergangenen Abend gestritten. Ich glaubte nicht daran, dass der Osterhase hier vorbeikommen würde. Woher sollte er wohl wissen, dass wir dieses Ostern auf unserem Wochenendgrundstück verbringen würden? Bisher hatte er seine Süßigkeiten immer in unserer Köpenicker Wohnung, meist im Flur und im Wohnzimmer, verteilt. Die beiden Großen mischten sich in den Streit nicht ein, sie tuschelten miteinander, manchmal hörte ich das leise Kichern meiner Schwester. Mein kleiner Bruder schrie und weinte, er verlangte eine Erklärung. Wir hätten doch zu Hause bleiben können und erst nach Ostern »rausfahren« können! Meine Eltern beruhigten ihre zeternden Kinder. Der Osterhase wisse schon längst Bescheid, sie hätten ihm einen Brief geschrieben.

Mit dem Osterhasen hatte es die gleiche Bewandtnis wie mit dem Nikolaus: Man konnte ihm noch so sehr auflauern, er zeigte sich nie uns Kindern, und die Erwachsenen wussten auch nie wirklich genau, ob sie ihn gesehen hatten oder nicht.

Ostern in Langerwisch. Gab es dieses Paradies wirklich, oder trügt mich die Erinnerung? Es ist Sonntag. Es ist Ostern. Heute wird keine Vernehmung stattfinden. Heute fahre ich nach Langerwisch.

Ich glaube, dass ich sieben oder acht Jahre alt war, als meine Eltern zum ersten Mal ihre Kinder auf ihrem »eigenen« Grundstück Ostereier suchen ließen. Es war nicht »ihr« Anwesen, der Garten gehörte nicht ihnen, auch nicht das kleine Holzhaus, welches sich hinter wild wucherndem Goldregen verbarg und vom Gartentor aus kaum zu sehen war. Sie hatten das Grundstück günstig von der Gemeinde gepachtet. Mitte der fünfziger Jahre waren in der Siedlung, die etwa zwei Kilometer vom eigentlichen Dorf Langerwisch entfernt lag, etliche Wochenendgrundstücke verwaist, weil die Besitzer in den Westen gegangen waren.

Schon zu Weihnachten freuten wir uns auf Ostern, denn dann begann die Wochenendsaison in Langerwisch. Ich erinnere mich an die aufgeräumte Stimmung, die besonders meinen kleinen Bruder und mich erfasste, wenn es hieß: »Morgen fahren wir raus.« Taschen und Rucksäcke wurden voll gepackt mit Dingen, die im Berliner Haushalt entbehrlich waren. Altes Besteck zum Beispiel, Tassen, zu denen kein Teller mehr gehörte, oder Teller, deren bunte Muster zu keiner Tasse mehr passten, für »draußen« genügten sie allemal. Manchmal, wenn die Freunde meiner Eltern zur selben Zeit wie wir »raus«fuhren, konnten wir unser Gepäck im Kofferraum ihres Wartburg unterbringen. Ansonsten schleppten wir es zum Bahnhof und fuhren mit einem Doppelstockzug, dem so genannten Sputnik, von Berlin-Schöneweide in Richtung Potsdam los. Später fuhren die Züge von Berlin-Karlshorst ab, der Bahnhof war von Köpenick aus leichter zu erreichen. Das Ziel war Bergholz, eine Station vor Potsdam. Von dort aus liefen wir noch etwa 45 Minuten durch den Wald, bevor hinter einem kleineren Berg die Siedlung auftauchte.

Hier, in diesem stillen, toten Raum höre ich unser frohes Gekreische, höre die Stimmen meiner Eltern, deren Übermut und Heiterkeit uns wohl tut. Mit einem Mal wird mir klar, dass »draußen« nicht nur für uns Kinder ein Synonym für Abenteuer und Freiheit war, sondern auch für meine Eltern.

Im Sommer 1976 war ich zum letzten Mal in Langerwisch. Meine Eltern hatten T. und mich »auf ein Wochenende« eingeladen, scheinbar hatten sie ihre Ressentiments meinem Freund gegenüber aufgegeben. Sie waren freundlich und ausgeglichen, verkniffen sich sogar jede Bemerkung über seine Haarpracht. Nach einem Spaziergang setzte der Stimmungswechsel ein.

»Ich wünsche nicht, dass du hier noch einmal auftauchst, solange du mit dem langhaarigen Kerl zusammen bist!« Meine Mutter war nicht mehr ganz nüchtern, ihre Stimme klang heiser und bösartig. Wir saßen auf der Veranda, mein Vater hatte sich zurückgezogen, aber wir hörten sein zustimmendes Knurren aus dem Nebenzimmer.

Meine Eltern hatten am Nachmittag mit ihren Freunden einen »Begrüßungswein« getrunken und den frühen Abend bei sich feuchtfröhlich fortgesetzt. Ich konnte nur noch entsetzt registrieren, dass T. sich mit ihnen auf eine Diskussion einließ. Meine Eltern priesen weinselig die »Errungenschaften des Sozialismus«, T. warf irgendwann den Begriff »Sozialfaschismus« in die Runde, mein Vater begab sich empört in den Nebenraum, meine Mutter stellte ihr Ultimatum.

Obwohl es schon spät war, packten T. und ich unsere Sachen und machten uns auf den Weg nach Berlin.

Als ich im Januar 1978 den Ausreiseantrag stellte, den ich unter anderem damit begründete, dass ich mich mit dem Staat, in den ich hineingeboren wurde, nicht mehr identifizieren konnte, brachen meine Eltern jeden Kontakt zu mir ab.

»Feinde des Sozialismus haben bei uns nichts zu suchen!« Ihre unnachgiebige Härte und Aggressivität mir gegenüber, eine Aggressivität, die fast an Hass grenzte, habe ich bis jetzt nicht verwunden. Das Schlimmste aber ist, dass ich meine eigene Härte und Verbitterung ihnen gegenüber, selbst in diesem kargen Loch, immer noch intensiv spüre. Es scheint kein Weg mehr nach Langerwisch zu führen, hör auf zu heulen, Regina!

Ich liege auf der Pritsche, versuche wichtige Lebensdaten meiner Eltern aus dem Gedächtnis hervorzukramen, aber immer wieder drängen sich Bilder, Erinnerungen in den Vordergrund, die mich von der Faktensammlung ablenken.

Der Platz unter der Arbeitsplatte neben dem Eisschrank ist gut. Niemand beachtete mich, als ich vorhin durch die Tür schlüpfte und mich dort versteckte. Es ist spät. Mein Bruder und meine Schwester schlafen schon, sie müssen morgen zur Schule. Mein kleiner Bruder ist noch ein Baby, der zählt nicht. Aber ich bin schon vier Jahre alt und ganz zufrieden, dass ich wieder einmal alle überlistet habe. Das schaffen die beiden Großen nicht, diese Schlafmützen! Mama brüht gerade Kaffee auf für die vielen Leute in unserer Küche. Es sind ganz besondere Gäste, sie heißen nämlich alle »Genosse«, hat mir Papa erklärt. Sie arbeiten am Aufbau des Sozialismus, hat mir Papa auch erklärt. Deshalb treffen sie sich bestimmt in unserer Küche und trinken Bier und Kaffee, manche rauchen, und der Qualm sticht mir in die Augen, aber ich darf keinen Mucks von mir geben. Obwohl, sie würden mich sowieso nicht bemerken, weil sie so laut sind.

»Ruhe, Genossen! Lasst doch wenigstens erst mal einen ausreden!« Papa versucht Ordnung in das Geschrei zu bringen. Ich spitze meine Ohren, denn jetzt wird es bestimmt gleich wieder interessant. Ich weiß schon eine ganze Menge, habe schon viele spannende Geschichten gehört. Es gibt zum Beispiel Proletarier, das sind die Guten. Bauern sind nicht ganz so gut, auf die kann man sich manchmal nicht verlassen. Es gibt auch noch Kapitalisten, und die heißen Faschisten, und das sind die Bösen, weil sie Krieg machen und die anderen Menschen ausbeuten. Hitler war auch ein Kapitalist und deshalb ein Faschist. Er hat den Krieg angefangen. Aber die »Genossen« haben viele Freunde, die ihnen beim Aufbau des Sozialismus helfen. Ihre besten Freunde heißen Marxengels, Lenin und Stalin.

Das sind die besonders Guten, sie heißen auch noch »Kommunisten«. Sie haben im Krieg viele Opfer gebracht und gelitten. Karl und Rosa waren nämlich auch »Kommunisten«, und die sind von den Faschisten umgebracht worden. Teddy auch, der kam nach Karl und Rosa. Jetzt fällt mir ein, dass es ja noch einen besonders Guten gibt! Er hat einen ganz komischen Namen. Er heißt Mausetung und tut mir ein bisschen Leid, weil sich die anderen Kommunisten bestimmt über seinen Namen lustig machen. Picasso ist auch ein komischer Name. Picasso hat die Friedenstaube gemalt und ist deshalb nicht nur Proletarier, sondern auch noch Künstler. Meine Eltern heißen »Genosse« und »Kommunisten« und sind Proletarier. Deshalb müssen sie aufpassen, dass die Faschisten sie nicht umbringen wie Karl und Rosa. »Drüben« gibt es nämlich noch Faschisten, die sind nach dem Krieg alle dorthin geflohen. Ich warte ja nur darauf, dass Marxengels und die anderen Freunde auch mal in unserer Küche auftauchen und den »Genossen« zeigen, wie man für den Sozialismus kämpft. Sie wissen das nämlich am besten, hat mir Papa erklärt.

Es hat mich später einige Mühe gekostet, mein kindliches Geschichtsbild zu korrigieren.


Was weiß ich über die zwei Leute, die meine Eltern sind?

Beide sind in Berlin zur Welt gekommen. Mein Vater im August 1910 und meine Mutter im März 1920. »Du wirst sehen, wir werden das Jahr 2000 noch erleben! Denk an meine Worte, Mama, wir werden es schaffen!« Das magische Jahr 2000. Alle Hoffnungen und Sehnsüchte meines Vaters richteten sich auf die Jahrtausendwende. Er würde dann 90 Jahre alt sein, meine Mutter 80.

Was erwarteten meine Eltern von dieser für uns Kinder noch so unheimlich fernen Zukunft? Was enthielt ihnen die

Gegenwart vor, dass sie sich, besonders an Geburtstagen, in eine phantastische Zeit hineinphantasierten?

»Ihr habt es jetzt schon gut, dafür haben wir gesorgt. Ihr könnt alles werden! Euch stehen alle Wege offen, wenn ihr fleißig seid. Aber es gibt noch so viele Kinder auf der Welt, die es nicht so gut haben wie ihr. Die werden ausgebeutet und leiden Hunger. Aber im Jahr 2000 wird es so etwas nicht mehr geben. Dann hat der Sozialismus auf der ganzen Welt gesiegt! Dafür müssen Mama und Papa ihre ganze Kraft einsetzen. Und ihr müsst immer fleißig sein und in der Schule gut lernen. Ihr müsst den anderen Kindern ein Vorbild sein, denn ihr seid Junge Pioniere, vergesst das nicht!«

Wenn meine Eltern vor uns Kindern ihre Zukunftsvisionen für die »ganze Menschheit« ausbreiteten, ging eine ungeheure Vitalität von ihnen aus. Die Augen des kleinen rundlichen Mannes strahlten hinter den Brillengläsern, die zarte Frau wirkte nicht mehr zerbrechlich, sondern aufregend stark und kräftig.

Die Luke scheppert, es gibt Mittagessen. Durch die Öffnung sehe ich die beachtliche Gestalt der Beamtin mit dem runden Gesicht. Irgendwie erinnert sie mich an die dickbäuchigen russischen Matrjoschkas, diese Holzpuppen, die es in Souvenirgeschäften zu kaufen gibt. Ich werde die rundliche Beamtin »Ludmilla« nennen; wenn man von der Uniform einmal absieht, sieht sie aus wie die russische Bäuerin aus einem Märchenfilm.

Es gibt heute Schnitzel, Gemüse und Kartoffeln. Osteressen in der Zelle. Ich komme mit dem Plastiklöffel schon ganz gut zurecht, das Schnitzel nehme ich einfach in die Hand. Mahlzeit, Auge!

Ludmilla hat das Geschirr abgeholt, jetzt herrscht wieder Totenstille auf dem Gang. Ab und zu höre ich ein leises

Klopfen, es scheint von der linken Wand her zu kommen. Ich presse mein Ohr gegen die Wand. Nichts. Ein Blick zum Spion, der Deckel schwingt leicht hin und her. Ich klopfe vorsichtig gegen die Wand. Keine Antwort. Verflixt! Man müsste herausfinden, was dieses Klopfen bedeutet, es scheint ein System zu geben, aber ich habe es noch nicht erkannt. Ich lege mich wieder auf die Pritsche.

Was weiß ich über meine Eltern?

Ganz sicher wurde die politische Einstellung meines Vaters in erster Linie durch seine soziale Herkunft und die Erziehung im Elternhaus geprägt. Mein Großvater gehörte zum so genannten Industrieproletariat, er war Fabrikarbeiter und links orientierter Sozialdemokrat. Als 1914 die Fraktion der SPD vor dem Reichstag für die Bewilligung der Kriegskredite stimmte, trat er aus der Partei aus. Seine politische Heimat wurde die kommunistische Bewegung und folgerichtig wurde er 1919, gleich nach ihrer Gründung, Mitglied der KPD.

Meine Großmutter habe ich nie kennen gelernt. Sie kam kurz vor Kriegsende bei einem alliierten Bombenangriff auf Berlin ums Leben. Mein Vater sprach sehr liebevoll über sie und beschrieb sie als resolute Arbeiterfrau, die zwar die Ansichten ihres Mannes teilte, aber politisch nicht organisiert war.

Wenn mein Vater über die Novemberrevolution von 1918 sprach, über die Straßenkämpfe, Barrikaden, die Abdankung des Kaisers, die Gründung der Republik, die Entwaffnung der Arbeiter- und Soldatenräte, konnte man den Eindruck gewinnen, er habe diese Zeit als Erwachsener erlebt. Obwohl er noch nicht einmal neun Jahre alt war, als Rosa Luxemburg und Karl Liebknecht, die beiden Führer der Kommunistischen Partei, ermordet wurden, brach er noch vierzig Jahre später in Tränen aus, wenn er seinen eigenen Kindern den Tod von »Karl und Rosa« beschrieb.

Meine Großeltern schafften es, dass jedes ihrer Kinder einen »anständigen« Beruf erlernte, mein Vater wurde Elektriker. Das hinderte ihn aber nicht daran, sich weiterhin politisch zu engagieren. Wie die meisten seiner Genossen erkannte auch er zu spät, dass der Erzfeind nicht die Sozialdemokratie, sondern die junge nationalsozialistische Bewegung war.

Ich liege auf der Pritsche und versuche, mir die unzähligen Geschichten ins Gedächtnis zu rufen, die er uns Kindern über die Zeit nach Hitlers Machtergreifung erzählte. Vergebens. Zu viele Jahre sind inzwischen vergangen, nur Erinnerungsfetzen stellen sich ein, Versatzstücke, die kein wirkliches Bild ergeben wollen.

Nach dem Reichstagsbrand 1933 und dem gleich darauf folgenden Verbot der KPD versteckte er sein Parteibuch. Ich erinnere mich vage an Erzählungen, in denen von illegaler Tätigkeit die Rede war. Hat er Flugblätter heimlich in Briefkästen gesteckt, hat er Losungen auf Wände geschrieben? Ich vermag es nicht zu sagen. Ich weiß nicht, wie er auf den Hitler-Stalin-Pakt reagierte. Jedes Mal blockte er meine Fragen danach ab. Fühlte er sich ebenso verraten wie manche seiner Genossen oder glaubte er wirklich an die »weise Voraussicht« des »großen Führers« im Heimatland aller Kommunisten?

Vermutlich hat er es innerlich nie verarbeiten können, dass er, ein überzeugter Kommunist, als Wehrmachtsoldat für Hitler gegen seine Klassenbrüder kämpfen musste. Er geriet in russische Kriegsgefangenschaft – »Bei der ersten sich bietenden Gelegenheit bin ich übergelaufen!« –, aus der er kurz nach dem Ende des Krieges entlassen wurde. Berlin war zerstört, das Mietshaus, in dem seine Eltern gelebt hatten, gab es nicht mehr, und seine Mutter war bei dem Bombenangriff getötet worden. Ich weiß nicht, ob sein Vater zu der Zeit auch schon aus der Kriegsgefangenschaft zurückgekehrt war. Mein Vater meldete sich in der KPD-Zentrale und wurde bald darauf als Wirtschaftsfunktionär im Rathaus Köpenick eingesetzt.

Es muss etwa 1948 gewesen sein, als mein Vater begann, regelmäßig ein bestimmtes Lebensmittelgeschäft aufzusuchen, um dort eine junge Verkäuferin zu sehen, in die er sich Hals über Kopf verliebt hatte. »Sie war immer so freundlich zu mir und sah aus wie ein ganz junges Mädchen, so zart und schmächtig.«

Meine Mutter ist zwar zehn Jahre jünger als mein Vater, aber sie war zu der Zeit kein junges Mädchen mehr. Sie lebte mit ihren beiden Kindern, ein drittes war 1944 gestorben, in einer so genannten Kochstube, ihre Wohnung war bei einem Bombenangriff zerstört worden.

Seit 1944 hatte sie keine Feldpost von ihrem Mann erhalten. Sie glaubte nicht mehr daran, dass er noch am Leben war. Die Suchmeldung beim Roten Kreuz verlief erfolglos, er galt als vermisst.

Sie war 19 Jahre alt und erst wenige Monate mit ihrer Jugendliebe verheiratet gewesen, als der Krieg begann. Mein ältester Bruder wurde im Dezember 1939 geboren, meine Schwester kam am 1. Mai 1944 in demselben Krankenhaus zur Welt, in welchem zur gleichen Zeit der zweite Sohn meiner Mutter an einer Infektionskrankheit starb. »Ich bin fast wahnsinnig geworden. Hier hatte ich meine kleine Helga im Arm, und im anderen Zimmer starb mein kleiner Junge! Nicht einmal meinem ärgsten Feind wünsche ich solch eine Erfahrung.«

In den Geschichten meiner Mutter war nie von Klassenkämpfen, Barrikaden oder Straßenschlachten die Rede. Ihre

Erzählungen waren, im Gegensatz zu denen meines Vaters, für uns Kinder immer überschaubar, wenn sie uns auch teilweise zutiefst verstörten.

Meine Mutter kam aus einem protestantischen Elternhaus. Ihr Vater und ihre Mutter waren arme Leute, und, anders als die Eltern meines Vaters, ihr Leben lang politisch uninteressiert. Mein Großvater arbeitete bei der Stadtreinigung, meine Großmutter putzte und wusch für andere Leute, obwohl ihr eigener Haushalt sie schon mehr als genug in Anspruch nahm. Fünf Kinder und ein Mann mussten versorgt werden, »für Politik hatte ich keine Zeit!«. Meine Großeltern hatten ihren Glauben, waren zu jeder Zeit treue Untertanen, aber niemals Mitglied einer Partei, auch nicht der NSDAP.

Meine Mutter war gleich nach dem Krieg aus der Kirche ausgetreten. Sie wollte mit einem Gott, der so viel Grausamkeit zugelassen hatte, nichts mehr zu tun haben. Als sich meine Eltern ineinander verliebten, orientierte meine Mutter sich neu. Unter dem Einfluss meines Vaters veränderte sich ihre bisherige Weltsicht radikal. Noch bevor meine Eltern 1950 heirateten, war meine Mutter in die SED eingetreten. Sie wollte gesellschaftliche Verhältnisse mitbestimmen und nie wieder »ein gottgewolltes Schicksal« hinnehmen müssen. In diesem Sinne wurden auch die Kinder erzogen.

Die Geräusche auf dem Gang holen mich in die Gegenwart zurück. Die »Mecklenburgerin« schiebt das Abendbrot durch die Lukenöffnung, »Ludmilla« hat wohl schon Feierabend. Wenn sie verheiratet ist und Kinder hat, mussten die heute ohne sie ihre Ostereier suchen.

Mein Vater wollte kein Funktionär sein. Die Arbeit im Rathaus füllte ihn nicht aus. Mitte der fünfziger Jahre erreichte er es, dass er wieder in seinem eigentlichen Beruf arbeiten durfte. Als er fünfzig war, setzte er sich noch einmal auf die Schulbank und qualifizierte sich zum Elektromeister. Meine Mutter war, bis auf wenige Unterbrechungen, nicht berufstätig. Sie kümmerte sich um die Kinder und den Haushalt und um die Parteiarbeit in ihrer Wohnparteiorganisation. Ich erinnere mich an Kinderfeste und Faschingsfeiern, die meine Mutter für den Wohnblock organisierte. Mein Vater war unermüdlich unterwegs, um nach seiner Arbeit tausende freiwillige »Aufbaustunden« für das »Nationale Aufbauwerk« zu leisten.

»Wir sind Genossen, wir müssen mit gutem Beispiel vorangehen, schließlich haben wir dazu das nötige Bewusstsein!« Dieser Satz klingt mir noch heute in den Ohren. Sie ließen sich nicht ausbeuten, sie beuteten sich selbst aus, immer mit dem Gedanken an eine »bessere Zukunft«.

Sie haben ihre Kinder mit Liebe, Fürsorge und Geschichten überschüttet. Sie haben von morgens bis abends gearbeitet, manchmal sogar nachts, sie wollten, dass die ganze Menschheit »es einmal besser haben« würde. Wenn ihnen eine Entwicklung in ihrem Land nicht ganz verständlich war, ließen sie sich in Parteiversammlungen belehren. Mit dem Feindbild vor Augen, konnten sie manche bittere Pille schlucken.

Aber nur zwei der erwachsen gewordenen Kinder schluckten mit. Die älteste Tochter hatte eine gerade Entwicklung genommen. Sie hatte ihr Abitur gemacht, danach eine Berufsausbildung und war mit 18 Jahren in die Partei eingetreten. Die Tatsache, dass sie Mitarbeiterin des Ministeriums für Staatssicherheit wurde, erfüllte meine Eltern mit ganz besonderem Stolz. Hier hatte ihre Erziehung gefruchtet. Der jüngste Sohn fand nach anfänglichen Schwierigkeiten, er hatte ein Ingenieurstudium abgebrochen, auch den rechten Weg. Er entschied sich für eine

Karriere in der Nationalen Volksarmee und wurde Berufssoldat.

Der älteste Sohn war völlig aus der Art geschlagen, er machte seinen Eltern Schande. Wie sollten sie damit fertig werden, dass er es vorgezogen hatte, in die Kleinkriminalität abzuleiten? Unbemerkt von dem Rest der Familie hatte er sich eine Existenz geschaffen, deren Hintergrund erst nach seiner Scheidung und der ein Jahr darauf folgenden Verhaftung zum Vorschein kam. Von diesem Schock erholten sich meine Eltern nie wieder richtig. Es kann sein, dass damals, zu Beginn der siebziger Jahre, ihr Alkoholproblem begann, welches im Laufe der folgenden Jahre immer offener zu Tage trat.

Und um das Maß voll zu machen, hatte sich die zweite Tochter für einen ganz anderen Weg entschieden: hin zum Klassenfeind! Sie hatten es ja schon lange kommen sehen. Man denke nur an die Diskussionen, die sie mit ihr führen mussten, als sie noch Schülerin war! Und später erst, als sie schon im Berliner Verlag arbeitete. Pressefreiheit und Basisdemokratie, was für ein unseliges Gequatsche! Als ob wir das nicht alles längst schon hätten. Dann hörte sie einfach auf zu arbeiten, wollte Theaterwissenschaften studieren, woher sie das nun wieder hatte. Dann studierte sie nicht, sondern redete nur noch von Biermann. Nestbeschmutzer sind bei uns unerwünscht. Soll sie doch hinterhergehen, wir weinen ihr bestimmt keine Träne nach! Prost, Mama!

In den letzten Jahren vor dem endgültigen Bruch habe ich mich vor Auseinandersetzungen mit meinen Eltern gefürchtet. Ich war ihrer Aggressivität mir gegenüber, die unter Alkoholeinfluss nicht selten in Hassausbrüche ausartete, nicht gewachsen. Jede Enttäuschung, die sie in ihrem Leben hinnehmen mussten, jeder Kummer, den sie ertragen hatten, alles wurde an mir abreagiert. Meine

Schuldgefühle ihnen gegenüber wuchsen ins Unermessliche. Ich liebte meine Eltern und konnte sie einfach nicht mehr ertragen.

Das Signal zur Nachtruhe schrillt durch den Gang und verscheucht Gespenster. Es führt kein Weg mehr nach Langerwisch zurück, sosehr ich es mir auch wünsche. Hör auf zu heulen, Regina!

# 15.

Während der Dreharbeiten zu »11 und 12« kam mir der Film des polnischen Regisseurs Krzysztof Kieslowski »Der Zufall möglicherweise« in den Sinn. Ich weiß noch, welche zwiespältigen Gefühle er bei mir auslöste. Der Gedanke, dass vieles im Leben zufällig passiert, Entwicklungen nicht unbedingt von einem selbst herbeigeführt werden, widersprach meiner Überzeugung, für das eigene Leben auch selbst die Verantwortung zu tragen.

Zufall ist sicher meine Herkunft und die Tatsache, dass ich in der DDR geboren wurde, mein Werdegang ganz sicher nicht.

Die 50er Jahre waren gekennzeichnet vom Neuaufbau und vom Kalten Krieg. Die Grenzen zwischen Ost und West waren zwar nicht mehr so durchlässig, aber noch passierbar, der Stalinismus in der DDR hatte sich nach den Ereignissen des 17. Juni 1953 wieder fest etabliert, und seine Vertreter waren entschlossen, den Krieg um die Köpfe zu gewinnen.

Geboren wurde ich in einer nordthüringischen Kleinstadt, oder besser gesagt, in deren dörflicher Vorstadt. Die Eltern meines Vaters waren Kleinbauern, die es im Ergebnis der Bodenreform zu etwas Land und Vieh sowie einem bescheidenen Bauernhof gebracht hatten. Ich könnte mir vorstellen, dass sie mit dem, was ihnen – als ehemaligen Knechten auf dem Gutshof – die neue Gesellschaft gebracht hatte, zufrieden waren. Politische Gespräche im Haus meiner Großeltern sind mir aber nicht in Erinnerung.

Mein Vater war der Älteste von drei Söhnen, ein großer, stämmiger Mann, dem man ansah, dass er hart arbeiten konnte, und der körperliche Arbeit immer auch gebraucht hat, selbst nachdem er studiert hatte und die Karriereleiter emporgestiegen war. Ich weiß nicht, weshalb er nicht auf dem Hof meines Großvaters geblieben war, denn ich denke mir, er wäre ein guter Landwirt geworden. Wohin wir auch später zogen, stets war ein kleines Stück Land in der Nähe, das er bearbeiten konnte. Kartoffeln, Bohnen oder Kohl baute er selbst dann noch an, als es das alles schon in ausreichenden Mengen zu kaufen gab. Ganz sicher war er stolz auf das, was er im Laufe der Jahre beruflich erreicht hatte. Er, der Bauernsohn, als Direktor in einem großen Unternehmen. Trotzdem, wenn ich ihm zusah, wie er auf Knien durch den Garten rutschte, in seiner Werkstatt im Keller irgendwelche Geräte reparierte oder Regale baute, dachte ich oft, Mensch Papa, diese ganze Büroarbeit hat doch eigentlich überhaupt nichts mit dir zu tun. Möglich, dass er selbst manchmal solche Gedanken hatte. Weshalb bemühte er sich aber dann so, außerhalb der Familie den Studierten und den Direktor hervorzukehren? Ein Auftreten, das ihn für viele arrogant und unnahbar erscheinen ließ.

Ich liebte ihn und liebe ihn noch, auch wenn ich heute vieles, was ihn und auch unser Verhältnis zueinander betrifft, differenzierter sehe. Ich bin heute sicher, dass ich ihm ähnlicher bin, als ich immer wahrhaben wollte. Trotzdem blieb er mir fremd, was auch an meiner lebenslangen Sprachlosigkeit ihm gegenüber lag. Er verbreitete eine Aura der Unnahbarkeit und Unfehlbarkeit um sich, die es mir auch heute noch unmöglich macht, mit ihm über sein Leben zu sprechen. Mit meinem Drang nach Harmonie und Zärtlichkeit konnte er wohl nicht viel anfangen.

Er hat nie viel über sein Leben erzählt. So kommt es, dass ich mir viele Dinge einfach zusammenreimen muss aus dem wenigen, das ich verschiedenen Gesprächen entnommen habe. Von der Zeit vor 1945 hörte ich eigentlich nur, dass er wahrscheinlich im Rahmen der Hitlerjugend eine Marineschule besuchte und noch kurz vor Ende des Krieges eingezogen werden sollte. Mein Großvater – selbst als Soldat in den beiden Weltkriegen in Frankreich und Russland – soll die Einberufung verbrannt haben, was nur aufgrund des kurz darauf erfolgten Einmarsches der Amerikaner in Thüringen ohne nachteilige Folgen blieb.

Während des Krieges lernte mein Vater in seinem Heimatort den Beruf des Werkzeugmachers in einer Maschinenfabrik, in der unter anderem Teile für die V-Waffen hergestellt wurden. Nachdem die amerikanischen Besatzer sämtliche damit zusammenhängende Technik beim Abrücken aus der Gegend mitgenommen hatten, machte sich die nachrückende Sowjetarmee daran, die Mehrzahl der zurückgebliebenen Fachkräfte, Facharbeiter und Meister in die Sowjetunion zwangszuverpflichten. Dem drohenden Abtransport nach Russland entzog sich mein Vater durch die Flucht an die Nordsee, wo er in Wilhelmshaven Arbeit auf einer der wieder im Aufbau befindlichen Werften der ehemaligen Kriegsmarine fand. Von dort kehrte er erst 1948 in die russisch besetzte Zone zurück. Er hatte inzwischen geheiratet, und es war klar, dass meine Mutter das Kind in ihrem Bauch in der zerbombten und hungernden Großstadt nur schwer würde durchbringen können, wogegen in Thüringen ein kleiner, das Überleben sichernder Bauernhof wartete. Sein Aufenthalt im »Westen« war ganz sicher ein schwarzer Fleck in seiner Kaderakte, aber nach außen schien es keine Nachteile für ihn gegeben zu haben.

Anfang der 50er Jahre engagierte sich mein Vater in der gerade gegründeten Gesellschaft für Sport und Technik (GST), die ursprünglich sport- und vor allem motorsportinteressierten Jugendlichen und jungen Erwachsenen eine sinnvolle Freizeitbeschäftigung geben sollte, damals noch weitgehend frei von ideologischen Vorgaben und dem paramilitärischen Charakter, der die GST später ausschließlich prägte. Inzwischen Mitglied der SED, wurde er bald hauptamtlicher Funktionär und erhielt 1957 den Auftrag, die Kreisorganisation der GST im Eichsfeld, einem Landstrich an der Westgrenze Thüringens, zu übernehmen. Damit einher ging auch der Umzug der Familie, zu der zu dieser Zeit neben mir auch noch zwei ältere Geschwister gehörten, nach Heiligenstadt. Dort bezogen wir in einer Villa, die vor dem Krieg als Katasteramt gedient hatte, das gesamte obere Stockwerk, eine riesige Wohnung in dem von einem schönen Grundstück umgebenen großen Haus.

Das durch die damalige Zonen- und spätere Staatsgrenze geteilte Eichsfeld war eine katholische Enklave in den eigentlich protestantisch dominierten Ländern Niedersachsen, Hessen und Thüringen. Nichts hat von jeher das Leben und die Haltung der Menschen im Eichsfeld so sehr geprägt wie die dominierende Stellung der katholischen Kirche, an der selbst zu DDR-Zeiten die Staatsmacht nicht vorbeikonnte.

Wenige Jahre nach unserem Umzug wurde mein Vater hauptamtlicher Sekretär der SED im größten Industriebetrieb der Region und Ende der 60er Jahre zum Studium an die Technische Universität nach Dresden delegiert. Mit dem wirtschaftswissenschaftlichen Diplom in der Tasche gelang es ihm, in der Leitung des zwischenzeitlich zum Kombinat umgebildeten Großbetriebes als Direktor für Kader und Bildung aufzusteigen. Diese Funktion übte er bis zu seinem unfreiwilligen Ausscheiden 1990 aus. Im Unterschied zum Kombinatsdirektor und anderen leitenden Mitarbeitern wurde er als »staatstragend« eingestuft und entlassen.

Über seine eigentliche Tätigkeit als Kaderdirektor weiß ich sehr wenig. Wenn ich den Äußerungen meines ehemaligen Schwiegervaters – im selben Betrieb stellvertretender ökonomischer Direktor – Glauben schenken soll, war mein Vater unter den Arbeitern nicht sonderlich beliebt. Das lag wohl mehr an seinem spröden, zur Überheblichkeit tendierenden Auftreten als an seiner eigentlichen Tätigkeit, nehme ich an. Mein Schwiegervater hingegen kokettierte ständig damit, dass er zu allen und jedem, vom Hilfsarbeiter bis zum Generaldirektor, ein gutes Verhältnis hätte. Genau dafür bewunderte ich ihn auch viele Jahre lang und versuchte, ihm nachzueifern.

Bis auf wenige Ausnahmen lebte ich in dem Haushalt meiner späteren Schwiegereltern, seit ich fünfzehn war, und wurde dort auch wie ein Familienmitglied behandelt. Meine Frau hat über all die Jahre unseres Zusammenseins immer versucht, aus mir ein charakterliches Abbild ihres Vaters zu machen. Den Hinweis »Jetzt bist du wie dein Vater!« begriff ich bald als höchste Form der Kritik. Aufmüpfigkeit in der Familie hatte den Vorwurf der Überheblichkeit, Selbstbewusstsein in Bezug auf die Arbeit den der Selbstüberschätzung zur Folge. Stets habe ich also daran gearbeitet, mich zurückzunehmen. Gelungen ist mir das allerdings nur selten. Wenn ich von meinem Vater die kritiklose Gläubigkeit an den Sozialismus in der DDR übernahm, dann übernahm ich von meinem Schwiegervater ausgeprägtes Zwiedenken und die Taktik, sich mit niemandem wirklich anzulegen.

Damals war es für meinen Vater sicher ein Problem, dass ich so gar keine Ambitionen hatte, zumindest beruflich in seine Fußstapfen zu treten, und dass er mich auch für nichts von dem interessieren konnte, was ihm wichtig war. Redlich, aber letztlich erfolglos mühte er sich, mich beispielsweise für handwerkliche Arbeiten zu begeistern oder zu kleingärtnerischer Betätigung anzuhalten. Ende der 60er Jahre hatte er für kurze Zeit einige Kaninchen in unserem

Keller untergebracht und beschlossen, dass ich mich um die Tiere kümmern sollte – sehr zum Leidwesen der Kaninchen, denn mein Anfangseifer verflog sehr bald. Einige der Kaninchen hatten jedenfalls meine Fürsorge nicht überstanden und lagen eines Tages leblos in ihren Ställen. Ob ich ein oder zwei Fütterungen vergessen oder ob ich ihnen versehentlich taufrisches Gras gegeben hatte – was Kaninchen offensichtlich nicht vertragen –, weiß ich nicht mehr. So Leid es mir nach der Standpauke meines Vater tat, so wenig berührte es mich schon zwei Tage später. Damit hatte sich mein Auftritt als Kaninchenzüchter erledigt.

Das sollte aber nicht der letzte Versuch meines Vaters gewesen sein, mich seinen Interessen näher zu bringen, beispielsweise seinem Hobby – besser, seiner Passion –, der Jagd. Mein Vater verbrachte den größten Teil seiner Freizeit im Wald und natürlich nicht als einfacher Jäger, nein, er war dann auch für viele Jahre ehrenamtlicher Leiter der Kreisjagdbehörde. Für diese Freizeitbeschäftigung konnte ich mich absolut nicht begeistern, dazu nahmen Wein, Weib und Gesang – sprich Mädchen und Tanz – viel zu großen Raum in meinem Leben ein. Ich war, immer angezogen vom weiblichen Geschlecht, zu jedem Blödsinn bereit, nur ganz sicher war ich kein Naturbursche.

Mein Vater hätte es sicher gern gehabt, wenn aus seinen beiden Söhnen auch passionierte Jäger geworden wären. So nahm er erst meinen Bruder und später mich immer wieder mit in den Wald, zur Jagd, zum Aufbau von Hochsitzen, zum Beobachten des Wildbestandes. Was habe ich als Kind für Ängste ausgestanden, wenn mein Vater auf Pirsch war und mich in der Dunkelheit auf dem Hochsitz stundenlang allein ließ. Während mein Bruder mit Beginn seiner Lehrzeit sozusagen die Kurve kriegte, besuchte ich Anfang der 70er Jahre sogar einen Lehrgang, machte meine Jagderlaubnis und wurde Mitglied einer Jagdgesellschaft. Und alles, ohne wirkliches Interesse daran zu haben.

Meine erste und letzte Treibjagd als Jäger war eine Hasenjagd, wie sie stets zum Jahresende durchgeführt wurde. Damals gab es noch richtige Hasen in den Wäldern. Jahre später hatten die Mähdrescher und der organisierte Verkauf in den Westen dafür gesorgt, dass diese Wildart nahezu gänzlich aus der Gegend verschwand.

Ich stand ziemlich aufgeregt – schließlich war ich vom schlichten Treiber zum Jäger aufgestiegen und sollte das erste Mal auf etwas Lebendes schießen – auf dem mir zugewiesenen Posten. Tatsächlich hoppelte nach Stunden auch ein Hase direkt auf mich zu und blieb ca. fünf Meter vor mir sitzen. Offenbar hatte ich auf ihn den Eindruck völliger Harmlosigkeit gemacht, denn er beäugte mich neugierig, machte aber keinerlei Anstalten, sich zu entfernen. Das verwirrte mich derart, dass ich mich erst Sekunden später – »handele jetzt gefälligst wie ein richtiger Jäger (Mann, Macho, Idiot)« – dazu entschließen konnte, auf ihn zu schießen. Und damit war es passiert: Der Schuss krachte, mir schmerzte die Schulter, aber der Hase fiel keineswegs tot um, sondern zappelte noch und suchte sich kriechend in Sicherheit zu bringen. Wie ich es gelernt hatte, gab ich ihm schließlich durch einen Schlag mit dem Messerknauf ins Genick den Rest. Mir stand der Schweiß auf der Stirn und ich war völlig entnervt. So konnte ich zwar auch einen mit Schrotkugeln gespickten Hasen zum Sammelplatz bringen, aber die Teilnahme an weiteren Jagden war mir gründlich vergällt. Nach diesem Erlebnis habe ich nie wieder von meiner Jagderlaubnis Gebrauch gemacht.

Nach der Wende hätte mein Vater, um seinem Hobby weiter nachgehen zu können, ein Jagdgebiet mieten müssen, wozu ihm das Geld fehlte. Sicher war er auch enttäuscht, dass seine langjährige ehrenamtliche Tätigkeit nach dem Ende der DDR von niemandem mehr anerkannt und er nach dem Verlust dieser Funktion von etlichen seiner ehemaligen Jagdkollegen geschnitten wurde. Aber was macht jemand, der so intensiv mit der Natur verbunden ist, na klar: Er wird Angler. Und so wurde aus dem passionierten Jäger ein passionierter Angler, und meine Mutter schaffte es wieder einmal – wie so oft in ihrem Leben –, sich der Situation anzupassen. War sie vorher eine hervorragende Köchin für Wildgerichte, wurde sie nun zur Spezialistin für die Zubereitung von Karpfen und Co.

Meine Mutter ist gebürtige Ostfriesin. Sie hat die emotionale Bindung zu ihrer Heimat und dem dortigen Menschenschlag – da bin ich ganz sicher – nie verloren. Wie oft hat sie uns Lieder von der Küste vorgesungen oder zum Gaudi der ganzen Familie Proben ihres Plattdeutsch gegeben. Aber nur selten, und auch nur andeutungsweise, ließ sie erkennen, wie traurig sie war, nicht einmal besuchsweise nach Ostfriesland zurückkehren zu können. Ich erinnere mich noch gut, wie stolz sie mir ein paar Jahre nach dem Verschwinden der DDR erstmals ihre Heimatstadt und die Nordseeküste zeigte.

Über ihre Eltern weiß ich kaum etwas, lediglich dass ihre Mutter sehr früh starb und sie sich an ihrer Stelle um ihren Vater und die beiden Brüder kümmern musste. Ihr Vater heiratete später wieder, jedoch gab es zwischen meiner Mutter und ihrer Stiefmutter wie auch zu ihrem Vater keine Verbindung mehr.

Von ihrer engeren Familie blieb nur ein älterer Bruder übrig, zu dem über viele Jahre kein Kontakt bestand, bis er nach der Wende plötzlich bei meinen Eltern vor der Tür stand. Einmal, das war 1964, war er mit seiner Familie bei uns gewesen, der einzige Westbesuch, den wir bis zum Ende der DDR hatten. Tja, woran erinnere ich mich dabei vor allem? Natürlich an die Hose, die er mir mitbrachte – bis 1989 meine einzige »Westjeans«. Nach diesem Besuch wurde es bald still um den »Westteil« meiner Verwandtschaft. Meine Mutter brach den Kontakt zu ihrem Bruder konsequent ab, was sie heute mit vorwurfsvollem Unterton meinen Geschwistern und mir gegenüber mit unserer damaligen Stasi-Tätigkeit begründet. Es gab auch wirklich Zeiten – gerade in den ersten Jahren im MfS –, als ich schon die Existenz dieser Westverwandten als persönlichen Makel empfand. Sicherlich hatte der Kontaktabbruch aber auch mit meinem Vater zu tun, schließlich hätten Westkontakte seiner Karriere genauso geschadet.

Meine Mutter hat mir nie den Eindruck vermittelt, als litte sie unter der Dominanz ihres Mannes. Ich vermute, dass sie sich im Laufe der Jahre eine Strategie zurechtgebastelt hat, nämlich zwar durchaus emotional zu reagieren, Probleme aber nicht wirklich an sich heranzulassen oder gar streitbar auszutragen. Aus meiner Sicht hat sie stets im Schatten meines Vaters gestanden und die eigene Entwicklung hintangestellt. Tatsächlich war sie intelligent und vielseitig interessiert und hatte gute Anlagen, vor allem auf künstlerischem Gebiet sowie in ihrer Art, mit Menschen umzugehen. Immerhin hat sie als Pionierleiterin und Hortbetreuerin an meiner Schule, als Mitarbeiterin im Pionierhaus oder später bei der Rentnerbetreuung im Rahmen der Volkssolidarität einiges von ihren Fähigkeiten zeigen können: Bei den Kindern wie bei den Alten war sie beliebt. Letztlich blieb es aber doch immer nur eine Beschäftigung mit anderen, nie eine wirkliche persönliche Weiterentwicklung. Hinzu kamen ihre schweren Migräneanfälle, die sie tagelang aus dem Verkehr zogen und nur mit Hilfe starker Schmerzmittel zu ertragen waren. Es scheint mir, als hätte sie irgendwann aufgegeben und sich nur noch um ein materiell sorgenfreies Leben und darum gekümmert, welches Bild die Familie nach außen vermittelte.

Wie in den meisten Familien war für uns Kinder nahezu ausschließlich unsere Mutter zuständig. Meine Eltern waren meist beide berufstätig, und so habe ich ab dem Kindergarten das ganze Spektrum sozialistischer Kinderbetreuung kennen gelernt. Was ich mit Fug und Recht sagen kann, ist, dass ich eine glückliche Kindheit hatte, trotz allem umsorgt aufgewachsen bin und nichts wirklich vermisste.

Bei der Einschulung wurde ich wegen schwächlicher Konstitution ein Jahr zurückgestellt, so dass ich später immer zu den Älteren in der Klasse zählte. Mit dem Lernen hatte ich nie Probleme. Ich hatte eine schnelle Auffassungsgabe, konnte sehr gut Wesentliches von Unwesentlichem trennen und mich – wenn ich wollte, was allerdings nicht oft vorkam – auf eine bestimmte Aufgabe konzentrieren. Meine Mutter pflegte immer zu sagen, ich sei ein intelligenter Faulpelz. Da hat sie wohl Recht. So finden sich in meinen Zeugnissen seit spätestens der fünften Klasse stets Einschätzungen wie »seine Lernergebnisse entsprechen nicht seinem wirklichen Leistungsvermögen«. Ebenso durchgängig heißt es aber auch: »an außerschulischen Veranstaltungen nimmt er mit großer Begeisterungsfähigkeit teil« oder »anerkennenswert ist seine gesellschaftliche Arbeit und sein Bemühen, die ideologische Arbeit in der Klasse zu steigern«. Damit war nichts anderes gemeint als Aktivitäten innerhalb der Pionierorganisation oder später der FDJ. Unter anderem war ich ein begeisterter Flachtrommler im Fanfarenzug des Pionierhauses.

Mit der auch unter Jugendlichen sehr aktiven Kirche wollte ich nichts zu tun haben, außer reaktionär und volksverdummend hatte ich dafür keine Begriffe. Woher diese

Religionsfeindlichkeit kam, kann ich heute nur schwer nachvollziehen. Wirklich diskutiert haben wir zu Hause über Kirche und Religion nicht; nicht unfreundlich, aber doch mit einer gewissen Herablassung wurde von »den Katholiken« gesprochen.

Schon als Kind hatte ich ein Gefühl für den Anachronismus kirchlicher Rituale entwickelt, die im Eichsfeld demonstrativer als sonst irgendwo in der DDR praktiziert wurden. Es gab noch zur Zeit meiner Einschulung in jedem Klassenzimmer ein Kruzifix – wie heute noch in Bayern –, und an nahezu jeder Straßenkreuzung war ein Standbild der Kreuzigung Jesu zu finden; von den vier riesigen Kirchen, von der Vielzahl Kapellen in einer Kleinstadt von nicht einmal 15 000 Einwohnern ganz zu schweigen. Deutlich erinnere ich mich an die alljährliche Palmsonntagsprozession, eine Veranstaltung, die mehr Teilnehmer auf die Beine brachte als die Demonstrationen zum 1. Mai. Während mich die riesigen Holzkreuze faszinierten, belustigten mich die häufigen Kniefälle, zu denen sich die Menschen alle paar Meter niederließen, um zu beten. Als Kind und noch mehr als Jugendlicher empfand ich das Ganze nur als Jahrmarktsspektakel.

Das alles hatte jedoch kaum Auswirkungen auf meine Freundschaften. Zumindest was Musik und Mädchen betraf, lagen wir ohnehin auf der gleichen Wellenlänge. So hatte ich auch keine Konflikte, wenn ich nach der Schule in einer kleinen Kammer unter der Treppe im Haus des privaten Frisörmeisters mit dessen streng religiös erzogenem Sohn stundenlang Simon & Garfunkel oder The Hollies hörte oder zusammen mit Klassenkameraden, unterm Arm das Kofferradio, aus dem laut Radio Luxemburg plärrte, durch die Stadt oder zum Fußballplatz zog. Allerdings erinnere ich mich noch genau an das Mädchen aus dem Nachbarort und daran, wie verliebt ich mit meinen 15 Jahren war, aber auch daran, wie ich unsere Freundschaft beendete, als ich erfuhr, dass sie die Tochter des dortigen selbstständigen Uhrmachermeisters und regelmäßige Kirchgängerin war. Kirchgängerin war schon schlimm genug, aber auch noch Tochter eines rudimentären kapitalistischen Überbleibsels war die Krönung. In meiner Erinnerung war sie traumhaft, aber ich verdiente es nicht anders. Noch Jahre später – ich war selbst schon verheiratet – war ich abgrundtief eifersüchtig, als ich erfuhr, dass sie einen Jungen aus der ehemaligen Klasse meiner Ehefrau geheiratet hatte.

Bücher übten vielleicht den stärksten Einfluss auf mich aus. Ich las alles, was mir im Haus meiner Eltern unter die Finger kam, oft nachts, wie andere Kinder auch, mit der Taschenlampe unter der Bettdecke. Und ich las sehr viel, allerdings auch sehr einseitig, was Thema und Inhalt betraf. Ich erinnere mich an unzählige Partisanenromane vornehmlich sowjetischer Autoren, an Bücher über die Befreiungskriege gegen Napoleon, an Kinderbücher wie »Timur und sein Trupp« oder »Das eiserne Büffelchen« – Geschichten um Kinder, die erst mit der kommunistischen Machtergreifung eine Lebenschance bekamen. Später dann »Tanja, la Guerillera« über Tamara Bunke, die in den 6oer Jahren aus der DDR nach Lateinamerika ging, um an der Seite Che Guevaras zu kämpfen. Vornehmlich also Geschichten, in denen die Helden bis in den Tod ihren Überzeugungen und ihrer Partei die Treue hielten und sich gegen Ausbeutung, Unterdrückung und Fremdherrschaft zur Wehr setzten. Eine Differenzierung fand in diesen Büchern jedenfalls nicht statt. Darüber hinaus verfügte ich über eine umfangreiche Sammlung utopischer Literatur, aber auch hier, von einigen Büchern des Polen Stanislaw Lem abgesehen, mit der immer gleichen kommunistischen Zukunftsvision.

Die Partisanenbücher habe ich geradezu verschlungen. Die »Guten« waren fast immer die Kommunisten oder doch zumindest Leute, die endlich am Ende des Buches bekehrt wurden und mit »Es lebe die Kommunistische Partei« auf den Lippen starben. Und wenn das alles stimmte, woran ich nicht im Geringsten zweifelte, dann konnte ich mich in diesem Land und also auch im wirklichen Leben auf die Seite der »Guten« stellen, ohne mich irgendwelchen Gefahren aussetzen zu müssen, denn mutig war ich nur in meiner Phantasie. Körperlichen Auseinandersetzungen ging ich schon als Kind grundsätzlich aus dem Weg, später überhaupt jeder Auseinandersetzung, wenn die Gefahr bestand, es könnten sich für mich Nachteile ergeben. Außer, ich fühlte mich so weit mit dem Rücken an der Wand, dass ich ähnlich einem bedrängten Tier jede Angst vergaß. Bis es so weit kam, konnte ich eine ziemliche Bandbreite an Demütigung einstecken. Ich weiß nicht, ob diese stoische Ruhe angeboren oder anerzogen ist. Möglicherweise konnte ich mich auch nur besonders gut kontrollieren. Meine Freunde fragen noch heute sicherheitshalber nach, ob ich jetzt wütend bin oder nicht.

Es sollte noch viele Jahre dauern, bis ich, ausgerechnet inspiriert durch meine Tätigkeit bei der Staatssicherheit, begann, Bücher von Thomas Mann, Franz Kafka oder Max Frisch zu lesen.

Phantasie und Furcht bildeten eine Mischung, die mir schon als Kind manchen Streich spielte. Obwohl ich mich mit den Helden in meinen Büchern identifizieren wollte, entwickelten sich meine Träume stets so, dass ich zum Schluss der Gejagte war, derjenige, der sich in äußerster Bedrängnis befand. Und oft wachte ich mit regelrechten Angstzuständen auf.

Dabei spielte unser Keller eine besondere Rolle, meist war er Handlungsort meiner gruseligen Alpträume. Die Kellerräume waren zwischen uns und der im Parterre wohnenden Familie aufgeteilt, unseren Teil hatte man im Krieg zum Luftschutzkeller ausgebaut und mit Stahltüren und Stahlklappen vor den Fenstern versehen. Ich weiß nicht, was ich dort vermutete, Geister, Hexen, Untote, auf jeden Fall etwas ganz Schreckliches. Überhaupt versetzte mich stets mehr das Imaginäre, Unfassbare in Angst und Schrecken.

Solange wir in diesem Haus wohnten, verlor ich nie das Unbehagen vor dem Kellergeschoss, mit seinen vielen dunklen Winkeln. Selbst noch als Jugendlicher bewegte ich mich dort nur mit einer Taschenlampe in der Hand und sicherheitshalber auch noch laut singend, als könne mein Gesang alle bösen Geister vertreiben. Schließlich konnte ich ein erstaunliches Repertoire an deutschen Volksliedern und vor allem »Arbeiter-Kampfliedern«, einschließlich »Partisanen vom Amur« und die »Internationale«, auswendig trällern. Aber natürlich wollte ich nicht wirklich, dass die Verdammten dieser Erde ausgerechnet in unserem Keller aufwachten. Andere Lieder standen mir nicht zur Verfügung, und gerade die »Arbeiterlieder« führten mein schlichtes Weltbild und eine ebenso schlichte eingängige Melodie auf geradezu geniale Weise zusammen.

Anfang der 70er Jahre beanspruchte eine Arztfamilie des hiesigen Krankenhauses die große Wohnung und wir zogen in einen Neubau. Eine Veränderung, mit der alle Seiten zufrieden waren, auch meine Eltern, weil die kleinere Neubauwohnung trotz Ofenheizung insbesondere für meine Mutter eine deutliche Arbeitserleichterung bedeutete. Ich bekam ein großes Zimmer, das ich aber kaum noch mehr als zum Übernachten nutzte. Die meiste Zeit verbrachte ich bereits bei meiner Ehefrau in spe. Kurze Zeit nach Abschluss meiner Lehrzeit 1974 wurde ich schließlich einberufen und kam nur noch besuchsweise in die Wohnung meiner Eltern zurück.

Nach der Schule lernte ich den Beruf des Drehers im selben Betrieb, in dem mein Vater Direktor war und auch die Oberhoheit über die Betriebsschule, wie überhaupt über jegliche Ausbildung von Betriebszugehörigen, hatte. Eigentlich nannte sich der Beruf Zerspanungsfacharbeiter, weil fast jede Berufsbezeichnung in der DDR mit dem Begriff des Facharbeiters enden oder beginnen musste. Eine Putzfrau bei der Reichsbahn war also Facharbeiterin für Schienenfahrzeugreinigung, eine Verkäuferin Facharbeiter für den sozialistischen Einzelhandel und ein Schneider Textilfacharbeiter.

Zu der Zeit, als es darum ging, sich für das Abitur zu bewerben, waren meine schulischen Leistungen gutes Mittelmaß. Die Entscheidung, ob Abitur oder nicht, wurde in der DDR zumeist mit der siebten Klasse gefällt, nach der zehnten Klasse war es nur noch in begrenztem Umfang und nur bei außergewöhnlich guten Noten möglich, an die Erweiterte Oberschule, wie das Gymnasium damals genannt wurde, zu wechseln. Als ich zum Ende der zehnten Klasse endlich begriff, worum es ging, war es schon zu spät. Für das Abitur reichte mein Notendurchschnitt nicht aus, und für die zweite Variante, nämlich eine Berufsausbildung mit integriertem Abitur, gab es nur eine einzige Lehrstelle im ganzen Kreis. Die allerdings ging an den Sohn des Direktors der örtlichen Papierfabrik. Ein zwischenzeitlicher Versuch, so etwa zu Ende der neunten Klasse, mich für ein Studium an der Pädagogischen Hochschule Erfurt zu bewerben – was auch ohne Abitur nach der zehnten Klasse mittels eines Vorstudiums möglich gewesen wäre –, scheiterte ebenfalls kläglich an meinem Desinteresse und der damit verbundenen ungenügenden Vorbereitung auf die Aufnahmeprüfungen.

Mein ganzer Auftritt an der Hochschule geriet zu einer einzigen Peinlichkeit, vor allem für meinen Vater, der mich begleitet hatte. Die schriftlichen Prüfungen hatte ich völlig verhauen, sodass die ursprüngliche Studienvorstellung, Lehrer für Mathematik und Physik, nicht mehr zur Diskussion stand. Trotzdem schaffte es mein Vater – keine Ahnung, wie ihm das gelang –, dass ich noch eine zweite Chance bekam, die da lautete: Berufsschullehrer. Offenbar dachte man, wer in theoretischen Fächern nicht so toll ist, müsste doch zumindest in praktischeren Disziplinen verwendbar sein. Weit gefehlt, jedenfalls soweit es mich zu dieser Zeit betraf. Ich werde niemals die ungläubigen Blicke und das an Entsetzen grenzende Staunen auf den Gesichtern der Prüfer vergessen, als ich ihnen meine Version über die Funktionsweise eines Tauchsieders offerierte, und ich blieb auch standfest, als sie mich nahezu händeringend baten, noch einmal nachzudenken. Nun ja, vielleicht hätte ich das meinem Vater auf der Rückfahrt nicht unbedingt erzählen sollen.

Weil ich so überhaupt keine Vorstellung davon hatte, was ich nun lernen sollte, schlug mein Vater schließlich etwas resigniert vor, in seinem Betrieb erst einmal den Beruf des Drehers zu erlernen. Danach könne ich immer noch weitersehen, vielleicht später sogar ein Ingenieurstudium aufnehmen. Mir war das relativ egal, zumindest war es eine Perspektive, bei der ich mich noch nicht festlegen musste. Darüber hinaus bot dieser Weg die Möglichkeit, ziemlich rasch eigenes Geld zu verdienen.

Aber so profan durfte meine Motivation nun doch nicht sein, ganz schnell hatte ich mir eine eigene Begründung zurechtgelegt: Abitur war jetzt etwas Elitäres, dort tummelten sich die Kinder reaktionärer Elternhäuser, wie Ärzte, Anwälte oder Kirchenfürsten. Den Gedanken, dass nur die Trauben zu hoch hingen, ließ ich für mich nicht gelten.

Jedenfalls redete ich mir ein, wenn ich einen »richtigen« Beruf lernte, würde ich zur Arbeiterklasse gehören, und dem Proletariat gehörte, wie ich ganz sicher wusste, die

Zukunft, die war die fortschrittlichste Kraft der Gesellschaft. Davon konnte ich allerdings weder während der Lehre noch in der kurzen Zeit meiner Schichtarbeit zwischen Lehrabschluss und Einberufung etwas feststellen. Kaum einer meiner Kollegen interessierte sich für die mir wichtigen Dinge, wie Kampf gegen kapitalistische Unterdrückung in der Welt und Aufbau einer kommunistischen Gesellschaft. Da ging es ums Geld, ums eigene Grundstück – die meisten kamen ja aus den Dörfern der Umgebung – und um ihre ganz alltäglichen Probleme. Nicht, dass mich das stutzig gemacht hätte. Nun fand ich es besonders wichtig, zu beweisen, dass ich schon entschieden weiter war in meinem Klassenbewusstsein. Ich wusste, was wirklich wichtig war, und davon konnten mich auch keine veraltete Maschine, an der ich stupide Arbeiten verrichtete, für die ein Anlernen gereicht hätte, oder diese nur auf ihr eigenes Wohlbefinden bedachten Ignoranten abhalten.

Mein Antrag auf Mitgliedschaft in der SED, noch während des zweiten Lehrjahres gestellt und in der Betriebszeitung mit Foto und von mir gar nicht abgegebenen Kommentaren veröffentlicht, stellte deshalb für mich einen folgerichtigen Schritt dar, um allen zu beweisen, dass ich tatsächlich in der Lage war, die Nase über den Tellerrand der privaten Bedürfnisse zu heben.

Die kurze Zeit später abgegebene Verpflichtung, über den Grundwehrdienst hinaus auf drei Jahre zur Armee zu gehen, beruhte dagegen auf weniger hehren Beweggründen. Zum einen brachte ich es nicht fertig, meinem Vater, der als Kaderdirektor auch für die Werbung von Berufssoldaten und Längerdienenden im Betrieb verantwortlich war und sein Soll zu erfüllen hatte, in den Rücken zu fallen, und andererseits bot die Verpflichtung zu einer längeren Dienstzeit zumindest die Möglichkeit, sich die Waffengattung auszusuchen. Und

Letzteres wollte ich auf jeden Fall, denn ich hatte mir vorgenommen, meinen Wehrdienst beim Wachregiment des Ministeriums für Staatssicherheit in Berlin abzuleisten. Wenn ich schon zur Armee musste, dann sollte es auch etwas Besonderes sein; und für solche Spezialeinheiten wie Kampfschwimmer oder Fallschirmjäger war ich nicht sportlich genug, abgesehen davon, dass ich mich dann für eine noch längere Dienstzeit hätte verpflichten müssen.

Wachregiment des Ministeriums für Staatssicherheit hörte sich nicht nur wie Eliteeinheit, sondern dazu auch noch geheimnisvoll an, und wer weiß, vielleicht konnte ich ja dann dem Sozialismus sogar an geheimer Front dienen, wie jene Helden in meinen Partisanenbüchern. Darauf war ich bestens vorbereitet: Ich war Pionier, FDJler, in der GST und der Gesellschaft für Deutsch-Sowjetische Freundschaft – was Letztere gemacht haben, weiß ich bis heute nicht, und erst viele Jahre später hatte ich einmal eher flüchtigen Kontakt zu russischen Soldaten. Und das stets nicht nur als zahlendes Mitglied, nein immer auch mit Funktionen, ob als Pioniergruppenleiter, als Grundorganisationsleiter der FDJ oder als Gruppenführer in der GST, als Mitglied der FDJ-Ordnungsgruppe des Kreises, mit der ich an den X. Weltfestspielen der Jugend und Studenten 1973 in Berlin teilnahm. Ach, und natürlich wurde ich mit Beginn der Berufsausbildung auch automatisch Gewerkschaftsmitglied, das vergisst man immer, weil es bis auf die Möglichkeit, einen Urlaubsplatz zu erhalten, so gänzlich ohne Bedeutung war.

Alle über mich gefertigten Beurteilungen und Einschätzungen könnte ich von der Schule bis einschließlich Mitte 1989 übereinander legen, und es ist, außer, dass sie umfangreicher und schwülstiger wurden, kaum ein Unterschied feststellbar, was nicht nur an der immer gleichen Terminolo gie liegt. Damals nannte man das wohl eine kontinuierliche Entwicklung. Kein Bruch, keine Besonderheit, keine Veränderung.

Über das Ministerium für Staatssicherheit wusste ich zu diesem Zeitpunkt eigentlich überhaupt nichts. Ja sicher, mein Bruder und mein Schwager hatten ihren Wehrdienst im Wachregiment geleistet und waren anschließend Mitarbeiter des Ministeriums geworden, aber was sie dort taten, war nie, nicht einmal andeutungsweise Inhalt von Gesprächen gewesen. Ich hatte bisher keinen Berührungspunkt mit diesem Ministerium gehabt. Die Kreisdienststelle in unserer Stadt war für mich bis dato nicht existent. Deshalb blieb mir nur meine Phantasie, aufbauend auf meinem Weltbild, einschlägigen Filmen und natürlich den gelesenen Büchern. Alles mischte sich ineinander: der Drang, der drögen Kleinstadt zu entkommen und etwas Großes zu vollbringen, meine Vorstellung von Gut und Böse in der Welt, und die geheimnisvolle und elitäre Aura, die dieses Ministerium für mich umgab.

Meine Vorstellung von Gut und Böse in der Welt hatte kein menschliches Antlitz, höchstens Namen. Ich will damit sagen, dass diese Einteilung keine Gesichter kannte, also den Mensch als Individuum völlig außer Acht ließ. Es ging immer um *den* Kapitalismus als *das Böse*, die Geißel der Menschheit, und *den* Sozialismus als *das Gute*, das als gesetzmäßige Zwischenstufe zum Weltkommunismus, sozusagen zum Paradies für alle führte. Wo das Böse und wo das Gute beheimatet waren, glaubte ich auch ganz sicher zu wissen. Je mehr ich mich da hineinsteigerte, je abgehobener und theoretischer die Beschäftigung mit dem Marxismus-Leninismus in dieser ganz einseitigen Ausrichtung wurde, desto weniger hatte das noch mit einzelnen Menschen zu tun.

Man hat mich später bisweilen gefragt, ob ich keine Skrupel dabei empfunden hätte, gegen einzelne Menschen vorzugehen, die nichts als eine andere politische Auffassung vertreten hatten. Nein, das hatte ich nicht, oder besser gesagt, bis auf ganz wenige Ausnahmen nicht, bei denen es dann allerdings zumeist um meine eigenen, ganz privaten Gefühle ging.

Der Ursprung dafür liegt meines Erachtens genau in diesem Weltbild. Alles, was dann in den Folgejahren auf mich einwirkte, und das waren die vielfältigsten psychologischen und erzieherischen Mechanismen, dienten letztlich nur dem einen Ziel, diese dem Grunde nach den menschlichen Faktor negierende Sicht auf die Welt, einschließlich der undifferenzierten, ja geradezu infantilen Einteilung in Gut und Böse, zu erhalten und zu verfestigen. Nur so kann ich mich einer Erklärung dafür nähern, dass ich meine Tätigkeit überhaupt nicht als gegen den konkreten Menschen gerichtet sah, sondern in viel weiterem Sinne gegen den anonymen Feind im Westen. Das machte es mir möglich, nahezu mitleidlos gegen einzelne Personen im Interesse einer höheren Idee vorzugehen. Persönliche Gefühle konnte ich zwar nicht abschalten, aber unter dem Gesichtspunkt der weltgeschichtlichen Entwicklung, wie ich sie verstand, durften sie keine Rolle spielen. Heute bin ich der Überzeugung, dass jede Ideologie, die Individualität und Andersartigkeit eines Menschen nicht als Bereicherung ansieht, sondern in eine Bedrohung umwandelt, zwangsläufig bei dem, der sich ihr völlig verschreibt, zu emotionaler Verrohung führen muss.

Der Beschuldigte, wie er mir gegenübersaß, hatte – übrigens ebenso wie ich selbst – als einzelner Mensch nur in diesem Zusammenhang eine Bedeutung. Deshalb empfand ich zwar Sympathie oder Antipathie, mit dem Ermittlungsverfahren selbst hatte das jedoch nichts zu tun. Und was richtig und falsch war, bestimmte sowieso die Partei. Wie sagte Bischof Huber einmal in einem Fernsehgespräch: »Das Feindbild ist wunderbar geeignet, Unkenntnis zu verdecken.«

Im Oktober 1974 erfolgte schließlich meine Einberufung. Dem vorausgegangen war ein halbes Jahr zuvor die Musterung, bei der ich mich zum Wachregiment meldete. Das hatte zur Folge, dass ich sofort ausgesondert und von einem Herrn in Zivil für den nächsten Tag zur Kreisdienststelle des MfS bestellt wurde. Das dortige Gespräch dauerte etwa eine Stunde und sollte offensichtlich nur dazu dienen, meine Beweggründe für diesen Entschluss zu erforschen. Zumindest hatte ich das Gefühl, dass man meine Allgemeinplätze, von wegen Sozialismus verteidigen, wenn möglich an vorderster Front, ernst nahm. Meine Eltern und auch mein Schwiegervater waren, wie ich meiner Personalakte entnehmen kann, bei der Kreisdienststelle nicht unbekannt. Trotzdem versuchte mein Vater mich mit der Aussicht auf ein Ingenieurstudium von einer Stasikarriere abzubringen. Zu spät.

Vorerst rückte Berlin in weite Ferne. Ich blieb in Erfurt hängen, weil damit begonnen worden war, aus Kadern für das Wachregiment eine eigene Wachtruppe für die Bezirksverwaltung des MfS und deren mannigfaltigen Außenobjekte zu rekrutieren. Damit sollten die bis dahin diesen Dienst versehenden hauptamtlichen Mitarbeiter entlastet werden. Ich war enttäuscht, meinem Ziel Berlin nicht näher gekommen zu sein, aber schließlich konnte ich mich der Vorzüge, die diese Entwicklung zunächst für mich hatte, nicht verschließen, denn einerseits war ich näher an meiner Heimatstadt und damit meiner Freundin, und zum anderen konnte es vielleicht von Vorteil sein, in einer kleineren militärischen Einheit zu bleiben. Ich hoffte, so eher etwas von den eigentlichen Aufgaben des MfS zu erfahren und möglicherweise sogar schon einbezogen zu werden. Das war jedoch ein Irrtum. Als wehrpflichtige Wachsoldaten standen wir ganz unten in der Hierarchie und bekamen so gut wie nichts von dem mit, womit sich die Mitarbeiter in den von uns beschützten Objekten beschäftigten.

Bereits ein halbes Jahr später befand man mich für würdig genug, eine Unteroffiziersschule des Wachregimentes in Teupitz bei Berlin zu absolvieren. Damit war ich zumindest ein kleines Stück dem profanen Soldaten überhoben. Den Rest der drei Jahre Dienstzeit kann man getrost übergehen. Die Tatsache, dass ich in dieser Zeit etwa zehn Kilo zunahm, scheint noch das Prägnanteste zu sein.

Was mich in der Erinnerung immer wieder verwundert, ist, dass von meinen vielen Dienstpflichtverletzungen, meist verursacht durch die Eintönigkeit des völlig anspruchslosen Wachdienstes und den damit verbundenen Alkoholkonsum, meinen Vorgesetzten nie etwas zu Ohren kam. Offensichtlich gelang es mir immer wieder gut, den Eindruck zu erzeugen, von dem ich annahm, dass er mich weiterbringen würde. Und dafür tat ich auch einiges: Ich gehörte zu den besten Gruppenführern, zu den Besten in der Zweikampfausbildung, zu den Besten in der theoretischen und vor allem in der politisch-ideologischen Ausbildung.

Nur einmal wäre ich beinahe doch ausgerutscht. Während einer Grundausbildung für neu eingezogene Rekruten in Worbis platzte mitten in eine feuchtfröhliche Feier der Unteroffiziere anlässlich des Jahrestages der DDR-Gründung die Anweisung, einen zahnschmerzgeplagten Rekruten zum Arzt in das nur wenige Kilometer entfernte Heiligenstadt zu begleiten. Ich meldete mich sofort mit dem Hintergedanken, mal schnell nebenbei meine Verlobte zu besuchen, ließ mich dann auch vor deren Haus absetzen und schickte Kraftfahrer und Soldat zum Notarzt. So weit, so gut. Als sie mich abholen kamen, streikte plötzlich der Jeep. In diesem Moment bemerkte ich, dass meine Verlobte von oben aus dem Fenster sah. Jetzt begann der Alkoholteufel zu grinsen. Demonstrativ schickte ich den Kraftfahrer auf die andere Seite, setzte mich hinters Lenkrad, konnte das Auto auch tatsächlich starten und fuhr los. Irgendwer musste aber die Straßenführung verändert haben, denn eine Viertelstunde später stand ich wieder vor demselben Haus, von dem ich abgefahren war. Nur jetzt gefolgt von einem Polizeiwagen. Während die Polizisten ausstiegen und auf uns zukamen, saß ich wie festgeklebt, zog stattdessen meinen Dienstausweis und presste ihn von innen an das Autofenster. Ich hoffte inständig, dass sie vor der Allmacht der Staatssicherheit in Ehrfurcht erstarren und sich zurückziehen würden. Nichts von alldem geschah, die beiden sahen sich an und ließen mich aussteigen. Ich lallte lautstark ... was sie sich erlauben würden, uns in Ausübung des Dienstes ... usw. Schließlich packten sie mich in ihr Fahrzeug und brachten mich zu ihrer Dienststelle, wo ich nicht nur ins Röhrchen pusten musste, sondern mal eben noch festgestellt wurde, dass ich keine Fahrerlaubnis besaß. Ich sah mich schon degradiert und mit weiteren Strafen belegt, und dann geschah ein Wunder. Mein Vorgesetzter tauchte auf, alarmiert von der MfS-Kreisdienststelle, verschwand im Zimmer des Polizeichefs, und als er eine Viertelstunde später wieder herauskam, wies er mich an, ihm in seinen Dienstwagen zu folgen. Mittlerweile war ich völlig nüchtern. Auf der Rückfahrt drückte er mir etwas in die Hand und knurrte mich an, ich solle mir das eine Lehre gewesen sein lassen. Die Sache sei damit erledigt und ich solle nicht weiter darüber reden. Ich war völlig verdattert und sah in meine Hand. Da lag das Röhrchen von meiner Alkoholkontrolle.

Mein Glaube an die Allmacht der Staatssicherheit war wiederhergestellt. Erst einige Tage später erfuhr ich, dass der, der mich ans Steuer gelassen hatte, nicht nur unser Kraftfahrer, sondern auch der angehende Schwiegersohn jenes Vorgesetzten war. Er war es auch, der mir erzählte, dass die Polizisten uns eigentlich nur auf ein defektes Rücklicht am Jeep hatten hinweisen wollen.

Schon zu Beginn meiner Dienstzeit stand für mich fest, dass ich nie wieder in meinen Lehrbetrieb zurückkehren würde. Ich war so nah dran, in den Kreis der Elite zu gelangen, und in dieser Sache war sich die Mehrzahl der Gruppenführer einig. Kaum einer wollte in seinen zivilen Beruf zurück; dabei spielte die Vorstellung eine Rolle, über die Staatssicherheit einen Studienplatz zu bekommen oder einfach möglichst schnell und viel Geld zu verdienen. Natürlich hatten diese Überlegungen auch für mich Bedeutung, aber eben nicht nur.

Was mich betraf, brauchte es die Werbetrommel, die zum Ende der dreijährigen Dienstzeit sehr intensiv unter den Entlassungskandidaten der Wacheinheit gerührt wurde, überhaupt nicht. Das einzige Problem war, dass ich nicht wusste, was ich eigentlich machen wollte. Meiner Erinnerung nach habe ich bei einem ersten Werbungsgespräch gesagt, ich würde gern mit Menschen arbeiten und vielleicht etwas Kriminalistisches machen, was allerdings nur stillschweigend zur Kenntnis genommen wurde.

Was sollte ich also sagen, als mir beim zweiten Gespräch wenige Wochen später bereits als Fakt mitgeteilt wurde, man würde mich als Berufssoldat einstellen und in der Abteilung IX der Bezirksverwaltung einsetzen, wo ich als Untersuchungsführer Ermittlungsverfahren zu bearbeiten hätte. Da ich keine weiteren Informationen erhielt, machte ich mir ein eigenes Bild von der Tätigkeit, die mich erwartete. Ich würde demnach Kriminalist werden, Straftäter – auch richtige Feinde, wie Spione und Saboteure – fangen und ihrer gerechten Strafe zuführen. Na, das war doch was ganz anderes als an einer maroden Maschine im Schichtsystem stumpfsinnige Arbeiten zu verrichten!

Aber zunächst wurde ich im Januar 1978 auf einen von der Hauptabteilung IX organisierten Lehrgang nach Gransee im Norden von Berlin geschickt. Der Lehrgang selbst machte mir Spaß, vor allem deshalb, weil er studienmäßig aufgebaut war, also mit Vorlesungen, Selbststudium und Seminaren, und mich nach langer Zeit das erste Mal wieder geistig forderte. Darin beziehe ich auch das Studium des Marxismus-Leninismus ein, das mindestens fünfzig Prozent des Lehrstoffes ausmachte. Darin unterschied sich der Lehrgang nicht von anderen Ausbildungen in der DDR.

Da gibt es doch diesen alten DDR-Witz, in welchem Medizinstudenten nach zweijährigem Studium erstmals in der Pathologie zwei skelettierten Leichen gegenübergestellt werden. Der Professor greift sich einen Studenten heraus und fordert ihn auf, ohne eine konkrete Frage zu stellen, etwas zu diesen Skeletten zu sagen. Als der Student auch nach mehrmaliger Aufforderung nur die Achseln zuckt, rastet der Professor aus: »Junger Mann! Worüber haben wir denn die letzten zwei Jahre gesprochen?!« Da endlich leuchtet ein Erkennen in den Augen des Studenten: »Ach, das sollen Marx und Lenin sein?«

Ich erinnere mich auch noch gut daran, dass wir – damit meine ich die Mitbewohner unseres Zimmers – uns in der Zeit des Selbststudiums mit den Bewohnern des Nebenzimmers regelrechte von uns erdachte Zeitungsschlachten lieferten, bei denen es aber ausschließlich darum ging, die Veröffentlichungen des jeweils anderen zu widerlegen und nach Möglichkeit zu verunglimpfen. Axel Springer oder auch

Karl-Eduard Schnitzler hätten ihre Freude daran gehabt. Passenderweise hieß unser Blatt denn auch »Kritikaster News Week«. Wie der Titel des Gegenblattes lautete, habe ich vergessen.

Der Studieninhalt konfrontierte mich erstmals mit Fragen des Strafrechts, des Strafprozessrechts, der Vernehmungstaktik und, wenn auch wegen der Ausrichtung des Lehrgangs auf die Untersuchungstätigkeit in erheblich geringerem Maße, mit der Anwerbung und Führung Inoffizieller Mitarbeiter.

Damals habe ich das so nicht gesehen, aber heute denke ich, dass der eigentliche Schwerpunkt des Lehrgangs auf die unbedingte Einschwörung auf das MfS und die Partei gelegt wurde. Die Lehrgangsteilnehmer wurden von Beginn an von drei Seiten in die Zange genommen, einmal über den Lehrstoff, dann über die militärische Disziplin und nicht zuletzt über die Anforderungen, welche die Partei stellte. Ich war immer MfS-Mitarbeiter, Soldat und Parteimitglied – und bis zu meinem 30. Geburtstag auch noch FDJler – zugleich, daran hat sich auch bis zu meinem Ausscheiden aus dem MfS nichts geändert. Der Druck war von allen drei Seiten permanent. Kam man den Anforderungen in einem Bereich nicht nach, wurde sofort von allen Seiten »geschossen«. Als ich beispielsweise kurz vor Abschluss des Lehrgangs, als es darum ging, mich in die Hauptabteilung IX nach Berlin zu versetzen, zögerte, weil ich kurz vorher mit meiner Familie eine erste eigene Wohnung in Erfurt bekommen hatte, wurde ich als Soldat auf meine Disziplin, als MfS-Mitarbeiter auf meine unbedingte Versetzungsbereitschaft und als Genosse auf meine Pflicht hingewiesen, jederzeit dorthin zu gehen, wo die Partei mich braucht.

Schließlich erzählten mir die Werber, dass sie nur den Besten die Chance gäben, in Berlin in der Zentrale zu arbeiten. Damit hatten sie mich an der Stelle erwischt, wo ich am verletzlichsten war.

Wie weit ich schon damals diese Dreifaltigkeit verinnerlicht hatte, macht ein Ereignis im ersten Drittel des Lehrgangs deutlich: Meine Frau, wenige Wochen zuvor auf mein Drängen mit mir nach Erfurt gezogen, war hochschwanger, als ich den Lehrgang begann. An einem Urlaubswochenende Ende Januar setzten die Wehen ein, ich brachte sie Samstagnacht ins Krankenhaus und fuhr dann am Sonntagmittag zum Bahnhof, um rechtzeitig nach Gransee zurückzukehren. Vom Bahnhof aus rief ich noch einmal im Krankenhaus an und erfuhr, dass soeben unser erstes Kind geboren worden war. Ja und dann ... setzte ich mich in den Zug und fuhr ab. Erst vierzehn Tage später sah ich erstmals meine Tochter. Meine Frau hat mir das nie verziehen. Ich kann mein Verhalten von damals erklären, begreifen kann ich es nicht mehr.

In der Beurteilung durch die Schule Gransee aus dem Jahre 1978 liest sich das dann so:

»Genosse K. hat im Verlaufe des Lehrganges gezeigt, dass er hohe Anforderungen an sich stellt. Er ist auch bestimmten Belastungssituationen gewachsen und verhält sich dabei recht energisch. Auch beim Auftauchen von persönlichen Problemen resigniert er nicht, sondern zwingt sich zu einer bestimmten Härte.«

Es kommt immer auf den Standpunkt oder besser die Zielsetzung an. Heute würde ich sagen, Genosse K. hat menschlich versagt.

## 16

»Eins! Raustreten! Benutzte Wäsche und Bettwäsche mitnehmen!«

Aha, es geht zum Duschen. Mittwochs wird hier geduscht. Ich bin froh, dass ich diesmal schon mein eigenes Haarshampoo habe, die Haftanstaltsleitung macht's möglich. Sie hat mir 30 Mark Kredit gewährt. Wenn meine Angehörigen oder mein Anwalt Kontakt zu mir aufnehmen, muss dieser Betrag ausgeglichen werden.

Alle »organisatorischen Fragen« wurden in der vergangenen Woche geklärt. Ich durfte an das Rechtsanwaltsbüro von Dr. Vogel schreiben, ich durfte einen Brief an meinen Bruder schreiben, ich durfte um Kredit bitten. Der Kredit wurde schon am nächsten Tag gewährt, der erste »Einkauf« ebenso. Bestellung per Zettel. Zigaretten, nur drei Schachteln, wer weiß, wann sich Anwalt oder Bruder melden, Tabak ist billiger, ich muss eben lernen, meine Zigaretten selbst zu drehen, ist bestimmt reine Übungssache. Das Geld sollte für die wirklichen Kostbarkeiten wie Gesichtscreme, Körperlotion, Haarshampoo und, ganz besonders wichtig, Deospray ausreichen! Als Ludmilla mir die Habseligkeiten durch die Luke schob, war ich enttäuscht, dass es nur einen Deostift und kein Spray gab. Aber immerhin, besser als gar nichts. Abends konnte ich das schrille Klingeln kaum erwarten. Was für ein Gefühl, sich nach dem Waschen endlich wieder eincremen zu können! Das Auge? Es konnte mir gestohlen bleiben, ich ließ mich durch nichts stören.

Nach dem Duschen hat Ludmilla mich in die Zelle zurückgebracht. Jetzt muss alles sehr schnell gehen, denn der Posten kann jeden Moment die Tür öffnen und mich zur Vernehmung holen. Beim letzten Mal hatte ich kaum Zeit, meine Haare zu kämmen, deshalb lege ich die frische Wäsche auf meine Pritsche, ich kann sie mittags in den Hängeschrank einsortieren.

»Eins! Raustreten, Gesicht zur Wand!«

Der Posten, der mich in dieser Woche zu den Vernehmungen bringt, ist genauso einsilbig wie »Rudolf« mit der Pomade im Haar. Ich nenne ihn »Der Schleicher«, man hört keine Schritte, bevor er die Zellentür aufschließt. Er scheint überhaupt geräuschärmer zu arbeiten als sein Kollege, selbst die Gittertüren scheppern nicht so laut, wenn er sie öffnet und wieder verschließt.

Wir haben den Vernehmertrakt erreicht, vor dem Zimmer mit der Nummer 770 das übliche Ritual: »Stehen bleiben! Gesicht zur Wand!«

Der »Schleicher« öffnet die erste gepolsterte Doppeltür, kurz danach die zweite. »Geh'n Se rein!«

Es ist eine ganz normale Vernehmung. Fragen, Antworten, Fragen. Es geht um die Berichte, die wir 1980, nach unserem Warschau-Urlaub, an die »feindlich-negative Organisation« in Westberlin geschickt hatten.

»Das war's erst einmal, es ist gleich Mittagspause.«

Warum nur habe ich den Eindruck, dass er unruhig ist, leicht nervös? Ich muss mich getäuscht haben, denn er lächelt und stellt ganz unvermittelt eine persönliche Frage: »Wissen Sie eigentlich, wen Ihr Mann ganz dringend sehen möchte?«

»Mich natürlich.«

»Ja, ja, selbstverständlich! Aber wen möchte er außerdem sehen, was meinen Sie?«

»Ich nehme an, dass er seine Eltern sehen will.«

»Das nehme ich auch an. Aber er hat den ausdrücklichen Wunsch geäußert, eine andere Person sehen zu wollen. Was meinen Sie wohl, um wen es sich dabei handelt?«

177

Er sieht mich gespannt an, wartet auf meine Antwort.

Es hat sich eingebürgert, dass ein paar Minuten am Tag der »persönlichen Sphäre« gehören, fast immer, nachdem ich das Protokoll unterzeichnet habe, beginnt eine Art Unterhaltung. Manchmal wechseln wir nur wenige banale Sätze miteinander, zum Beispiel über seine Abneigung gegen Gewitter und meine Vorliebe dafür. Es ist nicht wichtig, worüber wir sprechen, es ist nur wichtig, wie wir es tun. Wie auf ein geheimes Zeichen hin bekommen unsere Stimmen einen anderen Klang, werden leiser, vertrauliche Töne schleichen sich ein, wir können uns zulächeln, ohne das Lächeln wie eine Maske aufzusetzen. Jeden Abend schreibe ich meinen Satz auf das karierte Papier: Und trotzdem und immer wieder 11 und 12.

Er sieht mich immer noch gespannt an, ich kann mir nicht erklären, worauf diese Unterhaltung hinauslaufen soll. Er hat seine Fragen mit einem fast verschmitzten Gesichtsausdruck gestellt. Sein Eifer, mit dem er offensichtlich eine Überraschung vorbereitet, belustigt mich. Ich versuche, seinen schalkhaften Gesichtsausdruck zu imitieren: »Ich weiß es wirklich nicht, aber Sie werden es mir sicher gleich sagen?«

»Er will unbedingt Frau S. sehen, Frau K. S.! Was sagen Sie dazu? Wussten Sie, dass er zu ihr eine intime Beziehung unterhält?«

Mir wird kalt, ich stürze ab. Wie konnte er es fertig bringen, unsere »Privatstimmen« in eine Vernehmung hineinzuzerren! Das ist eine ziemlich miese Tour, mein Lieber! Die Antwort hat Zeit. Ich mustere den eifrigen Biedermann, der ganz nah vor mir steht, von Kopf bis Fuß. Er wirkt jetzt nervös, so, als sei ihm der Stimmungsumschwung äußerst unangenehm. Das hast du dir selbst zu verdanken, du Mistkerl!

»Ach, das meinen Sie! Ja, ich weiß, dass mein Mann in Frau S. verliebt ist, er hat es mir mitgeteilt. Es ist traurig für die beiden, dass sie sich unter den gegebenen Umständen, um mal eine Formulierung von Ihnen zu benutzen, nicht sehen können, für Liebende eine absolut harte Situation, oder sind Sie anderer Meinung?«

Unbezahlbar, dieser Gesichtsausdruck! Sie dürfen jetzt Ihren Mund schließen, Herr Vernehmer, noch Fragen?

»Ja, aber … Ich meine, Sie sind miteinander verheiratet, nicht wahr? Stört Sie das nicht? Ich meine, äh, wenn Ihr Mann ein Verhältnis mit einer anderen Frau hat … äh, lieben Sie ihn denn nicht?«

Köstlich! Jetzt stottern wir auch noch! Mir scheint, Sie sind der Situation nicht ganz gewachsen, Herr Vernehmer, obwohl ich doch jetzt hier sitzen und stottern sollte, wenn mich nicht alles täuscht. Haben Sie vielleicht sogar auf Tränen gehofft? Tut mir Leid, da muss ich Sie enttäuschen.

»Ich liebe meinen Mann. Aber als wir heirateten, bedeutete das nicht, dass wir uns damit gegenseitig gepachtet hatten, weder unser Seelenleben noch unsere Unterleiber. Ich halte es durchaus für normal, dass man sich mehrmals im Leben verliebt. Ich glaube, dass nur sehr wenige Menschen wirklich monogam veranlagt sind. Meiner Meinung nach kommt es nur darauf an, wie offen man miteinander umgeht.«

»Empfinden Sie denn überhaupt keine Eifersucht? Ich kann mir das einfach nicht vorstellen.«

Ich habe keine Lust, über meine Eifersucht zu sprechen, zumal ich sie diesmal wirklich nicht empfunden habe. Aber dieser Mensch hat die unwahrscheinliche Gabe, sich von sich selbst überrollen zu lassen. Eben war er noch der Vernehmer, der sein Spielchen spielte, jetzt ist er ein junger Mann, der eine ihm fremde Situation begreifen will.

»Ich sagte ja schon, dass ich meinen Mann nicht gepachtet habe. Liebe lässt sich nun mal nicht steuern. Niemand kann etwas dafür, wenn er sich, trotz Partner, in jemand anderen verliebt. Liebe, Eifersucht ... das sind doch ganz elementare Gefühle. Ich bin sehr froh darüber, dass mein Mann und ich über unsere Gefühle offen miteinander sprechen, so schmerzlich das manchmal auch ist. Sollten wir das irgendwann einmal nicht mehr können oder sollte einer von uns einen anderen Partner finden, mit dem er sein Leben verbringen möchte, werden wir uns trennen. Was bleibt, sollte dann wenigstens Freundschaft sein.«

Er lässt nicht locker: »Hört sich faszinierend an, aber was würden Sie machen, wenn Kinder da sind? Ich meine, da hat man doch eine große Verantwortung.«

Heiterkeit und Eifer sind wie weggeblasen. Plötzlich sieht er wie ein Mann in mittleren Jahren aus, der ein wenig enttäuscht, ein wenig resigniert ist, fast gelangweilt von seinem Leben. Irgendwie habe ich den Eindruck, dass hier jemand versucht, mir seine Problematik aufzudrängen. Ich habe genug mit meinen eigenen Schwierigkeiten zu tun, aber bei dir scheint Etliches im Argen zu liegen, es sei denn, du spielst schon wieder Theater.

»Es ist schon merkwürdig, wofür Kinder alles herhalten müssen! Selbst für die verkorkste Beziehung ihrer Eltern. Und das Schlimmste ist, am Ende sollen sie für alles dankbar sein. Ich glaube, dass Kinder ein sehr feines Gespür für falsche Töne haben. Wenn die Atmosphäre zwischen Vater und Mutter nicht stimmt, wenn sie verlogen ist, bemerken sie es und leiden darunter. Vielleicht nicht weniger als unter einer Trennung der Eltern. Aber es ist müßig, jetzt davon zu sprechen. Jeder muss selbst entscheiden, wie er seine Kinder erzieht und wie er sein Leben verbringen will. Mehr habe ich zu dem Thema nicht zu sagen.«

Er stellt keine weiteren Fragen. Er sieht mich nur lange an, ich weiß nicht, welche Regung er in meinem Gesicht sucht, beugt sich zum Telefon und lässt die 770 zur Mittagspause abholen.

Die Mittagspause verging schnell. Ich kann nicht einmal sagen, was auf dem Teller war. Sein Gesicht, dieser lange, seltsame Blick, ließ mich nicht los. Verwirrung der Gefühle. Wir sind uns heute sehr nahe gekommen. Was ursprünglich als mieser Vernehmertrick begonnen hatte, endete in einem fast intimen Gespräch. Ich will diese Nähe nicht – und ich habe Sehnsucht nach ihr. Ich will, dass wir uns beide in Luft auflösen, irgendwo auf der Welt, nur nicht hier, wieder materialisieren und dann vergessen haben, dass es einen Vernehmer und eine Beschuldigte gegeben hat.

Jetzt sitzen wir uns wieder gegenüber, die Vernehmung verläuft gewohnt sachlich. Ich gewinne festen Boden unter den Füßen. Ich werde für dich keinen Namen erfinden. Ich möchte keinen falschen Namen für dich. Ich werde dich »du« nennen, ganz einfach, nicht Kai, nicht Paul, nicht Anton, einfach nur »du«.

Du stehst unvermittelt auf und gehst zur Tür. Das ist schon öfter während der Vernehmungen vorgekommen. Die Tür hinter meinem Rücken blieb dann immer einen Spalt breit offen, sodass ich dein Flüstern mit deinen »Genossen« hören konnte. Heute ist irgendetwas anders. Nur ein kurzes Stimmengemurmel ist zu hören. Ich drehe mich zur Tür um, im gleichen Augenblick betritt ein Mann, den ich zuvor noch nie gesehen habe, den Raum. Du stehst hinter ihm. Seine Gestalt wirkt, im Verhältnis zu deiner, massig. Er scheint grelle Farben zu bevorzugen, jedenfalls lässt seine Kleidung darauf schließen. Was will dieser Kerl hier? Ich sehe dich Rat suchend an. Vielleicht kannst du mir ja irgendeinen versteckten Hinweis geben, aber du weichst meinem Blick aus, ganz im Gegensatz zu deiner sonstigen Gewohnheit.

»Na, Frau L., es geht Ihnen ja richtig gut bei uns. Sie sehen jedenfalls ziemlich entspannt aus.«

Er steht immer noch vor mir und scheint eine Reaktion zu erwarten. Was hat dieser Mensch hier zu suchen, er ist nicht mein Vernehmer, was will er von mir? Es gibt verschiedene Möglichkeiten. Vielleicht soll er ja in deiner Gegenwart die Vernehmung führen, die anschließend von dir ausgewertet wird. Vielleicht ist das jetzt eine Lehrstunde. Aber er ist älter als du und führt sich hier ziemlich selbstsicher auf.

»Ja, es geht mir den Umständen entsprechend gut.«

»Das will ich doch meinen, endlich ist die Zeit vorbei, wo man hinter jeder Zeitung einen Beobachter vermuten musste, nicht wahr?« Die Ironie ist nicht zu überhören. Arroganz und plumpe Vertraulichkeit, diese Mischung ist mir von jeher widerwärtig. Wenn das eine Provokation sein sollte, ist sie gründlich danebengegangen.

»Das ist richtig, die harten Zeiten sind vorbei.« Und lächeln, Regina, noch mehr, noch eine Winzigkeit strahlender!

Man bewegt seine Körperfülle durch den kleinen Raum, man geht um den Schreibtisch herum, kommt auf mich zu und setzt sich an meine linke Seite, auf den blau gepolsterten Stuhl. Du nimmst rechts von mir Platz.

Zum ersten Mal sitzen wir uns nicht gegenüber, getrennt durch Tisch und Schreibtisch. Zum ersten Mal sitzen wir dicht nebeneinander. Wie viele Schmetterlinge finden in einem Bauch Platz? Ich muss sie beruhigen, jetzt nur nichts anmerken lassen! Wir greifen gleichzeitig zur Zigarettenschachtel, unsere Hände berühren sich und zucken zurück. »Pardon«, Flucht in eine Höflichkeitsfloskel.

»Macht nichts, ist schon in Ordnung«, du hältst mir die Schachtel hin, gibst Feuer, alles um eine Nuance zu schnell, zu geschäftig. Deine Hände flattern ein wenig, bevor sie auf dem Tisch zur Ruhe kommen.

Bewegung an meiner linken Seite. Ein Blick in dein Gesicht bestätigt, dass der bunt gekleidete Herr nicht nur mich an seine Anwesenheit erinnern muss. Dein Lächeln ist blitzartig verschwunden und einem ernsten, strengen Gesichtsausdruck gewichen.

Ich sitze am Tisch, flankiert von zwei Männern der Staatssicherheit. Die Schmetterlinge im Bauch lassen die Flügel hängen.

»Wenn Sie nichts dagegen haben, will ich mich mal ein wenig mit Ihnen unterhalten.« Das ist eine rein rhetorische Feststellung, es interessiert ihn nicht wirklich, ob ich etwas gegen eine »Unterhaltung« einzuwenden hätte, er bestimmt hier die Regeln. Der beleibte Herr rückt etwas näher, jetzt scheint er sich für Plauderton, Stammtischatmosphäre entschieden zu haben. »Mir ist zu Ohren gekommen, dass Sie ein Fan von Biermann, Fuchs und so weiter sind. Darüber sollten wir uns unterhalten. Was imponiert Ihnen denn so gewaltig an den Biermann-Texten? Sie können mit mir ganz offen darüber sprechen.« Er grinst mir verschwörerisch zu, als wären wir zwei alte Kumpel, die ein kleines Geheimnis miteinander teilen. Er schiebt sich noch ein Stück näher, ich rücke meinen Stuhl vom Tisch weg, um der bedrängenden Nähe zu entgehen.

»Nein, ich werde mich mit Ihnen nicht über Biermann-Texte unterhalten, auch nicht über Gedichte von Jürgen Fuchs oder über ›Die wunderbaren Jahre‹ von Reiner Kunze.«

Man ist überrascht, man reagiert leicht verärgert: »Nun haben Sie schon mal die Gelegenheit, frei von der Leber weg mit mir zu diskutieren, und Sie nutzen sie nicht! Ich kenne die Texte nämlich auch und ich habe dazu meine eigene Meinung, singen kann der Biermann sowieso nicht, und was seine Texte anbetrifft: reine Propaganda, unter Kunst verstehe ich etwas anderes, kann ich Ihnen sagen. Und was den Fuchs betrifft, ohne Biermann hätte kein Hahn nach ihm gekräht, der hat doch nun überhaupt kein Talent! Vor der Biermann-Ausweisung war das doch ein Niemand!«

Ignoranz hat sich mit Arroganz gepaart. Man will sich als Textkritiker profilieren, als Intimkenner verbotener Autoren. Es klappt nur nicht ganz, wie seine unbeholfenen Ausfälle beweisen. Aber was soll das, worauf will der Kerl eigentlich hinaus?

»Ich bin nicht freiwillig hier, wie Ihnen gewiss nicht entgangen sein dürfte, es kann sich also nur um eine Vernehmung und nicht um ein Gespräch oder eine Diskussion handeln. Im Übrigen habe ich mir bisher meine Gesprächs- und Diskussionspartner immer selbst ausgewählt, so werde ich es auch weiterhin halten.«

»Na, na«, man zwinkert mir leutselig zu, »wir wollen doch nicht päpstlicher sein als der Papst! Vernehmung – ich will wirklich mit Ihnen eine Unterhaltung führen! Also schön, wenn Sie nicht über die Texte sprechen wollen, vielleicht kennen Sie sie ja auch viel weniger als ich«. Den Kopf seitwärts geneigt, das breite Grinsen ist aus dem rundlichen Gesicht verschwunden, fixiert er lauernd seine »Gesprächspartnerin«.

Ich reagiere nicht, mustere ihn in gleicher Manier und kann mir ein Lachen kaum verkneifen. Er sieht aber auch zu seltsam aus, zu komisch! Wer hat ihm nur diese knallig grellen Farben empfohlen. Ich weiß nicht, was mich mehr belustigt, sein Hemd, das sichtbar über dem Bauch spannt, oder die Krawatte, die seine Wölbung auch noch dekorativ unterstreicht. Normalerweise interessiert es mich nicht besonders, wie andere Leute sich kleiden, aber bei diesem Mann ist es anders. Alles an ihm ist Maskerade, und seine Kleidung passt ausgezeichnet zu dem Possenspiel, das er hier aufführt. Er ist ein Machtmensch, der sich zum Gaukler aufschwingen will, ohne auch nur den Hauch einer Ahnung davon zu haben, was einen Gaukler wirklich ausmacht. Er bildet sich offenbar ein, durch seine plumpen Täuschungsmanöver zu überrumpeln oder zu bezaubern oder was weiß ich nicht noch alles. Er will mich provozieren, das ist schon klar, aber aus welchem Grund nur? Ich kann mir den Sinn dieser Übung einfach nicht erklären.

»Also gut, nicht über die Texte …«, er spricht jetzt hastig, vielleicht ist er ja etwas aus dem Konzept geraten, aber das würde nicht zu seinem selbstsicheren Auftreten passen, »was sagen Sie denn dazu, dass sich der Biermann im Westen gleich ein Haus geleistet hat?«

Ich sage nichts dazu. Ich wusste es nicht, es geht mich auch eigentlich nichts an und den Herren neben mir schon gar nicht.

»Na, ich meine, er bezeichnet sich doch selbst immerhin als Kommunist. Wie soll denn das zusammenpassen: Kommunist kauft sich ein Haus für 200 000 Mark!«

»Wo sehen Sie den Widerspruch?« Jetzt ist mein ironischer Unterton nicht zu überhören.

»Wir wollen doch mal klären, dass ich hier die Fragen stelle.«

Aha, man wird schon langsam ungnädig, also doch keine Unterhaltung, mein Herr! Ich kann mir ein leises Lachen nicht verkneifen, wem ist jetzt die Provokation gelungen? »Soweit ich informiert bin, ist es Kommunisten nicht verboten, sich ein Haus zu kaufen. Wenn Herr Biermann durch seine Konzerte und den Plattenverkauf das nötige Kleingeld für einen Hauskauf verdient hat, gönne ich es ihm von Herzen.«

»Die Platten hat er im Westen verkauft, nicht bei uns!«

»Ja, bei uns war man nicht besonders interessiert, um es einmal vorsichtig auszudrücken. ›Amiga‹ hat keine Biermann-Platten rausgebracht.«

Der Möchtegern-Kritiker winkt unwirsch mit der Hand ab. Verdammt, ich muss mich vorsehen, kein Gespräch mit diesem Menschen!

Du hast die ganze Zeit über kein Wort gesagt, du hast nicht in die »Diskussion« eingegriffen. Du spielst den unbeteiligten Dritten. Es ist ein Spiel, dessen Regeln mir verschlossen bleiben. Welche Rolle ist mir dabei zugedacht? Wer ist der Spielleiter: mein schweigsamer rechter oder mein plaudernder linker Nachbar? Eigentlich ist das auch gleichgültig, sie spielen beide ihren Part in einem ziemlich schlechten Stück.

»Gut, lassen wir das, kommen wir zu einem anderen Thema.« Er ist wirklich hartnäckig, der bunte Herr. »Mir ist zu Ohren gekommen, dass Sie eine so genannte moderne Ehe führen, ist das richtig?«

Mein rechter Nachbar wird plötzlich unruhig, rutscht auf seinem Stuhl hin und her, steht abrupt auf und setzt sich hinter seinen Schreibtisch. Blitzartig wird mir die Rollenverteilung klar: Ein Untergebener hat seinem Vorgesetzten Bericht erstattet. Verflucht sei meine Naivität!

»Es ist mir wirklich egal, wie Sie meine Ehe bezeichnen. Mein Mann und ich führen sie nach unseren Maßstäben.«

»Na, das scheinen jedenfalls recht seltsame Maßstäbe zu sein. Erzählen sie mal, wie kommen Sie denn damit klar, dass er eine Geliebte hat!«

Täusche ich mich, oder sabbert er jetzt vor Aufregung gleich auf den Tisch? Ich sehe mir die beiden Helden einer

Schmierenkomödie genau an. Der eine macht den Eindruck, als wolle er sich unter seinem Schreibtisch verkriechen. Der andere stiert mich an, sein lüstern verschlagener Gesichtsausdruck, die lauernde Miene geben mir den Rest, ich kann mich einfach nicht mehr beherrschen. Das Lachen, das schon den ganzen Nachmittag tief im Bauch gelauert hatte, bricht sich Bahn.

Ich versuche, mich zu beruhigen, aber die verdutzten Gesichter der beiden Spießer rufen einen erneuten Lachanfall hervor. Ich bedecke mein Gesicht mit den Händen, um die beiden nicht mehr zu sehen und mich beruhigen zu können. Fast gelingt es mir.

»Was ist denn hier so lustig! Kommen Sie mal wieder zu sich, ja?«

Das Lachen ist nicht zu bändigen, es befreit mich von der unsauberen Kumpanei dieser beiden Männer. »Tut mir Leid, aber Sie sind einfach zu komisch«, ich pruste ihm fast ins Gesicht.

Man erhebt seine Massen vom Stuhl, geballter Zorn, »Mit Ihnen kann man ja nicht reden«, rauscht aus dem Zimmer, mein Vernehmer eilt diensteifrig hinterher.

Ich nutze die Zeit, um zur Ruhe zu kommen. Mein Gott, war das wohltuend, diesen arroganten, selbstsicheren Mitarbeiter der Staatssicherheit in Rage gebracht zu haben! Der Vernehmer betritt wieder seinen Raum. Er vermeidet jeden Augenkontakt. »Es gibt bei uns eben auch solche Mitarbeiter ...«

Was willst du mir damit sagen – dass du anders bist? Nein, mein Lieber, du bist um keinen Deut besser! Du bist vielleicht ein ganz klein wenig »netter« als dein Kollege, aber wenn es darauf ankommt, seid ihr alle gleich. Dienst ist Dienst, nicht wahr? Im Interesse der »hehren Sache« ist jede Schweinerei gerade gut genug, nicht wahr? Manchmal kann man im Eifer des Gefechts schon mal die »hehre Sache« vergessen und sich mit Dreck besudeln, auch wenn es noch so schwer fällt, oder? Verdammter Heuchler!

Die Wut auf ihn flaut langsam ab. Was habe ich zu seiner Verteidigung zu sagen? Nichts. Oder vielleicht doch, er macht auf mich den Eindruck, als wäre er noch in der Lage, Scham zu empfinden. Aber wahrscheinlich ist hier nur der Wunsch der Vater des Gedankens. Was er wirklich denkt und empfindet, werde ich nie herausfinden.

# 17.

Es gab Situationen in dieser Zeit, die ich gehasst habe und doch nicht vermeiden konnte. Zum Beispiel Vernehmungen, in denen ich glaubte, dem Bild, das ich von mir selbst entwickelt hatte als freundlichem, psychologisch gewieftem Vernehmer, nicht entsprechen zu können. Und es gab Methoden, die mir unangenehm waren, weil sie genau zu solchen Situationen führten. Trotzdem hat mich das nicht gehindert, solche Praktiken später an jüngere Vernehmer weiterzugeben. Beispielsweise das seit ewigen Zeiten angewandte »guter Vernehmer / böser Vernehmer«-Spiel. Damit sollte erreicht werden, dass der Beschuldigte »seinen« Vernehmer als das kleinere Übel, im besten Fall sogar als seinen »Vertrauten« ansieht. Der Ablauf ist relativ simpel: Ein anderer Vernehmer – zumeist war es jedoch ein Vorgesetzter – nimmt kurzzeitig an der Vernehmung teil, attackiert den Beschuldigten, wird zynisch, droht – »Wir können auch anders!« –, brüllt und verlässt schließlich den Raum. Der eigentliche Vernehmer, der sich während der ganzen Zeit im Hintergrund hält, hin und wieder durch Gesten oder Mimik zu verstehen gibt, wie unangenehm ihm das alles ist, tritt erst jetzt wieder in Erscheinung. »Na, nun ist mein Chef ja wieder draußen, wir beiden kommen schon miteinander zurecht, nicht wahr!?«

Wenn also der Vorgesetzte in der Besprechung sagte, er komme heute mal in die Vernehmung, sich den Beschuldigten ansehen, war klar, dass genau dieses Vorgehen beabsichtigt war. Seltsamerweise wurde es nur selten konkret beim Namen genannt. Die erste Regel, die ich in Vernehmungstaktik gelernt hatte, hieß: verunsichern, den Beschuldigten nie zur Ruhe kommen lassen, seine Gedanken permanent in

Bewegung halten, ihm jede Möglichkeit nehmen, eine Strategie aufbauen und durchhalten zu können.

Noch in der Woche nach der ersten Vernehmung sollte dieses Spiel auch im Ermittlungsverfahren gegen Frau L. Anwendung finden. A., der Vernehmer von Uli. S., bereits in der Funktion des stellvertretenden Referatsleiters und zugleich der verantwortliche Untersuchungsführer für alle drei Ermittlungsverfahren, hatte am Abend gesagt: »Ich komme morgen in die Vernehmung und seh mir die L. mal an.« Ich mochte seine nach unten herablassende und nach oben beflissene Art nicht, aber ich respektierte seine unzweifelhaft größere Vernehmungserfahrung.

Trotzdem, nach den bisherigen Vernehmungen bezweifelte ich den Sinn und Zweck seines Auftritts, auch, dass er mit Frau L. überhaupt ins Gespräch kommen würde. Tatsächlich hoffte ich, dass sie ihm eine Abfuhr erteilen würde. Weniger ihretwegen, sondern vielmehr, um mein durch die ewige Gängelei und Bevormundung strapaziertes Ego zu streicheln.

Bevor es jedoch dazu kam, hatte ich an diesem Morgen noch eine Aufgabe zu erledigen. Der Mann von Frau L. hatte erklärt, dass er sich Besuch von einer K. wünsche, und es stellte sich heraus, dass er zu ihr eine intime Liebesbeziehung unterhielt, wobei davon ausgegangen wurde, dass Frau L. davon nichts wusste. Zweite Regel der Vernehmungstaktik: Mitbeschuldigte mit allen Mitteln gegeneinander ausspielen, Misstrauen schüren, gegenseitige Beschuldigungen provozieren, jedem das Bewusstsein vermitteln, dass er ganz allein dastehe, während sich alle anderen schon längst mit der Situation arrangiert hätten. In diesem Sinne sollte der Wunsch ihres Ehemannes dazu verwendet werden, Frau L. möglichst gegen ihn aufzubringen.

Ich sah eine dieser verhassten Situationen auf mich zukommen, aber nicht etwa weil ich die Methode generell ablehnte, sondern weil ich dieses Spiel mit Regina treiben sollte, wie ich Frau L. mittlerweile für mich nannte. Zum ersten Mal in meinem Berufsleben freute ich mich auf die täglichen Vernehmungen, konnte es kaum erwarten, dass die Tür aufging, lauerte schon auf das »Geh'n Se rein!«. Alles, was das Ermittlungsverfahren betraf, war mir nur lästig, ich wollte sie sehen, mit ihr über Gott und die Welt reden. Es war eine eigenartige Atmosphäre, ja eine Nähe im Raum, wenn wir zusammen waren, aber sie verflog jedes Mal, wenn ich zum Vernehmungsgegenstand kam. Regina wurde dann sofort abweisend, sachlich und zuweilen auch sarkastisch. Ich hasste diesen Umschwung, der doch unweigerlich an jedem Tag kommen musste. Und nun auch noch das.

Ich hatte keine Wahl. Die Bedeutung, die der Sache am Vorabend beigemessen wurde, ließ mich befürchten, dass an diesem Tag mein Büro abgehört werden würde, wenn auch nur, um A. vielleicht einen Vorlauf für seinen Auftritt zu verschaffen. Ich hatte keine Vorstellung von ihrer Reaktion und konnte nur hoffen, dass sie das Ganze durchschauen oder zumindest ahnen würde, dass diese miese Tour nicht auf meinem Mist gewachsen war. Ich hätte sonst was dafür gegeben, nicht derjenige sein zu müssen, der sie über die Liebesbeziehung ihres Mannes informiert.

Im Widerspruch zu diesen Gedanken zog ich mit einer mir heute unerklärlichen Beflissenheit die Sache durch, strengte mich an, der mir zugedachten Rolle gerecht zu werden. Ihre Reaktion fiel völlig unerwartet aus. Sie sagte, sie wisse von ihrem Mann bereits über seine Liebe zu K., und es sei deshalb nur verständlich, dass er sie sehen wolle. Mit allem Möglichen hatte ich gerechnet, damit nicht. Ich muss wohl ziemlich verdutzt ausgesehen haben, denn nun erzählte sie mir, welche Vorstellungen sie vom achtungsvollen

Umgang in einer partnerschaftlichen Beziehung hatte und dass man Liebe nicht ein- oder abschalten könne wie eine Lampe. Man dürfe dem Partner nicht vorwerfen, dass er sich verliebt habe, dafür könne er doch nichts. Niemand habe einen Besitzanspruch auf die Gefühle eines anderen. Wichtig sei allein der offene und ehrliche Umgang miteinander. Ich war verblüfft. Solch ein Blick auf zwischenmenschliche Beziehungen war mir noch nicht untergekommen. Ihre Ausführungen hatten etwas Befremdliches und Faszinierendes zugleich. Irgendwie fühlte ich mich beschämt. Andererseits konnte ich mit so einer Idealvorstellung nicht viel anfangen. Sie schien mir lebensfremd und weit entfernt von dem, was ich bei allen mir bekannten Ehen erlebt hatte.

»Aber es gehören doch zwei dazu, die auch genau die gleiche Sicht haben müssten, und was ist denn, wenn Kinder da sind?«, wandte ich ein, meine eigene Situation im Hinterkopf.

Ihr Blick bekam etwas Durchdringendes. »Unterschätzen Sie die Sensibilität von Kindern nicht. Kinder merken sofort, ob in der Partnerschaft ihrer Eltern etwas nicht stimmt, ob sie es in diesem Augenblick artikulieren können oder nicht. Unehrlichkeit in der Beziehung der Eltern wirkt letztlich auch auf die Kinder zurück. Ich bin immer der Meinung gewesen, dass man sich trennen muss, wenn die Liebe zwischen den Partnern nicht mehr da ist, und ich bin sicher, dass es auch für die Kinder das Beste ist.«

Gerade wollte ich erwidern, dass viele langjährige Partnerschaften doch auch auf Freundschaft und gegenseitiger Achtung basierten, da öffnete sich die Tür. Mittagspause.

Jahrelang hat mich dieses Gespräch noch beschäftigt, ohne dass ich zu einem befriedigenden Ergebnis gekommen wäre.

Während der Pause nahm mich A. beiseite, fragte, wie die Vernehmung am Vormittag gelaufen sei und wie »die L.« reagiert hätte. Irgendwie schien er mit dem, was ich ihm erzählte, nicht zufrieden zu sein. Kurz nachdem Regina wieder gebracht worden war, betrat er mein Zimmer.

Sein Auftritt lief genauso ab, wie ich ihn erwartet hatte. Mir war er peinlich, und ich hätte zeitweise im Erdboden versinken können. Er setzte sich zu ihr an den kleinen Tisch und begann über Fuchs und Biermann zu sprechen, versuchte, sich als Intimkenner der Materie zu produzieren. Als das nicht fruchtete, ließ er sich in seiner herablassenden Art, die doch nichts an Spießigkeit vermissen ließ, unter Bezug auf K. über ihr Eheleben aus. Anfangs hatte ich noch mit an dem kleinen Tisch gesessen, alsbald versuchte ich, mich wieder hinter meinem Schreibtisch zu verstecken und Regina nach Möglichkeit nicht anzusehen.

# 18.

Die Zellentür kracht zu, der Lärm scheint von den Wänden als tausendfaches Echo auf mich einzudringen. Ich bin wieder allein.

Vor etwa einem Monat musste ich plötzlich meine Sachen packen. Die »Mecklenburgerin« führte mich bis zum Ende des Ganges und hielt vor einer Zellentür.

»Gesicht zur Wand!«

Sie öffnete die Tür, griff sich einen Teil meines Gepäcks, »Geh'n Se rein«, und schob mich fast in die neue Zelle. Ich beachtete die Beamtin nicht mehr, denn in dem Raum, der fast dreimal so groß war wie mein bisheriges Domizil, standen zwei Frauen in blauen Trainingsanzügen!

Die »Mecklenburgerin« legte mein Bündel auf die erste Pritsche: »Sie bleiben weiter die Eins! Die anderen müssen im Hängeschrank Platz für Sie schaffen!« Sie ließ energisch die Tür hinter sich ins Schloss fallen.

Ich war unfähig, mich auch nur einen Schritt zu bewegen. Zum ersten Mal seit fünf oder sechs Wochen stand ich meinesgleichen gegenüber. Ich spürte ein Würgen im Hals und versuchte, die Tränen zurückzuhalten.

»Du musst dich dafür nicht schämen, uns ging es nach der Einzelhaft genauso. Das ist Petra, und ich heiße Ellen.«

Ich hatte mir eingeredet, mit der Einsamkeit in meiner Zelle gut umgehen zu können. Als ich die beiden Frauen in Häftlingskleidung sah, erkannte ich den Selbstbetrug: Die wochenlange Isolierung hatte ihre Spuren hinterlassen.

In den folgenden Tagen spürte ich, wie sich durch das Zusammensein mit Ellen und Petra langsam die innere Erstarrung, ein Schockzustand, in dem ich mich offensichtlich befunden haben musste, löste. Nach und nach, fast täglich, konnte ich kleine Erfolge verbuchen. Selbst die »Freistunde«, die ich einige Male verweigert hatte, war zu dritt erträglich. Trotzdem empfinde ich es nach wie vor als Hohn, dass der Aufenthalt in einem dieser zehn oder zwölf nebeneinander liegenden Betonverschläge, die zum Überfluss auch noch mit Maschendraht abgedeckt sind, als »Freistunde« oder »Freigang« bezeichnet wird.

Als man mich zum ersten Mal in eine dieser Betonbuchten schob und die Tür hinter mir verschloss, wollte ich meinen Augen nicht trauen. Ich war von hohen Betonmauern umgeben, der Maschendraht versperrte die freie Sicht in den Himmel. Ich kam mir wie ein Tier im Käfig vor, drei mal vier Meter Betonmauer, vielleicht nicht einmal so viel.

Über den Freihofzellen ist ein Laufsteg für die Posten angebracht. Sie haben die verantwortungsvolle Aufgabe, die gefangenen Exoten an einer eventuell beabsichtigten Flucht zu hindern. Es könnte ja immerhin möglich sein, dass ein Gefangener die drei oder vier Meter hohe Mauer erklimmt, den Maschendraht mit bloßen Händen entfernt und sich aus dem Staub machen will! In diesem Fall kommen dann die Maschinenpistolen, die zur Ausrüstung der Posten gehören, zum Einsatz.

Selbstverständlich achten die Posten auch streng und gewissenhaft auf die Einhaltung der »Freistundenordnung«. Die Häftlinge haben sich in ihren Käfigen ruhig zu verhalten, keine lauten Selbstgespräche bitte! Kein Kontakt zu Nachbarkäfigen, kein lautes Aufstampfen mit den Füßen, Gymnastik ist erlaubt, aber keine Geräusche, die im Nachbarkäfig gehört werden könnten, kein Singen, Pfeifen oder sonstiges Stören der angeordneten Schweigsamkeit.

Wir waren nicht lange zu dritt in der Zelle. Petra musste als Erste ihre Sachen packen. Sie war noch sehr jung, gerade mal 18 Jahre alt, als sie inhaftiert wurde. Zusammen mit Freunden hatte sie eine abenteuerliche Flucht nach Westberlin geplant. Einer der Jugendlichen bekam es mit der Angst zu tun und verriet den ganzen Plan.

Ellen und ich hatten einen guten Draht zueinander. Sie hatte ihre Gerichtsverhandlung bereits hinter sich und wartete nur noch auf den Transport in den Strafvollzug. Wir konnten uns beide nicht recht vorstellen, was uns dort konkret erwarten würde.

Ellen und ihr Mann hatten versucht, mit Hilfe einer westdeutschen Schleuserorganisation die DDR für immer zu verlassen. Die Flucht misslang, an der Grenze wurden sie nach endlos zermürbender Wartezeit aus dem Kofferraum des Schleusers geholt.

»Die Richterin hat sich stundenlang über unsere Verantwortungslosigkeit gegenüber unserem kleinen Sohn ausgelassen. Wir hatten ihm vor der Fahrt ein leichtes Beruhigungsmittel gegeben, damit er nicht unruhig wird und weint, er ist doch noch ein Baby. Sie hat uns vorgeworfen, die Gesundheit und das Leben unseres Kindes in Gefahr gebracht zu haben! Weißt du, Regina, mein Mann ist Arzt, ich bin Krankenschwester, wir würden so etwas niemals tun, wir kennen genau die Dosis, die unser Kind vertragen kann. Und dann diese Scheinheiligkeit! Immerhin haben sie uns lange, bestimmt ein oder zwei Stunden, schmoren lassen, ehe sie uns herausgeholt haben. Einzeln, damit Fotos als Beweismittel aufgenommen werden konnten!«

Ellen strahlte eine unglaubliche Zuversicht aus: »Es kann jetzt eigentlich nicht mehr schlimmer werden, nur noch besser. Hast du Vogel als Anwalt? Das ist gut. Er hat mir und meinem Mann gesagt, dass wir nach der Hälfte unserer Haftzeit, spätestens nach zwei Dritteln, damit rechnen können, freigekauft, abgeschoben zu werden! Vergiss das nicht, denk immer daran, wenn es dir mal schlecht geht!«

Sie litt unter der Trennung von ihrem Sohn, der bei den Großeltern gut aufgehoben war. Die Vorstellung, ihn erst in einem Jahr oder noch später wieder zu sehen, war ihr unerträglich.

»Sei froh, dass du noch kein Kind hast. Es zerreißt einem das Herz, vor allem, weil sie dir am Anfang nicht sagen, was mit dem Kind ist, wo es untergebracht wurde. Diese Ungewissheit hat mich fast wahnsinnig gemacht! Jetzt bin ich schon etwas beruhigter. Meine Eltern schreiben mir regelmäßig und schicken Fotos von dem Kleinen. Er ist schon richtig groß geworden in den letzten Monaten ...«

Heute Morgen musste Ellen ihre Sachen packen. Eine schnelle Umarmung zum Abschied, dann krachte die Zellentür hinter ihr zu. Vom Gang her sind keine Schritte mehr zu hören. Ellen ist auf dem Weg in den sozialistischen Strafvollzug. Ich bin wieder allein.

Erst vor wenigen Tagen hat sich mein Vernehmer von mir verabschiedet.

»Wir werden uns jetzt drei Wochen nicht mehr sehen. Ich mache Urlaub. Während dieser Zeit werden Sie von meinem Kollegen betreut.«

Er sah entspannt aus, ordnete einige Papiere auf dem Schreibtisch und bemerkte daher glücklicherweise meine Reaktion nicht.

Seit meiner Verhaftung waren zwei Monate vergangen, in denen ich fast täglich von »Rudolf« oder dem »Schleicher« zur Vernehmung gebracht wurde, wenn man die Wochenenden einmal ausnimmt. Alle »strafrechtlich relevanten Fakten« waren zur Sprache gekommen, es hatte genügend

Beweismaterial vorgelegen, eigentlich fehlten nur noch die Zeugenaussagen aus dem Freundes- und Bekanntenkreis.

Mit jeder Aussage, jedem Protokoll, das ich unterschrieb, rückten unweigerlich die Gerichtsverhandlung und meine Verurteilung ein Stück näher. Ich hatte ein Staatsverbrechen begangen, ich war eine landesverräterische Agentin und hatte Nachrichten, die nicht der Geheimhaltung unterliegen, an eine feindlich negative Organisation in Westberlin weitergeleitet! Hätten diese Vorwürfe gegen T., Uli und mich nicht so fatale Folgen für uns, könnte man darüber lachen.

Im Grunde genommen ging hier drinnen, in diesem kleinen geschlossenen Kreis, genau wie draußen, in der großen geschlossenen Gesellschaft, alles »seinen sozialistischen Gang«. Draußen wurde täglich Papier verschwendet, tonnenweise, um in unzähligen Plan-, Rechenschafts- und sonstigen Berichten die Errungenschaften und Vorzüge einer sozialistischen Gesellschaft zu preisen. Kein Liter Milch, den eine LPG über den Plan hinaus »der Bevölkerung zur Verfügung stellte«, blieb unerwähnt. Jede Selbstverständlichkeit wurde zur sozialistischen Besonderheit aufgebauscht: »Unsere Bauern bringen die Ernte ein« – na, so was! »Unsere Werktätigen produzieren in ihren Betrieben unermüdlich auch Waren des täglichen Bedarfs« – wer hätte das gedacht! Und überhaupt, die Pläne wurden nicht nur erfüllt, nein, sie wurden prinzipiell übererfüllt. Planerfüllung, Wohlstand, bald würde man von Überfluss reden können, bald würde die leidige Wohnungsfrage gelöst sein, bald ... bald ... bald ...

»Amerika und die Sowjetunion veranstalten ein Wettrennen. Amerika gewinnt. Jetzt kommt es darauf an, das Ergebnis richtig und klassenbewusst zu interpretieren. Wie würdet ihr das machen?« Es muss in der neunten Klasse gewesen sein, als unser Lehrer diese Frage stellte. Wir waren gespannt, wie er das Problem lösen würde. »Na, das ist doch ganz einfach. Man sagt in diesem Fall: Die Sowjetunion belegte in dem Wettkampf einen hervorragenden zweiten Platz, während die Amerikaner nur schwach den vorletzten Platz erreichten! Wie findet ihr das? So schlägt man den Klassenfeind!«

Hier drinnen wurden nach dem gleichen Prinzip auf dem Papier aus Mücken Elefanten gemacht, aus Hasen wurden Löwen. Ich konnte mir, auch wenn ich noch so guten Willens war, wirklich nicht vorstellen, dass die DDR durch den gesellschaftlichen Ungehorsam einer Hand voll Leute in ihren Grundfesten erschüttert oder gefährdet worden war. Hier zählte wohl mehr die Absicht. Schon der leiseste Versuch ist strafbar in der Deutschen Demokratischen Republik.

»Kritik ist wichtig und erwünscht, Genossen! Aber, Genossen, die Kritik muss konstruktiv sein, sie muss sich immer auf dem Boden unserer sozialistischen Demokratie bewegen!«

Wir hatten genug von verschämten Anmahnungen, wir wollten wirkliche Veränderungen. Wir wollten zum Beispiel eine sozialistische Demokratie, die es nicht nötig hat, Leute wie Rudolf Bahro ins Gefängnis zu werfen, nur weil sie Visionen über eine sozialistische Gesellschaft entwickelten und zur Diskussion stellten, die die Vorstellungskraft der Politfunktionäre überstiegen.

Obwohl wir wirklich nicht viel zustande gebracht hatten – die Gruppenbildung steckte immer noch in der Anfangsphase, wir hätten dringend ein Vervielfältigungsgerät gebraucht oder wenigstens eine nicht registrierte Schreibmaschine –, wurden wir hier drinnen wie gefährliche Staatsverbrecher behandelt. Wir hatten einige Veröffentlichungen in Periodika des Westberliner Komitees vorzuweisen, das war es dann auch schon.

Landesverräterische Agententätigkeit? Ich hatte andere Vorstellungen von Landesverrat. Für meine Begriffe saßen die Verräter an der Sache des Sozialismus an der Spitze des Staates. Aber mein Vernehmer sah die Sache anders, und vor zehn Jahren hätte ich sie, trotz einiger Zweifel, so wie er gesehen. Erst durch die Arbeit im Berliner Verlag, an der Basis der gleichgeschalteten DDR-Presse, erst durch die Begegnung mit meinem Mann schlugen leise Zweifel, zaghafter Unmut in Wut und Enttäuschung um.

Landesverräterische Agententätigkeit? Fast peinlich, diese hochtrabende Bezeichnung, mit der unsere mehr oder weniger dilettantischen Versuche aufgewertet wurden. Die Kontinuität prahlerischer Berichterstattung, geschönter Rechenschaftsberichte fand hier ihren grotesken Höhepunkt, die schlimmen Folgen hatten in diesem Fall wir zu tragen.

»Rudolf« holt mich aus der Zelle. Ich kann Ellen nur noch kurz zuwinken.

»Gesicht zur Wand! Geh'n Se rein!«

Kaum hat er die Tür hinter sich geschlossen, kaum sitze ich auf meinem Stuhl, kommst du um den Schreibtisch herum, mit einer Aktentasche unter dem Arm. Es belustigt mich ein wenig, dass du dabei verstohlen in alle Ecken des Zimmers blickst. Hallo, haben Sie vergessen, junger Mann, dass wir hier allein sind? Du öffnest die Tasche, und schwupp, schon steht eine Flasche Limonade auf dem Tisch! Und jetzt, nein, das ist unmöglich, genauso schnell wickelst du ein Eis aus dem Packpapier, und schwupp, schon liegt es vor mir!

»Das ist meine Urlaubslage. Sie müssen es schnell essen, es schmilzt schon etwas.« Du wirkst verlegen, deine Stimme klingt unsicher.

»Danke, das ist freundlich, eine nette Idee …« Meine Antwort klingt hölzern.

»Ja, wir werden uns in den nächsten drei Wochen nicht sehen. Ich mache Urlaub.«

Drei Wochen! Urlaub! Was für ein Wort in diesem Raum. Ich zucke zurück. Ja doch, wir haben Juni, das Wetter ist phantastisch, die Sonne strahlt durch die vergitterten Fensterscheiben, aber Urlaub gehört einfach nicht hierher, verdammt nochmal! Urlaub kannst du machen, wenn alles vorbei ist, wenn ich nicht mehr hier bin …

»Würden Sie mir bitte erklären, was ich in diesem Zusammenhang darunter verstehen soll, von einem Ihrer Kollegen betreut zu werden? Was bedeutet das konkret?« Ich sehe ihn an, als würde mich die Antwort interessieren. Ich brauche einfach Zeit, um wieder klar denken zu können.

»Nun, einmal in der Woche wird man Sie holen, damit Sie ein paar Zeilen an Ihren Mann schreiben und seine Briefe empfangen können. Mein Kollege macht das schon, keine Angst, Sie werden nicht vergessen.«

Ich will nicht »betreut« werden, ich will nicht, dass du Urlaub mit Weib und Kindern machst, ich will, dass du hier bleibst! Ich schreie lautlos, glücklicherweise hörst du mich nicht.

»Dann ist ja alles bestens geregelt.«

Die Sonne scheint immer noch durch das Fenster und verbreitet Dunkelheit im Raum.

Wir sitzen uns gegenüber, ich knabbere das Eis und bemerke, dass du dich über meinen vermeintlichen Appetit freust.

»Wissen Sie eigentlich, wo wir uns hier befinden, in welchem Stadtbezirk, meine ich?«

»Nein, das hat mir niemand mitgeteilt. Man kommt hier auch nicht so richtig rum, wissen Sie, und die Aussicht ist ja auch nicht besonders aufschlussreich!«

Ich höre dein kurzes, leises Auflachen. »Na, was sehen Sie denn, wenn Sie aus dem Fenster schauen?«

»Wir sind im dritten Stock! Ich sehe ein paar Bäume und Neubauten im Hintergrund, mehr nicht. Berlin hat etliche Neubauten, oder? Ich weiß nicht, wo wir sind.«

»Wir sind in Hohenschönhausen, aber behalten Sie das bitte für sich!« Große Kohleaugen strahlen mich an.

Ich bin regelrecht verblüfft. Warum sagst du mir das? Es ist doch offensichtlich verboten, warum hättest du mich sonst gebeten, es nicht weiterzusagen? Tut mir Leid, aber daran werde ich mich nicht halten können. Ellen muss es auf jeden Fall auch erfahren! »Ich muss jetzt das Protokoll schreiben. Aber halt, wenn Sie wollen, können wir dabei Musik hören. Das würde mich nicht stören, ich kann dabei arbeiten. Was halten Sie davon?«

Ich kann nur mit dem Kopf nicken. Was mich am meisten verunsichert und verstört, ist die Gewissheit, dass du kein Spiel betreibst, keinen Trick anwendest – wofür auch? Dir geht es wirklich darum, diesem Tag eine ganz besondere Note zu verleihen.

Das Radio funktioniert nicht.

»Moment mal, das haben wir gleich – da fehlt nur noch die Antenne ... na, bitte, man muss sich nur zu helfen wissen!«

Tatsächlich, ein Teelöffel macht es möglich. Der uralte Kasten mit Plastegehäuse gibt Töne von sich, richtige Musik! Du wirkst wie ein halbwüchsiger Bengel, dem es gelungen ist, vor den Augen seiner staunenden Kumpel ein Kaninchen aus dem Hut zu zaubern.

Das Klappern der Tastatur, Musik, ein Mann am Schreibtisch ... das gab es doch alles schon einmal ... Plötzlich wird mir klar, dass ich auf unheimliche Weise an die Traumbilder der ersten Nacht erinnert werde, in der ich im Sessel des Vernehmers eingeschlafen war. Es gibt nur einen Unterschied: Diesmal bin nicht ich es, die hier eine irreale Welt schaffen will, diesmal ist es der Vernehmer, der mit allen Mitteln versucht, die Gitter am Fenster verschwinden zu lassen, den Raum zu verzaubern.

Ich unterschreibe das Protokoll. Es sind nicht einmal zwei Seiten. Du hast lange daran geschrieben, du hast den Augenblick, in dem wir wieder Vernehmer und Beschuldigte werden, hinausgezögert, so gut du es vermochtest. Du schaltest das Radio aus.

»Ich muss Sie jetzt abholen lassen!« Du lächelst, aber deine Augen bleiben ernst.

Mein Gott, drei Wochen! Ich werde dich drei Wochen nicht sehen! »Ich wünsche Ihnen einen schönen Urlaub. Vergessen Sie Hohenschönhausen, vergessen Sie einfach den Unsinn hier!«

Du winkst ganz leicht ab und siehst zur Seite. Dann, wieder strahlend: »Ja, natürlich, ich werde es wenigstens versuchen.«

Die Tür geht auf, »Rudolf« holt mich ab.

Mittagessen und Ellen ist neugierig: »Was wollten die denn heute von dir? Heute ist Sonnabend, da muss es ja was ganz besonders Wichtiges gegeben haben.«

Ja, natürlich, heute ist Sonnabend, wie konnte ich das nur vergessen! »Es gab eigentlich nichts. Nur noch eine Kleinigkeit. Es ging um die 100 D-Mark, die sie bei der Hausdurchsuchung gefunden haben. Mein Vernehmer macht drei Wochen Urlaub. Komisch, an so etwas habe ich überhaupt nicht gedacht. Eigentlich hätten wir doch eher Urlaub verdient, oder?«

Wir lachen beide, und mir ist dabei elend zumute.

# 19.

In diesem Jahr war es mir gelungen, für Ende Juni einen Platz in einem Ferienheim des Ministeriums in der Sächsischen Schweiz zu erhalten, malerisch gelegen in einem versteckten Tal unweit von Bad Schandau und der Grenze zur ČSSR.

Ich hatte mir fest vorgenommen, den Urlaub zu genießen, keinen Gedanken an Hohenschönhausen und auch an Regina zuzulassen. Mein Gefühlsleben begann auseinander zu driften, ich wollte zur Ruhe kommen, mich meiner Familie widmen. Der Urlaub würde mir helfen, wieder auf den Boden der Tatsachen zurückzukehren, die eingebildete Liebe zu einer Beschuldigten auch als solche zu erkennen und die angestammte Ordnung in meinem Leben wiederherzustellen. Ich wollte Regina einfach aus meinen Gedanken streichen, und wenn ich dann in mein Vernehmungszimmer zurückkehrte, würde ich wieder zu einer sachlichen Betrachtung fähig sein.

Wir fanden schnell Kontakt zu einer anderen Familie aus Berlin, die für die Zeit des Urlaubs ein Auto gemietet hatte. Sie nahmen uns oft zu Wanderungen in der näheren Umgebung und sogar zu weiteren Ausflügen bis in die ČSSR mit. Eigentlich sollte alles stimmen, tat es jedoch nicht. Meine Frau, hochschwanger, war völlig aufgedreht, wollte immer etwas unternehmen, kein Berg war ihr zu hoch, kein Weg zu weit und kein Abend zu spät, um im Clubraum noch bei Wein und Musik zusammenzusitzen oder zu tanzen. Ich hätte mich darüber freuen sollen, denn in den Wochen zuvor war sie ständig müde und gereizt gewesen. Jetzt war ich derjenige, der desinteressiert und gereizt reagierte, der an allem etwas auszusetzen hatte. »Was bist du denn so überdreht?« »Musst du so verrückt tanzen, die gucken ja schon alle!« Ich merkte selbst, wie unausstehlich ich war, ich wusste auch warum, glaubte jedoch, dass sich das im Laufe des Urlaubs geben würde.

»Wo bist du schon wieder mit deinen Gedanken?« Nicht in der Sächsischen Schweiz, verdammt nochmal! Nach einer Woche war klar, dass es nicht funktioniert hatte. Es war kein Tag vergangen, an dem ich nicht an Regina gedacht, und keine Nacht, in der ich nicht von ihr geträumt hatte. Ich war völlig verzweifelt, wehrte mich gegen diese Sehnsucht und hatte ihr doch nichts entgegenzusetzen. Immerzu spielte ich alle Situationen in meinem Vernehmungszimmer gedanklich durch, baute logische Erklärungen für ihr Verhalten auf, schalt mich einen romantischen, ichbezogenen Spinner. Nichts half. In meinen Tag- und Nachtträumen waren wir uns nah.

Von Regina hatte ich mich am Ende einer Vernehmung verabschiedet. Nun, nicht eigentlich verabschiedet. Ich hatte ihr lediglich gesagt, dass ich Urlaub hätte und wir uns in den nächsten drei Wochen nicht sehen würden. Das Verfahren war so gut wie beendet, nur wenige Vernehmungen würden noch stattfinden, bis ich die Akten zum Staatsanwalt bringen könnte.

Die seltsame Atmosphäre in meinem Vernehmungszimmer hatte sich immer mehr verstärkt. Schon wenn sie das Zimmer betrat, hatte ich den Drang, mich ihr unbedingt zu nähern. Annäherung in jeder Beziehung. Und irgendwie glaubte ich auch so etwas wie Sympathie für mich bei ihr zu entdecken. Zumindest hatte ich das Gefühl, als läge eine freudige Erwartung in ihrem Gesicht, ein Blitzen in ihren Augen, wenn sie mein Zimmer betrat. So oft ich mir auch sagte, das kann gar nicht sein, das geht doch alles nicht, du bildest dir da was ein, letztlich suchte ich doch immer wieder nach Zeichen, die meine Hoffnungen bestätigen könnten. Verstohlene Blicke, einzelne Worte, Gesten. Ja selbst die Zahlen, die sie seit einiger Zeit nahezu täglich auf den vor ihr liegenden karierten Block schrieb, schienen mir eine versteckte Botschaft zu sein. Auch wenn ich ihren Sinn nicht verstand, verstärkte sich mein Eindruck, dass die Ziffern, wie auch immer, etwas mit mir zu tun hatten. Auch deshalb hatte ich sie niemandem gezeigt. Trotz meiner Neugierde fragte ich sie nicht nach der Bedeutung der Zahlen. Lieber wollte ich weiterträumen, nicht Gefahr laufen, dass die Illusion zerstört würde.

Der Urlaub war vorbei, und ich hatte nichts von dem erreicht, was ich mir vorgenommen hatte. Ich freute mich auf das Wiedersehen mit Regina und hatte doch Angst davor. Wie war es ihr ergangen, hatte sie an mich gedacht, war diese vertraute Atmosphäre noch vorhanden, wenn ich zurückkehrte?

Das Erste, was ich erfuhr, war, dass sich in dem Ermittlungsverfahren während meiner Abwesenheit buchstäblich nichts getan hatte. Mit Regina waren keine Vernehmungen durchgeführt, ja sie war nicht einmal zum Briefschreiben aus der Zelle geholt worden. Die ersten Tage verbrachte ich damit, mir einen Überblick über den Stand des Verfahrens zu verschaffen und die bis zum Abschluss noch zu erledigenden Arbeiten festzulegen. Kurz vor meinem Urlaub wurde durch die Leitung der Abteilung beschlossen, die Ermittlungsverfahren gegen das Ehepaar L. und Ulrich S. zu erweitern. Aus den Vergehen wurden Verbrechen, aus »ungesetzlicher Verbindungsaufnahme« wurde »landesverräterische Agententätigkeit«, aus der Strafandrohung »bis 5 Jahre Freiheitsentzug« wurden »mindestens ein und höchstens zehn Jahre«. Mündlich hatte ich Regina über diese Erweiterung bereits vor meinem Urlaub informiert. Jetzt musste ich auch der Form Genüge tun und ihr den schriftlichen Bescheid vorlegen und dessen Kenntnisnahme von ihr bestätigen lassen. Darüber hinaus waren noch Beweismittel vorzulegen, Zeugenvernehmungen sowie Schriftgutachten, und auch der Wissensdurst der Hauptabteilung XX musste befriedigt werden.

Unbewusst zog ich diese Vorbereitungen in die Länge, versuchte die Wiederbegegnung hinauszuzögern. Meine Gefühle fuhren Achterbahn. Ich hatte Sehnsucht und Angst, wollte nichts wissen und wollte alles wissen, war verliebt und wollte nicht verliebt sein, wollte ihr helfen und gleichzeitig meiner Karriere nicht schaden, wollte, dass meine Träume wahr werden, und wusste, sie würden Träume bleiben.

Eine knappe Woche nach Urlaubsende bestellte ich Regina schließlich wieder zur Vernehmung, und – Achterbahn hin oder her – ganz unmittelbar war auch diese unbeschreibliche Atmosphäre wieder im Raum. War ich jetzt völlig übergeschnappt, oder hatte sie sich wirklich gefreut, mich zu sehen?

»Könnten Sie sich vorstellen, jemanden wie mich zu lieben?«

Jetzt ist es raus.

Schon vor dem Urlaub aber noch mehr in den paar Tagen danach hatte ich geglaubt, Anzeichen dafür zu erkennen, dass sie sich ebenso zu mir hingezogen fühlte, wie ich mich in sie verliebt hatte. Ich konnte es an nichts Konkretem festmachen, es war das Knistern der Luft, wenn wir allein waren, etwas Magisches in ihren Augen, wenn sich unsere

Blicke begegneten, die Art, wie wir miteinander sprachen, mit Stimmen und einem Tonfall, völlig fehl am Platz in diesem nüchternen Vernehmungsbüro.

Ich hielt diese wissende Ungewissheit einfach nicht mehr aus. Ich wollte ihr sagen, dass ich mich verliebt hatte, und ich wollte wissen, ob sie dasselbe für mich empfand. Vielleicht würden dann auch diese seltsamen Symptome, der Druck in der Magengegend und die Blutleere im Kopf, die mich jedes Mal befielen, wenn die Tür aufging und sie das Zimmer betrat, nachlassen. Mittlerweile musste ich mich dazu zwingen, in ihrer Gegenwart nicht ständig daran zu denken, mich zu ihr zu setzen und sie in die Arme zu nehmen.

Tag und Nacht grübelte ich nach, wie ich mir Gewissheit verschaffen konnte. Wenn nichts von dem, was ich mir einbildete, tatsächlich stimmte, würde ich mich lächerlich machen. Sie könnte davon in ihrer Zelle erzählen, und dann wäre es nur noch eine Frage der Zeit, wann diese Information auf dem Tisch meines Vorgesetzten landete. Nicht auszudenken.

Es ist der 14. Juli 1981. Gerade hat sie das Protokoll unterschrieben.

Für die Hauptabteilung XX hatte ich ihre Teilnahme am Prozess gegen Robert Havemann im Sommer 1979 abgeklärt, weil man gehofft hatte, so noch ein paar Namen von Oppositionellen zu erfahren.

Für mich gehörten solche »Auswertungsvernehmungen« zu jedem Ermittlungsverfahren dazu. Ich hatte gelernt, dass die Informationsgewinnung für die operativen Abteilungen, unabhängig davon, ob die Informationen etwas mit dem strafrechtlichen Vorwurf zu tun hatten, unmittelbarer

Berlin, den 14. 7. 1981
Beginn: 9.45 Uhr
Ende: 13.00 Uhr
4 Expl.  2.Ausf. / Ka

Vernehmungsprotokoll
der Beschuldigten

L    ,   Herta
geb. am: 23. 12. 1949 in Berlin
Beruf:    ohne
zuletzt:  Hausfrau
wohnhaft: 1170 Berlin, Annenallee 2a

Frage: In Ihrer Vernehmung vom 13. 7. 1981 gaben
Sie an, daß Sie gemeinsam mit Ihrem Ehemann und Dieter R
im Jahre 1979 versuchten, an einer Gerichtsverhandlung gegen
HAVEMANN teilzunehmen.
Schildern Sie diesen Sachverhalt im einzelnen!

Antwort: Während eines mir im einzelnen nicht mehr
erinnerlichen Besuches in meiner Wohnung in Berlin-Köpenick
setzte Dieter R    meinen Ehemann und mich darüber in Kenntnis,
daß in Fürstenwalde ein Prozeß gegen HAVEMANN stattfinden würde.
Wenn ich mich recht entsinne, war das im Sommer 1979. Zu diesem
Prozeß, der den Angaben des Dieter R    zufolge öffentlich
durchgeführt werden würde, hatten T    L    und ich bereits
einige Informationen aus den Medien, vorwiegend dem Fernsehen
der BRD, entnommen, wie unter anderem, daß HAVEMANN zur Verantwortung gezogen werden sollte, weil er ohne Genehmigung der zuständigen staatlichen Organe der DDR in der BRD eigene Schriften
und Bücher veröffentlichen ließ. Dieter R    , der sich dahingehend

*Herta* ▬

äußerte, daß er auf jeden Fall versuchen würde, am Prozeß teilzunehmen, forderte T.    L.    und mich auf, ihn zu begleiten. Damit
erklärten wir uns einverstanden und vereinbarten, daß wir bereits
einen Tag vor Beginn der Gerichtsverhandlung zu Dieter R.   , der
damals noch in Fürstenwalde wohnte, fahren würden, um nicht Gefahr
zu laufen, bei einer Anreise am selben Tag durch die Sicherheits-
organe der DDR zurückgewiesen bzw. erst gar nicht nach Fürstenwalde
gelassen zu werden.

   **Frage:** Aus welchen Gründen wollten Sie, Ihr Ehemann
und Dieter RAHL an der Gerichtsverhandlung gegen HAVEMANN teilnehmen?

   **Antwort:** Das hauptsächlichste Motiv für die Fahrt
nach Fürstenwalde war für T.    L.    und mich - soweit ich das
einschätzen kann auch für Dieter R.   -, daß wir mit unserer Anwesenheit bei der Gerichtsverhandlung unsere Solidarität zu
HAVEMANN bekunden wollten. Wir wollten HAVEMANN zeigen, daß er bei
der DDR-Bevölkerung nicht vergessen ist, sondern noch viele zu
ihm halten. Ich selbst betrachtete diesen Prozeß als eine rein
politische Entscheidung der SED-Führung, mit dem ein Exempel sta-
tuiert werden sollte für alle diejenigen Schriftsteller bzw.
Autoren, die sich mit der Absicht tragen, Texte, die sich kritisch
mit der Staats- und Gesellschaftsordnung der DDR auseinandersetzen,
in der BRD veröffentlichen zu lassen. Da T.    L.    und ich zu
diesem Zeitpunkt bereits Verbindung zum "Komitee gegen die politische Unterdrückung in beiden Teilen Deutschlands" bzw. zu der
Organisation um "Alberto" unterhielten und mein Ehemann auch, wie
schon ausgesagt, in einer Broschüre des Komitees einen selbst-
gefertigten Text veröffentlicht hatte, interessierte es uns natürlich
außerdem rein persönlich, wie eine solche Gerichtsverhandlung
durchgeführt wird. Robert HAVEMANN selbst hatte ich bis zu diesem
Zeitpunkt nie persönlich kennengelernt, sondern lediglich sein
Buch "Fragen Antworten Fragen", welches sich in unserem Besitz befand - dazu sagte ich bereits näher aus -, gelesen und ihn einige
Male in BRD-Fernsehen gesehen. Aufgrund seiner festen oppositionellen Haltung gegenüber der Partei- und Staatsführung der DDR wird
er von mir und auch von T.    L.    und Dieter R.    verehrt.
Diese Verehrung stieg in dem Maße, wie die meiner Auffassung
nach völlig ungerechtfertigten staatlichen Maßnahmen gegen seine
persönliche Freiheit, die meines Erachtens mit der gegen ihn geführten Gerichtsverhandlung ihren Höhepunkt erreichten, zunahmen.
Das ist alles, was ich zu den Gründen für unsere Absicht, an der
bezeichneten Gerichtsverhandlung teilzunehmen, sagen kann.

**Frage:** Inwieweit gelang es Ihnen, Ihre dargelegte Absicht zu realisieren?

**Antwort:** Wie mit Dieter R      abgesprochen, reisten T     L     und ich - mein Ehemann hatte sich für den folgenden Tag krankschreiben lassen - bereits einen Tag vor der Gerichtsverhandlung nach Fürstenwalde und übernachteten in der Wohnung des Dieter R    . Am nächsten Tag fuhren wir gemeinsam mit Dieter R     in dessen Dienst-Pkw - ich entsinne mich weder an den Typ des Pkw noch an die Arbeitsstelle, welche Dieter R     diesen Pkw zur Verfügung stellte - zum Gebäude des Kreisgerichtes Fürstenwalde und stellten den Pkw in der Nähe ab. Meiner Erinnerung nach war es etwa 7.30 Uhr oder 8.00 Uhr, als wir den Pkw verließen und uns zum Gerichtsgebäude begeben wollten. Als wir uns etwa zwei Meter vom Pkw entfernt hatten, sprachen zwei mir nicht bekannte Zivilisten den vor T     L     und mir gehenden Dieter R     an und forderten ihn auf, mit ihnen zu kommen. Was Inhalt dieses Gespräches war und ob sich die beiden Männer gegenüber Dieter R     auswiesen, entzieht sich meiner Kenntnis, da ich zuweit vom Ort des Geschehens entfernt war. Nachdem Dieter R     mit den Zivilisten mitgegangen war, stellte ich mich gemeinsam mit T     L     ungehindert vor das Gerichtsgebäude, wo sich bereits eine Gruppe von etwa 30 Personen unterschiedlichen Alters aufhielt. Wir erfuhren, daß die Gerichtsverhandlung bereits vorzeitig begonnen hatte und alle Plätze im Verhandlungssaal besetzt seien. Daraufhin entschlossen wir uns ebenso wie die anderen Anwesenden auf das Ende der Verhandlung und das Erscheinen HAVEMANNs zu warten. Die Atmosphäre unter den Wartenden würde ich als ruhig und diszipliniert bezeichnen, und es wurde vor allem kein Wert darauf gelegt, sich gegenseitig näher kennenzulernen. Aus diesem Grund kann ich auch zu den dort anwesenden Personen keinerlei nähere Angaben machen. Gegen 12.00 Uhr verließ HAVEMANN schließlich das Gerichtsgebäude und wurde mit lauten Zurufen und Beifall durch uns begrüßt. Ich konnte beobachten, wie ihm einer der Anwesenden ein offensichtlich selbstgebasteltes Maskottchen übergab. Um was es sich dabei handelte, konnte ich nicht genau sehen. Ich erkannte lediglich, daß dieses Maskottchen mit den Farben Schwarz, Rot, Gold versehen war.
Nachdem HAVEMANN den Platz verlassen hatte, suchten T     L     und ich zum Mittagessen eine Gaststätte auf. Gegen 14.00 Uhr begaben

211

wir uns zu einer in der Nähe des Gerichtsgebäudes befindlichen
Dienststelle der Deutschen Volkspolizei, um eine Vermißten-
anzeige zu Dieter R    , der sich bis zu diesem Zeitpunkt nicht
bei uns gemeldet hatte, aufzugeben. Von dort wurden T    L
und ich zu einer anderen Dienststelle gebracht, wo wir bis zum
späten Nachmittag einzeln durch Mitarbeiter des Ministeriums
für Staatssicherheit - als solche wiesen sie sich uns gegenüber
aus - über unsere Familienverhältnisse, unsere politischen Auffassungen und unserer Gründe für den Versuch der Teilnahme an
der Gerichtsverhandlung gegen HAVEMANN befragt wurden. Meinem
Ehemann und mir wurde erklärt,daß diese Befragungen notwendig seien,
da am vorangegangenen Tag in verschiedenen Berliner Bahnhöfen Flug-
zettel mit den Prozeß gegen HAVEMANN betreffenden Texten - worum
e  dabei konkret ging, weiß ich nicht - angeklebt wurden. Davon
hatte ich jedoch bis zu diesem Zeitpunkt noch nicht gehört,
zumal weder T    L    noch ich damit etwas zu tun hatten.
Nach Abschluß dieser Befragungen fuhren wir, also mein Ehemann
und ich, gemeinsam mit Dieter R    , den wir in genannten
Dienststelle wiedergetroffen hatten, zum "Rüstzeitheim" nach Hirschluch, da Dieter R    seine Ehefrau über den Ausgang der Gerichtsverhandlung informieren wollte. Entgegen unserer ursprünglichen
Absicht, noch am selben Abend nach Berlin zurückzufahren, mußten
T    L    und ich im "Rüstzeitheim" bei der Ehefrau des Dieter
R    übernachten, weil dessen Pkw liegengegangen war. Am Morgen
des darauffolgenden Tages reisten mein Ehemann und ich mit dem
ersten Zug nach Berlin zurück. Dies war im übrigen unser letzter
Aufenthalt in "Rüstzeitheim" Hirschluch.

        Frage: Welche weiteren Aktivitäten wurden durch
Sie, Ihren Ehemann bzw. andere Personen aus Ihrem Bekanntenkreis
im Zusammenhang mit der Gerichtsverhandlung gegen HAVEMANN entwickelt?

        Antwort: Weder T    L    noch ich entwickelten
andere als die bisher genannten Aktivitäten im Zusammenhang mit
HAVEMANN. Mir sind auch keine weiteren Personen aus unserem Um-
gangskreis bekannt, die sich in dieser Hinsicht in irgendeiner Weise
engagiert haben. Es gab auch unsererseits keinerlei Bestrebungen,
mit HAVEMANN selbst in Kontakt zu treten.

348

5

Das Vernehmungsprotokoll habe ich gelesen. Alle darin wiedergegebenen Antworten entsprechen vollständlich den von mir gemachten Aussagen.

_____
Leutnant

Hede
_____
Herta L

Bestandteil meiner Arbeit war. Die operative Abteilung, für die der jeweilige Beschuldigte innerhalb des MfS karteimäßig erfasst war, übergab ihren Wunschzettel, der dann in den Vernehmungen mehr oder weniger geschickt abgearbeitet wurde. Für mich stellte das kein Problem dar, schließlich hatte ich schon frühzeitig verinnerlicht, nicht nur Untersuchungsführer, sondern in erster Linie Mitarbeiter eines Geheimdienstes zu sein. Und es war allemal besser, mit gewissermaßen »offiziell« erlangten Informationen zu operieren, als mit Hinweisen, die inoffiziell, also durch Inoffizielle Mitarbeiter (IM's), Postkontrolle oder heimliche Hausdurchsuchungen beschafft wurden und mit denen deshalb nicht offen umgegangen werden konnte.

Natürlich war es letztlich nur eine andere Form von Bespitzelung, ein Missbrauch der Zwangslage, in der sich der Beschuldigte befand. Damals fand ich das aber völlig in Ordnung. Trotzdem, diese Vernehmungen waren mir lästig, denn sie bedeuteten Mehrarbeit, und oft stellte es sich als äußerst schwierig heraus, den Beschuldigten glaubhaft zu begründen, welchen Bezug diese Fragen zu ihren Ermittlungsverfahren haben sollten. Entsprechend ehrgeizlos habe ich dann auch stets versucht, solche Vernehmungen hinter mich zu bringen.

Das war bei Regina nicht anders, zumal ich mir sicher war, dass sie ohnehin keine weiteren Namen nennen würde. Zu dieser Überzeugung war ich gestern schon gelangt, als ich sozusagen vorbereitend das Thema schon mal angeschnitten hatte. Im Grunde musste ich heute nur noch das Protokoll schreiben, ihre Antworten kannte ich schon. Trotzdem, irgendwie empfand ich Befriedigung dabei, ihre politischen Ansichten im nackten Protokolldeutsch zu formulieren, gerade so als würde ich im Einvernehmen mit ihr etwas Ungehöriges tun, so als hätte ich diese Antworten gegeben und nicht sie. Diese heimliche Wollust am Verbotenen war sicher auch anderen vertraut.

Nach eineinhalb Stunden ist alles erledigt. Jetzt hat sie die letzte Seite unterschrieben und reicht mir den Stapel Papier über den Tisch. Ich sehe in ihre Augen und habe ein Gefühl völliger Kraftlosigkeit.

»Könnten Sie sich vorstellen, jemanden wie mich zu lieben?« Ich weiche ihrem Blick aus, versuche betont beiläufig zu wirken.

»Warum nicht, warum sollte ich mich nicht in jemanden wie Sie verlieben können?«

Verdammt, ihr Tonfall ist genauso beiläufig. Kein Hinweis, keine Andeutung. Ich kann nicht mehr klar denken. »Könnten Sie sich auch vorstellen, jemanden wie mich zu küssen?«

»Natürlich kann ich mir das vorstellen!«

Wo bin ich? Was ist los? Wo ist die Tür abgeblieben? Leuchtende Tapeten, das »Dzierzynski«-Bild an der Wand ist verschwunden. Ich bin wie gelähmt, kann mich nicht bewegen. Wer ist das, der da neben mir steht, jetzt unglaublich schnell um den Tisch herumgeht, sich neben Regina setzt und seine Brille abnimmt? »Hier bin ich«, höre ich ihn leise sagen.

Die durch die schmutziggelbe Gardine gefilterten Sonnenstrahlen stechen mir in die Augen. Meine Lippen brennen, und ich halte ihre Hände.

# 20.

Ich werde in den Vernehmertrakt gebracht.

Einerseits ist es eine Erlösung, einmal in der Woche aus der winzigen Zelle geholt zu werden, die ich inzwischen mit Annemarie, einer jungen Frau aus Österreich, teile, andererseits ist es eine Qual. Heute ist der 21. September; am 27. Juli haben wir uns das letzte Mal gesehen. Seitdem »betreut« mich einer deiner Kollegen.

Es ist der 27. Juli, ich schreibe meine »Stellungnahme zur Straftat«. Vor wenigen Tagen saßen wir hier nebeneinander, und noch immer habe ich dein verzweifeltes Flüstern im Ohr: »Ich werde wahnsinnig ... ich halte das nicht aus, ich werde bestimmt wahnsinnig ... ich liebe dich ... dabei bin ich derjenige, der dich ins Gefängnis bringt!«

Kurz vorher hattest du noch protestiert, als ich dir zu verstehen gab, dass es falsch sei, Gesinnungstäter wie T., Uli und mich einzusperren: »Niemand ist zu Unrecht hier!« Und dann, fast unmittelbar danach, kam dieser Zusammenbruch. Schon aus reiner Selbstachtung wollte ich ihn nicht gelten lassen.

»Das sehe ich nicht ganz so. Du bringst mich nicht ins Gefängnis. Du bist nur Erfüllungsgehilfe, im Gegensatz zu mir bist du hier total austauschbar. Tut mir Leid, Uwe, aber so sehe ich nun mal die Sache.«

Meine »Stellungnahme« ist fertig. Ich reiche sie dir zu. Sie ist nicht sehr ausführlich ausgefallen. Nach der Aufzählung meiner »Straftaten« bin ich zur Reue übergegangen. Allerdings habe ich nicht meine »Verbrechen« bereut, sondern den Umstand, dass wir es bis zu unserer Verhaftung nicht geschafft haben, unser Ziel, die Gründung einer oppositio-

Seit Ende September, Anfang Oktober 1978 unterhielt ich eine ungesetzliche Verbindung zu einer konterrevolutionären Westberliner Organisation. Diese Organisation nannte sich „Komitee gegen die politische Unterdrückung in beiden Teilen Deutschlands".

Im Rahmen dieser Verbindung war ich an der Abfassung mehrerer Berichte beteiligt, die zum Teil meine politische Haltung und die meines Ehemannes beinhalteten, zum anderen unsere Haltung zu den Ereignissen in Polen und unsere persönlichen Erlebnisse während unseres Urlaubs in Warschau.

Gegenstand eines Berichtes war auch unser Verhalten einer Gruppenbildung.

Als es notwendig wurde, eine Kontaktperson zu benennen, die für meinen Ehemann und mich Material in Empfang nehmen sollte, übermittelten wir Adressen aus unserem Bekanntenkreis, ohne diese Personen davon zu informieren. Schließlich warb ich meinen Bekannten, Ulrich Schultz, für diese Arbeit.

Der Sinn der Verbindungsaufnahme bestand für mich darin, Hilfe beim Aufbau einer oppositionellen Gruppe in der DDR von Seiten der Westberliner Organisation zu erhalten. Obwohl mein Mann und ich Anfang des Jahres 1978 einen Antrag auf Ausreise aus der DDR und Übersiedlung nach Westberlin

- 2 -

Marta ▮▮▮▮

gestellt hatten, waren wir der Meinung, daß es notwendig
ist, eine solche Gruppe aufzubauen und mit öffentlichkeitswirksamen Mitteln gegen die Zustände anzugehen, mit
denen wir nicht einverstanden waren. Außerdem waren wir
von dem Gedanken begeistert, daß sowohl linksorientierte
Gruppen aus der BRD als auch aus der DDR zusammen arbeiten sollten, um gemeinsam über bestehende Probleme
diskutieren zu können. Wir gingen davon aus, daß das
Bestehen zweier deutscher Staaten kein ewiger Zustand
sei und daß durch unsere Arbeit der Grundstein für
zukünftige Zusammenarbeit auf der Basis des gegen-
seitigen Akzeptierens gelegt werde.

Obwohl wir seit Mitte des Jahres 1980 nicht mehr
~~gänzlich~~ sicher waren, es wirklich mit Vertretern der inzwischen aufgelösten KPD zu tun zu haben, gaben wir
die Verbindung nicht auf, da wir von Seiten der
Westberliner immer wieder bestätigt wurden, und da
wir ihnen gegenüber zum Ausdruck brachten, daß
wir auf keinen Fall mit einem Geheimdienst zu-
sammenarbeiten würden, da dann die Funktion der
Verbindungsaufnahme entfallen würde.

Für meinen Ehemann und mich war diese Verbindung nicht zuletzt auch deshalb wichtig, weil
wir wußten, daß wir im Falle einer genehmigten
Übersiedlung nach Westberlin dort politische Freunde
hätten.

Heute kann ich sagen, daß es mir leid tut, in

- 3 -

unserer Arbeit nicht den Stand erreicht zu haben,
der unser eigentliches Ziel war. Ich würde sagen, daß
wir mehr Zeit damit vertan haben, uns über organisatorische Fragen mit den Westberlinern ausein-
anderzusetzen als es angemessen war, dadurch gerieten
die inhaltlichen Probleme zu sehr in den Hintergrund.
Ich bin nach wie vor der Meinung, daß es notwendig
ist, in der DDR eine selbständig arbeitende oppositionelle Bewegung aufzubauen. Ich bin allerdings
auch der Meinung, daß sich die DDR durchaus eine
solche Bewegung zumuten kann, ohne Personen, die
an deren Aufbau beteiligt sind, durch Strafgesetze
in den Untergrund zu zwingen.

Martin ▓▓▓▓▓

nellen Gruppe, zu erreichen. Am Ende konnte ich es mir nicht verkneifen, auch noch meine Meinung über das politische Strafrecht in der DDR zum Ausdruck zu bringen.

Du liest, runzelst die Stirn. »Wollen Sie sich das nicht noch einmal überlegen? Ich meine, Sie könnten doch ein bisschen vorsichtiger formulieren, ja?«

Ist das jetzt echte Besorgnis? Es macht jedenfalls ganz den Eindruck.

»Kommt ja nicht in Frage! Ich habe hier nicht aus Angst Geständnisse abgelegt, sondern weil ich der Meinung bin, dass wir richtig gehandelt haben. Das werde ich auf keinen Fall widerrufen! Man wird uns verurteilen, wie Sie selbst auch wissen. Ich möchte vor Gericht nicht den Eindruck erwecken, der Aufenthalt hier hätte mich so weit beeinflusst, dass ich meine Handlungen bereuen würde.« Ich schiebe deine Hand, die mir die Blätter reichen will, zurück.

Du legst das Schriftstück auf den Schreibtisch, läufst um ihn herum, setzt dich neben mich und nimmst deine Brille ab: »Wie geht es dir wirklich?« Deine Stimme klingt besorgt.

»Gut, und dir?«

»Ich weiß nicht, ich stehe neben mir, nicht so gut, glaube ich.«


Der Weg zum Vernehmertrakt zieht sich endlos hin. Mein Begleiter bellt seine Kommandos. Ich habe ihn gar nicht angesehen. Der Stimme nach zu urteilen muss es wieder einmal »Rudolf« sein. Er bringt mich nicht mehr in das Zimmer mit der Nummer 770, er bringt mich in einen anderen Raum.


Ich weiß noch, dass mir fast das Herz stehen blieb, als er mich an deiner Tür vorbeigeführt hatte. Es muss in der ersten Augustwoche gewesen sein. Ich war schon beunruhigt, weil ich fast eine Woche nicht zum Vernehmer gebracht wurde.

Er hatte vor dem Raum mit der Nummer 753 angehalten: »Gesicht zur Wand! Geh'n Se rein!« Meine Nerven waren vollkommen überreizt, hatte er hämisch gegrinst?

Der Herr hinter dem Schreibtisch war T.s Vernehmer, als solcher stellte er sich vor. Das Ermittlungsverfahren sei beendet, er habe die Aufgabe, den wöchentlichen Briefverkehr zwischen T. und mir zu »betreuen«. Er begann, über das angebliche Dilemma meines Schwiegervaters zu reden, alles auf höchstem intellektuellen Niveau, versteht sich, mit viel Charme und in vertraulichem Plauderton, darauf schien er Wert zu legen. Nach zwei Sätzen hörte ich ihm nicht mehr zu. In meinem Kopf schwirrten die Gedanken, Angst presste mir fast die Kehle zusammen. Was war geschehen ... hast du dich verraten ... ist das Zimmer überwacht worden? Ich hatte Angst um dich. Ich hatte keine Vorstellung davon, was mit dir geschehen sein könnte. Ich verspürte nicht die geringste Angst um mich. Ich war schon eingesperrt, was sollte mir also noch Schlimmeres geschehen?

Der Herr mir gegenüber sah mich fragend an, offensichtlich erwartete er irgendeine Reaktion. Ich hatte kein Wort verstanden. Ich verzerrte mein Gesicht zu einem Lächeln und murmelte eine ausweichende Floskel. Man reagierte leicht angesäuert, man hatte sein intellektuelles Feuerwerk umsonst versprüht. Man ließ mich ein paar Zeilen an T. schreiben und händigte mir endlich seinen Brief aus. T. hatte mir wieder Zigaretten gedreht, die erhielt ich ebenfalls, nicht ohne großspurige Geste.

Ich raffte meinen ganzen Mut zusammen: »Ich habe eine Frage.«

Er lachte selbstgefällig, na endlich, die Dame wird gesprächig!

»Geht es meinem Vernehmer gut?«

Wenn er überrascht gewesen sein sollte, ließ er es sich jedenfalls nicht anmerken: »Selbstverständlich geht es ihm gut, warum auch nicht?« Ich glaubte ihm nicht, seine Ironie war nicht zu überhören.

»Wenn es so ist, grüßen Sie ihn bitte freundlich von mir.«

Wenn du diesen Gruß wirklich erhalten solltest, findest du bestimmt eine Möglichkeit, mir irgendeine Nachricht, ganz gleich welche, zu übermitteln! Ich spürte kalten Schweiß auf dem Gesicht.

Die Audienz war beendet. Er ließ mich vom Posten abholen. Ich stand schon an der Tür, als er plötzlich, völlig unvermutet, noch einen Satz in meine Richtung zischte: »Wir wissen noch viel mehr von Ihnen, wir können es nur nicht beweisen!«

Seine Stimme klang boshaft und gehässig. Ich wusste nicht, aus welchem Grund er mich zu seiner persönlichen Feindin erkoren hatte. Aber die Gegnerschaft dieses Menschen tat mir in diesem Augenblick unendlich wohl, sie lenkte ab.

Ich drehte mich noch einmal zu ihm um, lächelte so breit und strahlend es mir in dem Moment möglich war: »Wie schön für Sie! Und wie gut für uns, nicht wahr?«

Einmal in der Woche wurde ich zu ihm gebracht. Er verhielt sich korrekt, versuchte aber nie wieder, ein Gespräch mit mir zu führen. Ich schrieb an T. und konnte seine Briefe lesen.


»Gesicht zur Wand!« »Rudolfs« Stimme reißt mich aus meinen Gedanken. Was ist denn das jetzt schon wieder! Er hat vor einer anderen Tür angehalten. Wieder ein neuer Vernehmer. Würde ich jetzt etwa auch noch Ulis »Betreuer« kennen lernen?

»Geh'n Se rein!«

Der Raum ist sehr klein, kleiner als die beiden anderen Vernehmerräume, die ich kenne. Ich sehe T. und seinen Vernehmer am Tisch sitzen und bemerke kaum den Mann, der eilig aufsteht und wie ein Schatten aus meinem Gesichtskreis verschwindet. (Sechzehn Jahre später wirst du mir erzählen, dass du es warst, der sich hastig zurückgezogen hatte, du konntest mit der Situation absolut nicht umgehen.)

Ich bin völlig überrumpelt. T. und ich haben uns fast sechs Monate nicht gesehen. Er sieht stark verändert aus, bis zur Unkenntlichkeit. Er ist schmal geworden, seine Hände wirken so durchsichtig, dass ich im ersten Moment förmlich zurückschrecke. Mein Mann, der gegen seine überschüssigen Pfunde ankämpfte, solange ich ihn kenne, wirkt auf einmal zerbrechlich und hilfsbedürftig! Es gelingt mir, die Tränen zurückzuhalten.

»Sie dürfen sich die Hand geben. Keine Umarmung!«

Die Stimme des Vernehmers dringt wie durch Watte in mein Ohr. T. und ich lassen unsere Hände nicht mehr los.

»Es ist nicht erlaubt, über die Straftat zu sprechen, nur über persönliche Angelegenheiten!« Der Kerl soll endlich seine Klappe halten! Wir hätten, weiß Gott, ausreichend Gesprächsstoff, genügend »persönliche Angelegenheiten« zu regeln, aber ganz bestimmt nicht vor euch. Meine Zuneigung zu T. ist ungebrochen, die Haft hat uns auf eine bestimmte Art und Weise zusammengeschmiedet, die den Vernehmern völlig fremd sein dürfte. Ich bin nicht mehr verliebt in meinen Mann, aber ich liebe ihn auf eine Art, die ich als sehr unvollkommen empfinde; diese Liebe hat nichts mit dem Gefühl zu tun, das Eheleute meiner Meinung nach füreinander empfinden. Diese Liebe ist zuverlässiger, vielleicht sollte ich sie als Zuneigung oder Freundschaft bezeichnen. Ich weiß, dass T. mir gegenüber ebenso empfindet. Wir lassen unsere Hände nicht los, klammern sie ineinander. Verflucht sei diese perverse Situation, in der wir über das Wichtigste in unserem Leben, über unsere Beziehung, nicht offen reden können!

Auf dem Tisch steht ein Tonbandgerät. Das Band läuft. Unbarmherzig, ohne Gnade, wird die makabre Szene aufgezeichnet. In Gegenwart zweier Vernehmer und eines Tonbandgerätes dürfen wir über alles, außer über die »Straftat«, reden. Wir sprechen leise miteinander, wir suchen nach Worten und finden nur Floskeln. Wie geht es dir ... phantastisch, und dir? Ich will wissen, ob K. die Katzen gut versorgt, ob sie noch in meiner Wohnung sind. T. antwortet ausweichend. Jetzt versucht er, mir etwas mitzuteilen, etwas, das mit dem Verfahren zusammenhängen muss.

Der Vernehmer unterbricht T. schon nach wenigen Worten. Er droht: »Ich ermahne Sie, sich an die Regeln zu halten! Sie sind von mir informiert worden, dass Sie über die Straftat nicht zu sprechen haben, auch nicht andeutungsweise. Glauben Sie etwa, wir würden Ihren Versuch nicht bemerken?«

T. zieht unter dem Gewitter seines Vernehmers die Schultern ein und wirft ihm einen entschuldigenden Blick zu. Das »Gespräch« geht weiter. Ich bedanke mich für die Privatkleidung, die er mir durch seine Eltern ins Gefängnis bringen ließ. Ich bedanke mich für alle Aufmerksamkeiten, für alle Geschenke, die er mir zukommen ließ.

Die Begegnungen mit Angehörigen oder dem Anwalt, die »Sprecher«, finden immer in den »Besucherräumen« des Gefängnisses in der Magdalenenstraße in Berlin-Lichtenberg statt. Transport in der winzigen Dunkelzelle eines Kastenwagens, stundenlanges Warten in einer Gefängniszelle, endlich, der ersehnte Augenblick des Treffens, kein Gedanke mehr an die Strapazen der letzten Stunden!

Mein Bruder besuchte mich bis jetzt einmal, er richtete mir von meinen Eltern aus, dass sie jeden Kontakt mit mir, wie schon gehabt, ablehnten.

T. unternimmt einen zweiten Versuch, das Tonbandgerät und die Vernehmer zu überlisten. Ich will das nicht! Alles, was wir uns im Hinblick auf das Verfahren noch sagen könnten, macht keinen Sinn mehr. Das Verfahren ist abgeschlossen.

T.s Vernehmer scheint ein perverses Vergnügen daran zu haben, ihn vor den Augen seiner Frau zu demütigen. Der »Kleinbildungsbürger«, seinen Namen hat er schon mal, giftet, brüllt, gestikuliert, demonstriert seine Macht: Sie können froh sein, dass Sie sich überhaupt sehen dürfen ... Entgegenkommen unsererseits ... bla, bla, bla ...

T. hat sich in sich selbst zurückgezogen, findet keine Erwiderung. Er war noch nie in der Lage, mit leidenschaftlichen Ausbrüchen zurechtzukommen, wer wüsste das besser als ich. Wie soll er nun mit dieser gezielten Bösartigkeit, mit der Kloakensprache seines Vernehmers umgehen, der sich ihm bis dato als intellektueller Schöngeist präsentiert hatte, wie er mir später zu verstehen gab? Er kann es nicht. Sekundenlang verspüre ich ein Glücksgefühl. Ohne es zu wissen, hat der »Kleinbildungsbürger« durch sein kontrolliertes Machtgehabe eine vertraute Situation hergestellt. Ich erkenne meinen Mann wieder. Ich liebe ihn auch, weil er außerstande ist, sich einer ihm fremden Situation anzupassen. Wir haben keine Chance, wirklich miteinander zu sprechen, aber wir erkennen uns gerade dadurch wieder!

Na, dann brechen Sie doch ab ... lassen Sie es doch einfach ... Wir können unter diesen Umständen auf Ihre Gnade verzichten ... Entweder Sie brechen den Sprecher ab oder Sie lassen uns endlich in Ruhe ... Ich höre meine Stimme, laut, fast kreischend, glaube nicht, einen Abbruch wirklich verkraften zu können, glaube an jedes Wort, das ich in die Runde brülle.

Der Vernehmer schaltet das Tonbandgerät aus. Es gibt wohl doch eine Strafprozessordnung, es ist wohl doch keine Gnade, dass sich Ehepaare nach der Beendigung des Ermittlungsverfahrens sehen dürfen. Interessiert das jetzt wirklich?

Ein Ehepaar hat sich »unter den gegebenen Umständen« nicht viel zu sagen. Jede Minute der Nähe zählt, jedes unausgesprochene Wort schafft Zärtlichkeit und Trauer. Die begierigen Zaungäste kommen bei uns nicht auf ihre Kosten. Stumme Sprache ist ihnen fremd.

»Rudolf« bringt mich zurück in die Zelle, zurück zu Annemarie. Was gäbe ich dafür, jetzt in Einzelhaft zu sein, wenigstens zehn Minuten allein zu sein! Aber Annemarie ist da ... Annemarie, Annemie, Anne ... Ihre Präsenz ist unerbittlich. Die Zelle, der »Verwahrraum«, bietet keine Ausweichmöglichkeit.

Anne will beschäftigt sein, Anne will reden, Anne liebt ihren Otto, Anne ist der Nabel der Welt, Anne ist ein ganz normales, fröhliches Mädchen, Anne ist eine »Menschenhändlerin«. »Otto hat sich anheuern lassen. Weißt du, wir brauchten einfach das Geld. Tausend Mark sind ja schließlich nicht zu verachten. Wir mussten die Leute nur in unseren Kofferraum packen. Mensch, Regina, die haben mir vielleicht Leid getan! Wenn wir gewusst hätten, wie riskant das ist, hätten wir uns das doch nochmal gründlich überlegt. Jetzt sagen die hier, wir würden zu einer Menschenhändlerbande gehören!« Anne ist fassungslos, Anne versteht die Welt nicht mehr. »Wir wollten doch nur helfen! Es ist doch wirklich totale Scheiße, dass ihr hier überhaupt nicht reisen könnt, wohin ihr wollt. Stimmt das wirklich?«

Anne kommt aus Österreich, sie ist Friseuse. Anne hat ihre »Dienstleistung« unter Wert verkauft, wie sie schmerzlich erkennen musste. »Dieser Scheißer wollte uns nur tausend Mark zahlen. Dabei hat er selbst viel mehr daran verdient! Habe ich alles gesehen, hat mir mein Vernehmer schwarz auf weiß gezeigt. Und wir mussten das ganze Risiko tragen!«

Was soll ich Anne daraufhin sagen? Dass sich in ihrem Fall eine große Menschenhändlerbande über eine kleinere aufregt? Sollte ich von Kopfpreisen reden, die in internen »humanitären« Verhandlungen auf Regierungsebene festgelegt wurden? Der Staat verkauft seine Landeskinder, meistbietend. Jede investierte Mark muss schließlich wieder hereinkommen, das entspricht internationalen Gepflogenheiten. Diesen Stuss kann man wirklich nur DDR-Bürgern erzählen, die von internationalen Gepflogenheiten so viel wissen wie ein Elefant vom Schiss einer Maus!

Anne liebt ihren Otto. Anne kennt das Klopfsystem. A = einmal klopfen, B = zweimal klopfen ... und so weiter. Ein Wort an die Wand zu klopfen bedeutet höchste Konzentration. Immer mitzählen, keinen Klopflaut versäumen. Anne versucht verzweifelt, mit Hilfe dieses Systems, wir haben beide schon wunde Knöchel, ihren Otto zu finden. Vergebens. In welcher Zelle auch immer Otto zu finden sein mag, Anne kann ihn nicht erreichen.

Anne wird einmal beim Klopfen erwischt und »ermahnt«, sich an die Anstaltsordnung zu halten. Anne wird wieder beim Klopfen erwischt, ihr Suchen und ihr Mitteilungsdrang sind ungebrochen, Anne schert sich nicht um die Anstaltsordnung. Sie bricht zusammen, als die Hüter der Ordnung uns aus der geräumigen Zelle in einen winzigen »Zweipritschenverwahrraum« verlegen.

»Das haben Sie sich selbst zuzuschreiben!«

Anne hat ein Gipsbein, Anne ist mit gebrochenem Fuß in ihr Abenteuer gehumpelt. Sie wartet, zählt die Tage bis zum Entfernen des Gipses, ich muss mitzählen. Anne weint um ihre langen Fingernägel, Meisterstücke manikürter Formgebung. »Die sind echt, Regina! Keine Kunstkrallen!«

»Ludmilla« ist unerbittlich: »Die müssen Sie kürzen! Ist ja richtig unappetitlich, so ein Anblick!«

Anne ist Leben pur, Anne nervt, ist unerträglich, ich mag sie und habe jeden Tag aufs Neue den Eindruck, sie keine Minute länger ertragen zu können.


»Rudolf« bringt mich zu Annemarie.

»Ich hatte Sprecher mit meinem Mann.«

Anne sieht mich an, sagt kein Wort, weist auf die Pritsche. Ich lege mich hin und kann endlich weinen.

# 21.

Wieder ein Raum in der Magdalenenstraße. Auch ein Barackenbau, dieser auf der Seite zur Alfredstraße gelegen und mit Besucherzimmern ausgestattet. Kaum ein Unterschied zu den Vernehmungszimmern auf der anderen Seite des Hofes, außer, dass der kleine quadratische Tisch mit den vier Polsterstühlen nunmehr in der Mitte stand und nicht an den Schreibtisch gerückt, hinter dem ich saß und wartete. Wieder das durch Milchglasscheiben erzeugte fahle Licht. Viel hatte sich in der Zwischenzeit ereignet. Wieder war ich aufgeregt, nur die Ursachen dafür waren jetzt völlig anderer Natur.

Regina war bereits verurteilt, wartete auf den Transport in den Strafvollzug. Heute hatte sich ihr Bruder zum Besuch angemeldet, der einzige aus ihrer Familie, der noch Kontakt zu ihr hielt. Eigentlich war ich zu dieser Zeit schon nicht mehr für Regina zuständig. Nach Abschluss des gegen sie geführten Ermittlungsverfahrens hatte ich sofort ein neues, sehr aufwendiges Verfahren bekommen. Zwei Mitarbeiter eines kirchlichen Krankenhauses in Leipzig sollten sich am Erbe dort Verstorbener bereichert haben. Dabei war von Testamentsfälschung, Betrug und Diebstahl die Rede. Offenbar über Jahre hinweg betrieben, musste jeder Einzelfall untersucht werden, die Herkunft jedes Gegenstandes aus den Hausdurchsuchungen und jedes Geldbetrages auf den Konten ermittelt und zugeordnet werden. Hinzu kamen zeitintensive Zeugenvernehmungen und Befragungen in Leipzig und Umgebung. Einer der beiden Beschuldigten war als Inoffizieller Mitarbeiter für die Staatssicherheit in Leipzig tätig. Das war auch der Grund dafür, weshalb das Ermittlungsverfahren von der Kriminalpolizei und auch aus

Leipzig weg nach Berlin gezogen wurde. Hinzu kam, dass man sich erhoffte, irgendwelchen Erbschleichereien seitens der Kirche auf die Spur zu kommen. Ein willkommenes Futter, um an anderer Stelle wieder Druck auf die Kirche ausüben zu können.

Regina und ich hatten uns schon fast zwei Monate nicht mehr gesehen, und ich wusste beim besten Willen nicht, wie ich zumindest noch ein letztes Zusammentreffen arrangieren könnte. Sie heimlich in mein Zimmer bringen zu lassen war schon deswegen unmöglich, weil die Abteilung XIV wöchentlich eine minutiöse Aufstellung aller Häftlingsbewegungen im Vernehmungsgebäude an die zuständige Abteilung IX übergab. Unabhängig davon bedurfte jede Häftlingsbestellung der Unterschrift eines Referatsleiters.

Dann hörte ich bei einer morgendlichen Besprechung, dass für einen bestimmten Tag ein Besuch von Reginas Bruder angesetzt war. Mir war bewusst, dass es vielleicht die letzte Gelegenheit sein würde, sie noch einmal zu sehen. Dann hatte ich plötzlich eine Idee. Abends »vergaß« ich den Zetteleinwurf, mit dem die Häftlinge für den nächsten Tag zur Vernehmung bestellt wurden, und ging am Morgen des Besuches zu meinem Referatsleiter.

Er sah erstaunt von seinem Schreibtisch hoch: »Weshalb vernimmst du nicht?«

Ich versuchte, ganz sicher zu wirken. »Ich brauche heute mal den Tag, um die nächsten Vernehmungen vorzubereiten.«

»Du weißt doch«, sagte er unwillig, »wir müssen ihm möglichst wenig Zeit zum Nachdenken lassen. Wenn wir schon nicht am Wochenende vernehmen, müssen wir wenigstens die Woche voll ausnutzen.«

Es lief genauso ab, wie ich befürchtet hatte. Einen Trumpf gab es allerdings noch. Der bestand darin, dass ich eigentlich um acht Uhr mit der Vernehmung hätte anfangen müssen, es zu diesem Zeitpunkt aber bereits nach neun Uhr war. Bevor der Beschuldigte gebracht werden und ich dann mit der Vernehmung beginnen könnte, würde es mindestens elf Uhr sein. Das bedeutete, dass es bis zur Mittagspause nur noch maximal eine Stunde wäre, und die vier Stunden am Nachmittag einschließlich Protokoll schreiben wären für eine ernsthafte Vernehmung einfach nicht ausreichend.

Trotzdem war nicht auszuschließen, dass er die Vernehmung doch anordnete, deshalb musste ich unbedingt noch etwas nachhelfen: »Es hat, glaube ich, jetzt nur noch wenig Sinn, weiter querbeet auf den Busch zu klopfen. Das kann ich nebenbei immer noch tun. Dringender finde ich es, mich nochmal intensiv mit den bisherigen Aussagen zu beschäftigen, um schon erste Widersprüche, auch zu den vorliegenden Beweismitteln und den Zeugenaussagen, herauszuarbeiten. Außerdem muss ich noch weiter am Untersuchungsplan arbeiten.«

Er dachte nach und endlich winkte er ab: »Na gut, einverstanden, aber morgen wird wieder ab acht Uhr vernommen!«

»Ja, ja natürlich.«

Geschafft! Die erste Hürde hatte ich genommen. Schon während des kurzen Gespräches hatte ich bemerkt, dass er mich möglichst schnell wieder aus dem Zimmer haben wollte. Ich wandte mich zur Tür und drehte mich dann in Columbo'scher Manier noch einmal um: »Ach übrigens, wenn ich heute nicht vernehme, kann ich doch den Besuch der L. schnell erledigen, dann kann sich Bernd (das war der mir zugeordnete junge Kollege) auf die Sichtung des Hausdurchsuchungsmaterials konzentrieren, an dem er sich schon drei Tage festhält. Das muss nun endlich mal fertig werden.«

Er hatte mir kaum noch zugehört. »Ja, von mir aus, aber morgen wird wieder vernommen!«

Sekunden später war ich aus der Tür.

Die Besuchszeit war nun schon dreißig Minuten überschritten. Es war nicht mehr damit zu rechnen, dass ihr Bruder noch kommen würde. Das Telefon auf meinem Schreibtisch klingelte, der wachhabende Offizier der Abt. XIV war dran: »Du, was ist denn nun mit dem Besuch, da kommt wohl keiner mehr?«

»Tja, ich weiß ja auch nicht«, antwortete ich, »aber wir warten mal noch eine Viertelstunde.«

»Na gut, du musst es ja wissen, aber ich brauche dann bald das Zimmer!«

Es tat mir Leid für Regina, denn sie hatte sich bestimmt auf den Besuch gefreut. Noch mehr war ich allerdings gespannt darauf, wie sie auf meine Anwesenheit reagieren würde. Sicher hatte sie auch nicht mehr damit gerechnet, dass wir uns noch einmal sehen könnten.

Die Viertelstunde war nun auch um. Ich nahm den Hörer und rief den Wachhabenden an: »Noch keiner gekommen?«

»Nee, wird wohl auch nicht mehr.«

»Na dann lass sie mal kommen, damit ich ihr das beibringen kann.«

Es dauerte nochmal fünfzehn Minuten, dann öffnete sich die Tür. Ich hatte mittlerweile das Gefühl, als würde mir das Herz aus der Brust springen. Der Wachposten schob Regina ins Zimmer und verschwand wieder. Ich erinnere mich noch genau an diesen Moment des Erkennens und an ihren erstaunten, beinahe erschrockenen Blick.

Erst jetzt wurde mir bewusst, dass sie nicht wissen konnte, weshalb sie aus der Haftanstalt in die Magdalenenstraße gebracht worden war. Der gängigen Praxis folgend hatte ihr niemand gesagt, dass ein Besuch ihres Bruders avisiert war. Am wenigsten jedoch konnte sie damit rechnen, mich hier zu treffen.

Ich ging auf sie zu. »Eigentlich sollte dein Bruder heute kommen. Aber nun ist er schon fast eine Stunde überfällig, und wir können auch nicht mehr so lange warten, weil das Zimmer gebraucht wird.«

Ihr Gesicht verhärtete sich. »Ich möchte, dass geklärt wird, weshalb er nicht kommen konnte. Sollte er keine wirklich plausible Erklärung dafür haben, möchte ich keinen weiteren Besuch haben. Noch einmal ertrage ich das nicht.«

Wie so oft sah ich in ihrem Gesicht neben Zorn auch eine große Traurigkeit. Meine Ichbezogenheit hatte mich wieder einmal kalt erwischt. Ich hatte nur an mich und mein Gefühlsleben gedacht. Erst als wir viele Jahre später darüber sprachen, erkannte ich, wie enttäuscht sie gewesen war; ihr Bruder stellte für sie die einzige noch bestehende Verbindung zu ihrer Familie dar.

Erst jetzt schien ihr meine Anwesenheit bewusst zu werden. Ihr Gesicht entspannte sich, sie lächelte. Ich nahm ihre Hand, und wir setzten uns an den kleinen Besuchertisch.

Es hatte etwas Unwirkliches, wie wir dasaßen, uns bei den Händen hielten, im vertrautesten Ton miteinander sprachen und uns dabei ansahen, als wollte jeder das Bild des anderen in sein Gedächtnis brennen.

Ich wusste zu der Zeit schon, dass diese Räume sowohl abgehört als auch per Video überwacht werden konnten. Dazu musste jedoch erst ein dafür zuständiger Mitarbeiter aus Hohenschönhausen zur Magdalenenstraße geschickt werden. Grundsätzlich abgehört wurden alle Anwaltsbesuche bzw. Treffen zwischen ausländischen Beschuldigten und den Vertretern ihrer Botschaften. Bei privaten Besuchen, noch dazu nach Abschluss der Ermittlungsverfahren, hielt man diesen Aufwand nicht für gerechtfertigt. Aber genau wissen konnte man das nie, denn der jeweilige Untersuchungsführer erfuhr, jedenfalls in unserer Abteilung, von einer Überwachung, wenn überhaupt, erst hinterher.

Die Zeit war um.

»Ich muss jetzt anrufen.«

»Ja, ich weiß.«

Ich nahm den Hörer ab, wählte die Nummer des Wachhabenden: »Zimmer 15 abholen. – Es dauert aber noch ein paar Minuten.«

»Ja, gut.«

Wir standen auf, gewärtig, dass sich die Tür jeden Augenblick öffnen könnte. Es war wohl die Endlichkeit dieses Augenblicks, die uns auch den letzten Rest Vorsicht vergessen ließ. Wir umarmten uns und hielten uns fest, als wollten wir uns nie mehr loslassen. Ich wusste nicht, wohin mit meinen Gefühlen. Bis obenhin angefüllt mit Sehnsucht, Trauer, Wut, wurde mir alles andere gleichgültig. Nur der Augenblick zählte, sonst nichts auf der Welt.

»Ich weiß nicht, ob wir uns noch einmal sehen können.«

Sie antwortete nicht, hielt mich nur fest. Sie überging meine Lüge, mit der ich dem Augenblick die Endgültigkeit zu nehmen versuchte. Wir küssten uns.

»Ich liebe dich und ich möchte, dass du weißt, du wirst immer mein Mädchen bleiben.« Meinte ich wirklich, was ich da in so melodramatischem Ton gesagt hatte? Ich meinte es und ich empfand in diesem Moment so. Ob es einen Sinn ergab oder der Situation gerecht wurde, war mir egal. Zu mehr war ich nicht in der Lage, der Kloß in meinem Hals drohte mich zu ersticken.

Wir trennten uns stumm, gerade rechtzeitig. Als sich die Tür öffnete, sahen wir uns noch einmal an, Regina winkte kurz zum Abschied, dann war sie verschwunden. Ich wusste, dass es diesmal für immer war. Dieses eigentümliche Winken sollte wohl bedeuten »Kopf hoch und pass auf dich auf« und machte mich doch nur noch hilfloser. Niemals habe ich wieder erlebt, wie leer ein Raum sein kann.

# 22.

November 1997.

Ich entschloss mich, im Auto zu warten, es war schon frostig draußen, und die schwarze Augenklappe, als Schutz vor mein linkes Ohr gebunden, hielt den kalten Wind kaum ab. Ich muss schon ziemlich komisch ausgesehen haben, auf dem Kopf eine bommellose Pudelmütze, unter der links diese Klappe das Ohr bedeckte und rechts das Schleifchen der zusammengebundenen Bänder hervorlugte.

Den Wagen stellte ich mit dem Heck in Richtung Gefängnistor, damit ich im Rückspiegel sehen konnte, ob jemand aus der Tür kam. Die Zeit verging, die Kälte schlich sich immer mehr ins Auto, und ich dachte darüber nach, ob wir uns nach all den Jahren überhaupt noch erkennen würden. Plötzlich wurde ich panisch: Was, wenn sie bereits an mir vorbeigegangen ist, ohne dass ich sie erkannt habe? Ich versuchte mir wieder und wieder ihr Gesicht ins Gedächtnis zu rufen. Wie würde ich sie ansprechen, wie würden wir uns begrüßen?

Dann kam eine Gruppe junger Leute aus dem Gefängnisgelände, aber so sehr ich mich anstrengte, ich konnte sie nicht entdecken. Ich wurde immer unruhiger. Fünfzehn Minuten später öffnete sich die kleine Pforte erneut, eine Frau in einem langen hellgrünen Lodenmantel kam heraus und zündete sich eine Zigarette an. Ich erkannte sie sofort. Aha, sie raucht also immer noch; ich hatte es drei Jahre zuvor aufgegeben. Jetzt kam sie in meine Richtung, anscheinend völlig in Gedanken versunken. Sie schlenderte auf der gegenüberliegenden Straßenseite an meinem Auto vorbei, ich beeilte mich auszusteigen. Dann lief alles wie selbstverständlich ab. Ich rief ihr nach: »Hallo, Herta!« – ihr zweiter Vorname, mit dem sie niemand ansprechen sollte, den ich aber manchmal benutzt hatte, um sie zu necken. Sie blieb stehen, drehte sich langsam um und kam auf mich zu. Jetzt stand sie vor mir, ich wollte ihr die Hand geben, doch schließlich nahm ich sie in die Arme, ganz kurz, ganz scheu.

Als wir ins Auto gestiegen waren, erzählte ich ihr von meiner Verfolgungspanik und schlug vor, zu einem nicht weit entfernten Café zu fahren. Ein weiteres Gespräch wollte nicht in Gang kommen. Ich konnte mich kaum auf den Verkehr konzentrieren, weil ich dauernd versuchte, sie aus den Augenwinkeln anzusehen. Sie musste jetzt Mitte 40 sein, aber sie wirkte überhaupt nicht so, sie hatte ihren natürlichen Charme, der sie schon damals zehn Jahre jünger erscheinen ließ, nicht verloren. Sie war immer noch klein – natürlich, so ein Blödsinn –, schlank und voller Vitalität. Plötzlich war ich auch überhaupt nicht mehr unsicher. Vergangenheit, Zukunft, nichts spielte in diesem Moment eine Rolle.

Als wir schließlich das Café betraten, brach meine mühsam aufrechterhaltene Sachlichkeit zusammen. Ihr schien es ebenso zu ergehen, denn noch bevor wir unseren Tisch erreichen und die Mäntel ausziehen konnten, umarmten wir uns und blieben für die nächsten zwanzig Minuten mitten im Gastraum stehen. Niemand störte, der Kellner machte einen Bogen um uns. Es war, als wäre plötzlich die Zeit stehen geblieben, jede Bewegung, jedes Geräusch um uns herum eingefroren.

»Wie ist es dir ergangen in den vielen Jahren?«, wollten wir an diesem Nachmittag im Café voneinander wissen. Regina trank eine Unmenge Kamillentee – wie sie sagte, hatte sie ihre Magenprobleme seit der Haft nie wieder in den Griff bekommen – und ich im Wechsel Kaffee und Bier.

Sie hatte, das weiß ich heute, darauf gehofft, unsere damalige Begegnung hätte irgendeinen Bruch bei mir erzeugt oder doch zumindest eine Veränderung – als Beweis dafür, dass es wirklich eine große Liebe war, damals vor 16 Jahren. Nichts von alldem konnte ich ihr anbieten, oder? Es gab keinen entscheidenden Bruch, schon gar nicht in meiner Karriere. Erst Ende 1989 war ich aus dem MfS ausgeschieden, als ohnehin alles zu Ende ging und es keiner großen Zivilcourage mehr bedurfte, das Ministerium zu verlassen. Mein dienstliches und privates Leben war nach 1981 einfach so weitergegangen, als wäre nie etwas gewesen. Oder gab es doch Brüche, die weniger augenscheinlich waren? Doch ist es überhaupt zulässig, davon zu sprechen, wenn sie sich nur im Kopf abspielten, wenn sie keine Auswirkung auf das Handeln hatten?

Wie erwartet, hatte ich Regina nach unserem letzten Treffen nicht mehr sehen können. Vorsichtige Erkundigungen erbrachten, dass sie bald darauf in den Strafvollzug überführt worden war. Wohin genau, erfuhr ich nicht. Intensiveres Nachfragen vermied ich; ich wollte keine Aufmerksamkeit erregen. Was hätte es auch schon gebracht, sie würde bald im Westen sein, und ich musste mein Leben hier weiterführen. Also versuchte ich, mich einzurichten im Job, in der Familie, in der Gesellschaft. Keine Gedanken mehr an eine Liebe, die nicht sein konnte. Du musst das Große, Ganze sehen und deinen Teil dazu beitragen. Arbeite an deiner Karriere, mach was aus dir. Bei aller Liebe, du mit deinem Klassenbewusstsein musst doch sehen, dass nicht richtig war, was sie getan hatte, dem Feind in die Hände zu spielen!

Die Arbeit an dem schon erwähnten Verfahren beanspruchte mich die nächsten zwei Jahre nahezu vollständig, lenkte ab, brachte mich wieder auf den Weg. Ein kriminelles Delikt, keine direkte politische Auseinandersetzung, die eigene Wertigkeit stimmte wieder. Langsam aber stetig traten meine Gefühle für Regina in den Hintergrund, ganz verschwanden sie nie. Ihr Passfoto hatte ich bis 1989 an der Innenseite meines Panzerschrankes befestigt, und wenn ich es in die Hand nahm, malte ich mir Begegnungen unter anderen Umständen aus.

1983 begann ich das heiß ersehnte Fernstudium an der Hochschule des MfS, und langsam begann ich die Karriereleiter emporzusteigen, wurde Hauptsachbearbeiter und schließlich 1984 stellvertretender Referatsleiter. Der Dienstgrad erhöhte sich mit den Jahren wie automatisch. Die Gesellschaft schien sich in einem Zustand ewiger Starre und Gleichförmigkeit zu befinden, nichts deutete auf Veränderung hin, auch nicht zu Beginn der Gorbatschow-Ära. Sicher, immer wieder gab es Verfahren gegen Personen, die öffentlich Kritik am realsozialistischen Staat und der Politik der SED-Führung geäußert hatten, aber aus meiner Sicht hatte das keine ernsthafte gesellschaftliche Relevanz.

1986 wurde mir, wenn ich mich recht erinnere, erstmals die Anfertigung einer strafrechtlichen Einschätzung übertragen. Solche Einschätzungen wurden durch operative Diensteinheiten abgefordert, die wissen wollten, welche rechtliche Handhabe man gegen die von ihnen bearbeiteten Personen hätte. Manchmal bekam man dazu den gesamten operativen Vorgang, also die kompletten Akten, manchmal auch nur Ausschnitte daraus, die nach strafrechtlichen und strafprozessualen Gesichtspunkten zu beurteilen waren. Eines Tages erhielt ich ein Manuskript der Schriftstellerin Monika Maron, Tochter des ehemaligen Innenministers der

DDR, die wegen gesellschaftskritischer Texte seit langem durch die Hauptabteilung XX »operativ bearbeitet« wurde. Wie viele andere Autoren konnte sie ihre Texte nur im Westen veröffentlichen. So auch ihr Manuskript »Die Überläuferin«, das samt einem zusammenfassenden Bericht der bisherigen Überwachung auf meinem Schreibtisch gelandet war. Meine Aufgabe war klar: Den Text nach gesellschaftskritischen Inhalten durchforschen und deren strafrechtliche Bedeutung herausarbeiten. Vorschläge zum weiteren Vorgehen sollten die »Einschätzung« abschließen. Wenn ich mich recht erinnere, habe ich drei oder vier Fassungen dieser Einschätzung gefertigt. Bei der ersten war ich nicht kritisch genug, bei der zweiten übertrieb ich dann meinen Eifer, und die dritte schließlich war meinem Referatsleiter zu literarisch. Was letztlich übrig blieb, ist in Joachim Walthers aufschlussreichem Buch »Sicherungsbereich Literatur« nachzulesen, in dem auch sehr treffend dargestellt wird, wie unterschiedlich mit bekannten und unbekannten Literaten umgegangen wurde. Ich erinnere mich an die Widersprüchlichkeit, die oftmals mit solchen strafrechtlichen Einschätzungen verbunden war. Einerseits sollte unbedingt das verwerfliche, sozialismusfeindliche, ja strafrechtlich Bedeutsame herausgefunden werden, andererseits sollte aber auch mit juristischen Klauseln verhindert oder zumindest erschwert werden, dass daraus ein Ermittlungsverfahren erwachsen könnte. Dafür gab es einen einfachen Grund: Die Leitung der Hauptabteilung wollte absehbare Probleme, ausgelöst durch internationale Proteste oder auch – was nicht selten vorkam – einen Stimmungswandel in der Parteiführung, aus dem eigenen Verantwortungsbereich heraushalten. Es war schon ein besonderes Gespür für das Erwartete notwendig, um diese Gratwanderung zu bestehen.

Ab etwa Ende 1987 verstärkte sich in der DDR der gesellschaftliche Ungehorsam, ergriff weitere Bereiche, und immer mehr Menschen beteiligten sich daran. Das reichte von der demonstrativen Ablehnung »sozialistischer Verhaltensnormen« durch jugendliche Grufties und Punks, der Verbreitung rassistischen und neofaschistischen Gedankenguts und der Bildung von Skinheadgruppen bis hin zu am Beispiel der Grünen in der BRD orientierten Umwelt-, Friedens- und Menschenrechtsbewegungen. Gleichzeitig nahmen die Ideologieverdrossenheit und der massenhafte Rückzug in private Nischen zu. Aber auch die Auseinandersetzung mit gesellschaftlichen Missständen wurde öffentlicher und begann zudem alle Gesellschaftsschichten zu erfassen. Daneben wuchs die Zahl derer, die der DDR den Rücken kehren wollten, beständig, und die damit verbundenen Konflikte wurden immer öfter mit öffentlichkeitswirksamen Maßnahmen publik gemacht. Antragsteller auf Übersiedlung waren immer weniger bereit, auf das Wohlwollen des Staates zu warten oder die vielfältigen einem solchen Antrag folgenden Schikanen wortlos hinzunehmen.

In dem Maße, wie der Widerstand gegen ideologische Dummheit und Ignoranz, staatliche Willkür und Arroganz sowie der Drang, sich von persönlichem Zwiedenken und charakterlicher Verkümmerung zu befreien, zunahm, nahm zugleich auch die Bereitschaft der Führung des Landes zu, die Maske fallen zu lassen und einer Ausweitung dieser Tendenzen entgegenzuwirken. Dafür wurden sämtliche Kräfte mobilisiert und in vielfältiger Weise zum Einsatz gebracht. Und auch wenn es heute kaum noch jemand hören will: Daran waren sämtliche gesellschaftlichen Bereiche beteiligt, ob es nun staatliche Institutionen waren, wie Ministerien und Ämter, gesellschaftliche Organisationen, wie die Blockparteien, Gewerkschaften, FDJ, Pioniere oder Freizeitvereine, betriebliche Einrichtungen, wie Betriebsleitungen, Kaderabteilungen, die Medien insgesamt und ausnahmslos die Armee und Repressivorgane, wie die Polizei und der Zoll.

Im Hintergrund und doch allen voran und überall involviert, das Ministerium für Staatssicherheit, meist federführend und koordinierend, aber immer im Auftrag, mit Kenntnis und oftmals auch durch Entscheidung des Politbüros der SED und/oder der jeweiligen örtlichen Parteifürsten. Und innerhalb des MfS sämtliche Diensteinheiten, entgegen der wiederholt publizierten Gedächtnisschwäche von Wolf, Großmann und Co. auch die Hauptverwaltung Aufklärung, deren Informationen vielfach repressives Vorgehen in der DDR unterstützten und ermöglichten. Den immer wieder auch von Politikern unternommenen und von den Medien unterstützten Versuch, das MfS aufzusplitten in einen repressiven Teil und einen Teil, der für die zwar meist illegale, aber im Sinne staatlicher Sicherheit international akzeptierte Informationsbeschaffung zuständig war, ist in politischer Hinsicht nur allzu durchsichtig.

Im Unterschied zu den operativen Diensteinheiten, wie insbesondere der Hauptabteilung XX, bekamen wir Untersuchungsführer diese Entwicklung anfangs nur am Rande mit, über bekannt gegebene Ausführungen des Ministers für Staatsicherheit, Materialien anderer Abteilungen und Einschätzungen der SED. Erst nach und nach wurden wir immer stärker in operative Vorgänge mit einbezogen, führten Befragungen oder Zeugenvernehmungen im Vorfeld von geplanten Umwelt- und Friedensaktionen durch, bildeten Arbeitsgruppen mit der Polizei beispielsweise zur Zurückdrängung der Punk-Bewegung und rechtsradikaler Tendenzen unter Jugendlichen. Die Zahl der strafrechtlichen Einschätzungen bzw. Stellungnahmen nahm beträchtlich zu; zugleich wurden in meiner Abteilung weniger politisch motivierte Strafverfahren als in den Jahren zuvor bearbeitet. Wir hatten ständig das Gefühl, den Ereignissen hinterherzuhinken, was mich heute um so mehr verwundert, wenn ich erfahre, wie sehr die Bürgerrechtsbewegungen egal welcher Richtung von der Staatssicherheit unterwandert waren.

Bei der Demonstration zum 1. Mai 1987 sollte ich einen Zuführungsstützpunkt – einen von vielen entlang der Strecke – in Form eines »Barkas«-Kleinbusses hinter der Ehrentribüne an der Karl-Marx-Allee besetzen. Würde jemand mit dem falschen Text auf dem Plakat oder »bösen« Ausrufen in Richtung Tribüne auffällig werden, sollte er unverzüglich aus dem Demonstrationszug herausgeholt und zu einem dieser Zuführungspunkte gebracht werden. Meine Aufgabe war es, die erste Befragung zur Person und zum Sachverhalt durchzuführen und die Informationen zur Entscheidung an den Zentralen Führungsstab weiterzugeben, dessen Verbindungsmann in einem Zelt ebenfalls hinter der Tribüne untergebracht war.

Zunächst saß ich Stunden untätig herum und beobachtete das Geschehen hinter der Tribüne. Schwarze Volvos hatten wichtige und weniger wichtige staats- und parteiführende Hutmenschen und deren auffällige Leibwachen, jeder bewaffnet mit der roten Plastiknelke am Revers, ausgespien, bis die Tribüne bis auf den letzten Platz gefüllt war. Immer wieder beobachtete ich, dass einzelne die Tribüne verließen und in dem Zelt verschwanden, um sich am dort aufgebauten kalten Büffet für die Entgegennahme weiterer Huldigungen zu stärken.

Plötzlich sah ich – die Demonstration war schon in vollem Gang –, wie etwa dreißig bis vierzig Fahnenträger, nachdem sie vorn die Tribüne passiert hatten, abschwenkten und hinter der Tribüne entlang, wie von Furien gehetzt, mit den schweren Fahnen in Richtung Straußberger Platz rannten. Na, dachte ich, die haben es aber eilig, nach Hause zu kommen. Als sich der Vorgang mit denselben Leuten zwanzig Minuten später wiederholte und dann immer wieder bis zum Ende der Veranstaltung, habe ich schon ziemlich verdutzt geguckt.

Fand ich das damals nur aberwitzig und belustigend, denke ich mir heute: Was für ein bleibendes Bild für das potemkinsche Dorf DDR!

Dann kam die Zuführung. Zwei junge Mitarbeiter in der unnachahmlich unauffälligen Zivilkluft brachten einen ca. 50-jährigen gut angezogenen Herrn und dazu ein 50 Zentimeter im Quadrat großes Plakat, auf dem in unbeholfener Pinselschrift stand: »Das Atom sei Arbeiter, nicht Soldat!«

Zuerst wusste ich überhaupt nicht, was das Ganze sollte, dann fiel mir wieder ein, dass zu diesem Zeitpunkt in Anbetracht der Stationierung der sowjetischen SS-20-Raketen jegliche Form nichtreligiösen Pazifismus, soweit er sich nicht ausschließlich gegen den NATO-Doppelbeschluss und die Raketenstationierung in der Bundesrepublik richtete, als Ausdruck politischer Untergrundtätigkeit einzustufen war. Das hatte man offenbar sehr eindringlich auch den Bewachern des Demonstrationszuges gesagt.

Obwohl ich meine Aufgabe genau kannte, kam ich mir ausgesprochen blöd vor, aber einfach wegschicken konnte ich den Mann auch nicht, denn die beiden Jungs würden sicher voller Stolz von ihrem »Fang« berichten. Also setzte ich mich mit dem aufgebrachten Mann ins Auto, versuchte ihn zu beruhigen und hörte mir seine Geschichte an.

Es stellte sich heraus, dass er als Gewerkschaftsfunktionär einer Forschungsabteilung seine Kollegen aufgefordert hatte, bei den Plakaten auch mal eigene Ideen einzubringen und nicht immer nur die vorgegebenen Sprüche nachzubeten. Leider hätte er kein Gehör gefunden, die Leute seien viel zu abgestumpft. Deshalb habe er sich gedacht, mit gutem Beispiel voranzugehen, und selbst ein Plakat entworfen. Da man den Plakattext nur bei größter Böswilligkeit als verfänglich einstufen könne, verlangte er von mir zu erfahren, weshalb man ihn als Einzigen seiner Abteilung grob aus dem Demonstrationszug gerissen und hierher gebracht habe. Eine ausgesprochen verständliche Forderung, auf die ich allerdings nicht eingehen wollte. Es war ja nicht so, dass ich mir der Schizophrenie der Situation nicht bewusst gewesen wäre. Also eierte ich herum, von wegen Übereifrigkeit meiner Kollegen, und es würde sich schon alles klären, vielleicht sei ja auch der Plakattext etwas missdeutig. »Missdeutig« war eine Erfindung des Augenblicks. Aber mir war auch klar, dass ich ihn ohne Entscheidung von oben nicht gehen lassen durfte. Also wies ich den Kraftfahrer des Kleinbusses an, kurz auf Mann und Plakat aufzupassen, eilte zum Führungszelt, um Bericht zu erstatten, und ging davon aus, dass man mir die Order geben würde, die Sache ohne weiteres Aufheben zu beenden. Weit gefehlt. Ich erstattete meinen Bericht, wartete dann aber im Bus geschlagene vier Stunden auf einen Bescheid. Währenddessen versuchte ich irgendwie, dem Mann unser Vorgehen zu erklären, wobei ich immer wieder auf die jugendliche Übereifrigkeit meiner Kollegen verwies, um nicht selbst das Gesicht zu verlieren. Er muss mich für ziemlich bescheuert gehalten haben.

Endlich kam der Entscheid, ich solle ihn mit einer Rechtsbelehrung entlassen und das Plakat einziehen. Das mit der Belehrung habe ich mir geschenkt, ich hätte auch nicht gewusst, worüber ich ihn belehren sollte. Er hatte auch so etwas Neues über den Sozialismus in der DDR gelernt.

Ende 1987 wurde die Berliner Umweltbibliothek gestürmt. Dort wurden in der DDR nicht erhältliche Fachliteratur, Gutachten, Berichte und andere Materialien und Beweise über die mittlerweile nicht mehr zu übersehenden massiven Umweltschäden gesammelt, um sie der Öffentlichkeit zugänglich zu machen. Der sich entwickelnden Massenbasis, vor allem erreicht durch die Herstellung und Verteilung von Samisdat-Veröffentlichungen und Flugblättern, wollte man unbedingt entgegenwirken. Darüber hinaus war beabsichtigt, die evangelische Kirche, die sich, wenn auch widerwillig, zunehmend als schützendes Dach für oppositionelle Aktivitäten etablierte, zu disziplinieren. So komisch das heute klingt, aber die Kirche stellte sich dem Staat gegenüber auf den Standpunkt, sie könne Schutzsuchenden und kritisch Denkenden nicht ihre Türen verwehren, distanziere sich jedoch konsequent von strafbarem Handeln in ihrem Zuständigkeitsbereich. Das hatte zur Folge, dass das MfS seine vorrangige Aufgabe darin sah, strafrechtlich relevante Aktivitäten in kircheneigenen Einrichtungen nachzuweisen. Dass in der DDR oppositionelle Tätigkeit ohne die Verletzung eines Strafrechtsparagraphen kaum möglich war, ist hinlänglich nachgewiesen, und wo das Strafrecht nicht griff, gab es eine Unmenge anderer gesetzlicher Bestimmungen, mit denen zumindest »disziplinierend« – ein oft gebrauchter Terminus im Umgang mit Oppositionellen –, sprich schikanös, bedrohend, mundtotmachend eingewirkt werden konnte.

Auch die Umweltbibliothek befand sich in kirchennahen Räumen, und mit der Razzia sollten Beweise gefunden werden, dass hier auf aus dem Westen eingeschleusten Vervielfältigungsgeräten Untergrundblätter gefertigt wurden. Tag und Stunde waren aufgrund von Hinweisen aus der Szene festgelegt und alle Details, einschließlich der sonst eher unüblichen Teilnahme eines Staatsanwaltes, geplant.

Auf weitere Einzelheiten will ich verzichten, schließlich bin ich gezwungen, die ganze Aktion allein aus der Erinnerung zu rekonstruieren. Eine konkrete Ausarbeitung dazu gibt es nicht, bis auf eine kurze Publikation von Wolfgang Rüddenklau, einem der damals führenden Köpfe der Umweltbibliothek. Quintessenz des Ganzen war jedenfalls, dass ich mitten in der Nacht in der Magdalenenstraße zum Einsatz kam und eine Vernehmung durchführte. Mir gegenüber saß jener Wolfgang Rüddenklau, ein stämmiger junger Mann mit langen Haaren und Vollbart, dem man an den schwarz gefärbten Händen ansah, dass er bis vor kurzem noch an einer altertümlichen Vervielfältigungsmaschine gearbeitet hatte. Ich mühte mich denn auch redlich ab, von ihm eine Aussage zu bekommen, dass er DDR-feindliche Druckschriften auf illegal eingeführten Maschinen hergestellt hatte und Verbindungen zu Organisationen im Westen besaß. Das war die erklärte Absicht und einziges Ziel der Vernehmung. Gleichzeitig wurden mit einem Großaufgebot an Mitarbeitern die beschlagnahmten Unterlagen gesichtet und ausgewertet.

Um es kurz zu machen, die ganze Sache ging aus wie das Hornberger Schießen. Nichts von alldem konnte nachgewiesen werden, und im Laufe der folgenden Tage wurde der Mann, vor allem aufgrund des öffentlichen Drucks durch zwischenzeitlich rund um die Zionskirche aufgezogene Mahnwachen, entlassen. Zu einer Schließung der Umweltbibliothek kam es nicht, auch wenn sie um einige, meist defekte Vervielfältigungsmaschinen und eine Vielzahl von Materialien erleichtert wurde.

Mit dieser Aktion begann eine Zeit, in der sich rigoroses Vorgehen gegen jedwede oppositionelle Betätigung und politisches Taktieren in raschem Wechsel ablösten; und mir trat hier erstmals ein junger Mann gegenüber, der mich ganz unmissverständlich als seinen Feind betrachtete. Mich ärgerte die nachtschlafende Zeit der Vernehmung und mich belastete der Erwartungsdruck hinsichtlich des Vernehmungsergebnisses. Trotzdem imponierte mir sein Mut, mit dem er auch unter diesen Bedingungen darauf bestand, dass seine Handlungen richtig und notwendig seien. Ich konnte mich einem Gefühl von Achtung davor, wie ein Beschuldigter zu seinen Überzeugungen stand, nicht entziehen, und mit einemmal wurde mir auch bewusst, dass der andere mich verachtete für das, was ich tat. Das selbst gebastelte Image vom »guten«, anständigen Vernehmer bekam Risse. Langsam, sehr langsam begann ich zu ahnen, dass es völlig gleichgültig war, wie ich mich in der Vernehmung verhielt, ob ich nach Sympathie heischte oder nicht. Für diese Leute stand ich ganz einfach auf der falschen Seite, und allmählich keimte die Vorstellung in mir, dass sie damit möglicherweise Recht hatten. Was ich tat, war entscheidend, nicht das Wie!

Ähnliche Situationen sollten sich in immer kürzeren Abständen wiederholen, sei es bei Zuführungen vor oder nach Mahnwachen oder Demonstrationen – wie auch im Zusammenhang mit der Demonstration 1988 aus Anlass des Todestages von Rosa Luxemburg und Karl Liebknecht. Schon im Vorfeld war durch Inoffizielle Mitarbeiter bekannt geworden, dass Oppositionsgruppen, unter anderen die »Initiative für Frieden und Menschenrechte«, zur Teilnahme an dieser offiziellen Demonstration aufgerufen hatten, allerdings mit eigenen Losungen und Plakaten. Pfiffig war das schon, denn man konnte die Lieblingsdemonstration der

Parteiführung, mit der sie sich so gern in die Tradition der Revolutionäre Liebknecht und Luxemburg reihen wollte, nicht einfach absagen. Die Hauptlosung der Oppositionellen lautete, frei nach Rosa Luxemburg: »Freiheit ist immer auch die Freiheit der Andersdenkenden.«

Eiligst wurden im Keller der Haftanstalt Rummelsburg große Zellenräume frei gemacht und alle verfügbaren Kräfte der Hauptabteilung IX, der Abteilung IX der Bezirksverwaltung Berlin und auch der Kriminalpolizei zusammengezogen, um innerhalb kürzester Zeit möglichst viele Personen einer Befragung unterziehen zu können. Trotz aller Willkür, die gesetzliche Vorschrift galt, wonach spätestens 48 Stunden nach der Inhaftierung ein Haftbefehl auszufertigen oder der Betreffende zu entlassen war.

Im Stundentakt wurden vor allem junge Leute in den kleinen Vernehmungsraum geschoben, die ich nach einem vorgegebenen Schema befragte. Wer hat mit wem, was, wann, wo, wie, womit und warum gemacht, vorbereitet und geplant. Die »8 goldenen W« der Kriminalistik eben. Davon wurde ein kurzes Protokoll gefertigt und sofort zur Entscheidung weitergegeben, dann kam schon der Nächste zur Tür herein. In allen Fällen schlug mir der blanke Hass entgegen, und jeder, ob direkt oder unterschwellig, machte mir deutlich, dass ich hier nur die Rolle des Büttels spielte. Mehr als einmal spürte ich den Wunsch, die Seiten zu wechseln, ich fühlte mich schäbig und völlig fehl am Platz und doch wusste ich, dass ich niemals so viel Courage aufbringen würde, um aus diesem Teufelskreis auszubrechen.

Wenig später wurden Ermittlungsverfahren gegen führende Personen der Friedens- und Menschenrechtsbewegung, wie Bärbel Bohley, Vera Wollenberger, das Ehepaar Templin, Ralf Hirsch und andere, eingeleitet, ohne stichhaltigen strafrechtlichen Vorwurf, einfach in der Hoffnung,

»man werde schon irgendetwas finden«. Man wollte unbedingt ein Exempel statuieren; ein vergeblicher Versuch der Hardliner im Politbüro, die Entwicklung zu stoppen oder vielleicht sogar umzukehren.

Ich bekam das Ermittlungsverfahren gegen Ralf Hirsch, Friedhofsgärtner und Aktivist der »Initiative für Frieden und Menschenrechte«, zugeteilt und hatte von Anfang an das Gefühl, eigentlich nur verlieren zu können. Es gab für nichts wirklich verwendbare Beweise, die ich ihm hätte vorhalten können, ja nicht einmal eine genaue Konzeption, in welcher Richtung die Vernehmungen geführt werden sollten, außer der ewigen Frage nach der Inspiration und Unterstützung aus dem Westen natürlich. Wie viele Vernehmungen ich durchführte, weiß ich nicht mehr, vielleicht waren es zwei, drei oder vier. Ich erinnere mich noch daran, dass ich Hirsch unsympathisch fand. Seltsamerweise spielten solche persönlichen Gefühle, die doch in einer Vernehmung nichts zu suchen haben sollten, für mich immer eine besondere Rolle. Vermutlich resultierte auch in diesem Fall meine Antipathie vor allem daraus, dass ich seinen Argumenten außer platten Propagandasprüchen nichts entgegenzusetzen hatte. Ich blieb auf meinem Halbwissen sitzen und fühlte mich hilflos und wütend. Die Widersprüche in der Gesellschaft waren einfach zu unmittelbar und eigentlich auch für mich nicht mehr zu übersehen. Hinzu kam, dass sich auch im MfS trotz aller Verhinderungsbestrebungen der Parteileitungen das Gedankengut von »Glasnost« und »Perestroika« immer mehr verbreitete, also nicht einmal mehr mit dem »großen Bruder« argumentiert werden konnte.

Und dann passierte es. Ich fiel einfach um.

Da mein Kopf offenbar nicht in der Lage war, den Widerspruch in mir zu lösen, tat dies mein Körper. Ich hatte es schon seit ein paar Tagen gemerkt. Es kündigte sich an mit

Atemnot und unerklärlichen Angstzuständen. Morgens hatte ich noch eine Vernehmung begonnen, dann war Mittagspause, und als ich in mein Büro zurückkehrte, fiel ich einfach um. Heute weiß ich, dass ich hyperventilierte, aber damals hatte ich nur Todesangst.

In meiner Personalakte fand ich dazu unter dem Datum 1. Februar 1988 die ärztliche Notiz: »Während des Dienstes erneut Auftreten von Schwindelanfällen und Herzrasen, daraufhin wurde der Gen. von MA des HKH (Mitarbeitern des Haftkrankenhauses) uns vorgefahren, ein angefertigtes EKG war unauffällig, Herzfrequenz 88/Min. Thoraxorgane physikalisch unauffällig, nach Verabfolgung von $^1/_2$ Amp. Faustan verdünnt wurde er liegend nach Hause transportiert.« Nach neun Tagen Krankschreibung dann der handschriftliche Vermerk: »Immer wieder mal Angst- + Beklemmungsgefühl, insgesamt matt ... zerschlagen, klin. auch heute unauffällig ...«

Nein, ich hatte auch wirklich nichts, ich war völlig gesund.

In den folgenden Jahren hatte ich immer wieder solche Anfälle, denen ich mit der Einnahme von Beruhigungsmitteln zu begegnen versuchte. Erst zwei Jahre nach der Wende hörten diese Beschwerden ebenso plötzlich, wie sie gekommen waren, wieder auf.

Ich könnte heute gut behaupten, mein Anfall damals wäre simuliert gewesen, um nicht weiter an diesen Verfahren beteiligt zu sein, sozusagen als innerer Widerstand. Dem war aber nicht so. Mein Körper reagierte einfach auf einen Widerspruch in meinem Gefühlsleben und vielleicht auch darauf, dass mir etwas für mich Existenzielles, mein seit der Kindheit so sehr verinnerlichtes Sozialismusbild, wegzugleiten begann. Dabei wäre es so einfach gewesen, ich hätte mich nur entscheiden müssen, das Ministerium zu verlassen oder als Zyniker weiterzumachen. Letzteres war mir vom Naturell her nicht gegeben, und Ersteres wagte ich aus Furcht vor möglichen Konsequenzen nicht. Also blieb ich da und fraß meine Beruhigungspillen.

Als ich schließlich in mein Büro zurückkehrte, waren die Inhaftierten schon auf dem Weg nach England oder in die BRD. Zu diesem Schritt hatten sie sich auf Druck durch das MfS und die Staatsanwaltschaft sowie auf Anraten ihrer Anwälte und leitender Mitarbeiter der evangelischen Kirche hin bereit erklärt. Über die massenhaften Solidaritätsbekundungen und Forderungen nach ihrer Freilassung waren sie in Unkenntnis gehalten worden. Einige verließen das Land mit einem langfristigen Visum, andere ohne die wenigstens theoretische Möglichkeit der Rückkehr. Eine Weile schien es, als sei die damit verfolgte Strategie, die Bürgerrechtsbewegung kopflos zu machen und durch inneren Streit und Unsicherheit zu lähmen, aufgegangen. Tatsächlich war es nur eine Atempause, und bald waren auch die leer gewordenen Plätze neu besetzt. Viele Menschen hatten in diesen Monaten in unzähligen kleinen und größeren Aktionen erfahren, dass sie mit ihrem Unmut, ihrem Protest nicht allein sind. Sie hatten erlebt, dass ziviler Ungehorsam Dinge tatsächlich in Bewegung bringen kann.

In den folgenden Monaten wurde die Situation immer prekärer. Mit der Zunahme öffentlichkeitswirksamer Aktionen erhöhte sich auch der Druck auf die Mitarbeiter der Hauptabteilung IX. Permanent waren »vorbeugende Gespräche«, Befragungen oder Beratungen durchzuführen. Während bis dato eine Wochenendbereitschaft im Monat obligatorisch war, wurden jetzt die Bereitschaftsdienste immer länger, bis man schließlich die Wohnung nur noch kurzzeitig und nicht ohne vorherige telefonische Abmeldung verlassen durfte. Private Auslandsreisen wurden prinzipiell nicht mehr genehmigt, auch nicht im kleinen Grenzverkehr zur ČSSR, dem einzigen Stück Ausland, das ich bis zur Wende kennen gelernt habe.

Immer deutlicher wurde in dieser Zeit aber selbst dem Naivsten, dass es eigentlich keine Rechtssicherheit gab; alle Entscheidungen wurden auf höchster parteiinterner Ebene getroffen, und niemand konnte wirklich vorhersagen, wie diese ausfallen würden. Die ausschließlich machtpolitischen Erwägungen unterworfene Willkür solcher Entscheidungen war einfach nicht mehr zu übersehen. Diese Willkür mit dem Schein der Rechtsstaatlichkeit zu umgeben, war auch und nicht zuletzt Aufgabe der Hauptabteilung IX, unter anderem in enger Zusammenarbeit mit der Hochschule des MfS in Potsdam-Eiche.

Dort hatte ich noch im Mai 1988 meine Diplomarbeit abgegeben, und zwar zu dem Thema: »Möglichkeiten und Voraussetzungen der Nutzung des Gesetzes zur Bekämpfung von Ordnungswidrigkeiten bei der vorbeugenden Verhinderung und Bekämpfung politischer Untergrundtätigkeit in der DDR«.

Ich möchte eine kleine Passage aus dieser Arbeit zitieren in der Hoffnung, dass trotz parteichinesischer Formulierungskunst deutlich wird, worum es ging:

*Die Anwendung außerstrafrechtlicher Bestimmungen des sozialistischen Rechts gewinnt bei der Bekämpfung von Aktivitäten im Sinne politischer Untergrundtätigkeit unter anderem durch solche, gegenwärtig immer stärker zu verzeichnenden Bestrebungen des Gegners und feindlich-negativer Kräfte im Innern der DDR an Bedeutung, mittels Handlungen – die als so genannter »gewaltfreier Widerstand« unter der Schwelle strafrechtlicher Relevanz liegen – auf sich aufmerksam zu machen, Massenbasis zu gewinnen*

*und letztlich solche außen- und innenpolitischen Situatio-*
*nen zu erzeugen, die geeignet sind, Druck auf die Staatsfüh-*
*rung der DDR auszuüben bzw. in anderer Weise die subver-*
*sive Zielstellung des Gegners zu unterstützen. In diesem*
*Zusammenhang ist davon auszugehen, dass bereits in der*
*Vergangenheit aufgetretene Handlungen, wie »Schweige-*
*märsche« und »Mahnwachen«, Unterschriftensammlungen*
*und Spendenaufrufe, die Herstellung und Verbreitung von*
*Schriften feindlich-negativen bzw. antisozialistischen In-*
*halts sowie die provokativ-demonstrative Störung von*
*Kundgebungen zu gesellschaftlichen Höhepunkten und*
*viele andere Aktivitäten mehr, auch künftig das Vorgehen*
*des Gegners und feindlich-negativer Kräfte bestimmen wer-*
*den. Dabei handelt es sich vorwiegend um solche Aktivi-*
*täten, die zwar noch nicht die Qualität von Straftaten auf-*
*weisen, jedoch trotzdem ein konsequentes Reagieren des*
*Staates erfordern . . .*

Bei einem Besuch der Stasi-Ausstellung in Berlin-Mitte 1999
habe ich mir die Aufstellung der Gauck-Behörde über die an
der Hochschule des MfS gefertigten Diplomarbeiten und
Dissertationen gekauft. Ich erinnere mich noch an die Worte
der am Tresen tätigen ABM-Kraft: »Der Mist, den die da
geschrieben haben, hat kaum das Niveau der 10. Klasse
gehabt.« Ich kann mir nicht vorstellen, dass die Arbeiten aus
diesem Grund hier veröffentlicht wurden, und auch nicht,
dass in diesem Zusammenhang deren akademische Wertigkeit eine Rolle spielte. Ich gebe zu, dass mich die Bemerkung trotzdem getroffen hat. Erst später, als ich mein
»Werk« als Kopie der Gauck-Behörde wieder in den Händen hielt – wegen der Geheimhaltung hatte ich kein Exem-
plar in meinem Privatbesitz behalten dürfen –, musste ich
mir eingestehen, dass es doch mehr die Qualität und den

Umfang einer größeren Hausarbeit anlässlich eines Fachschulabschlusses hatte. Das hätte mich auch im Nachhinein nicht weiter gestört; die Arbeit hatte für ein »Sehr Gut« gereicht, und mehr war ja wohl nicht zu holen. Nein, es waren der Inhalt und die Zielrichtung, über die ich nun entsetzt war.

Wenn ich bedenke, dass ich mir besonders pfiffig dabei vorkam, tausendundeine gesetzlich abgesicherte Möglichkeit herauszufinden, wie man Kritiker des »real existierenden Sozialismus« drangsalieren konnte, sträubt sich mir das Nackenhaar. Wie perfekt muss eine Gehirnwäsche sein, um jemanden dazu zu bringen, in vollem Glauben so etwas auszuarbeiten? Wie weit hatte ich mich charakterlich verbiegen lassen, ein solches Szenarium an rechtlich möglichen Repressionen auszutüfteln, ohne die Menschen zu sehen, gegen die das alles gerichtet sein sollte. Denn zynisch, wie einige meiner damaligen Kollegen, war ich nicht. Dennoch war ich fähig, das den meisten Menschen eigene Gefühl für grundlegende Gerechtigkeit zu unterdrücken. Ich wollte eben mein juristisches Diplom bekommen. So einfach, so kläglich, so wahr.

Ab 1987 zeigte Gorbatschows neuartiger Umgang mit der sozialistischen Wirklichkeit auch in der DDR Wirkung. Erstmals waren selbstkritische Töne von einem Führer der größten und mächtigsten kommunistischen Partei zu hören. Da hörte man von Fehlern, Versäumnissen, Unterdrückung, fehlender Demokratie und Rückständigkeit. Es war unerhört, dass dieser Mann etwas bestätigte, was so mancher, der in den Jahren zuvor vor mir saß, ausgesprochen hatte.

Der Drang, Dinge beim Namen zu nennen und offen zu diskutieren, war groß, auch im Ministerium für Staatssicherheit. Doch da waren Mielke und die Parteileitung im MfS vor. Versuche insbesondere junger Mitarbeiter, »Glasnost« und »Perestroika« auch hier in die Parteigremien zu tragen, wurden rigoros unterbunden. Keine Rede war mehr davon, dass von der Sowjetunion lernen, siegen lernen hieß. Unter der Devise, das gelte alles in der DDR nicht, weil wir (wie seltsam) in der Entwicklung des Sozialismus weiter wären, wurden intensive Disziplinierungsversammlungen durchgeführt. Ich erinnere mich daran, dass ich mich damals dem Standpunkt der Parteiführung anschloss, weniger aus Überzeugung, sondern eher weil ich unsicher war, auf welche Seite ich mich stellen sollte. Ich war noch nicht bereit, meine in Aussicht gestellte Karriere – es gab gute Gründe anzunehmen, dass nach meinem Studium eine Referatsleiterstelle winkte – einer eigenen Meinung zu opfern.

Ich weiß noch genau, wie elend ich mich nach einer solchen Versammlung fühlte, in der inquisitorisch gegen einen »aufmüpfigen« Mitarbeiter vorgegangen wurde. Dieser hatte schon seit längerem in Gesprächen und Versammlungen der Parteigruppe gefordert, dass man sich mit den Problemen in der Gesellschaft auseinander setzen sollte, wie beispielsweise Fragen von Rede- und Versammlungsfreiheit, demokratischer Mitbestimmung, aber auch mit Fragen der wirtschaftlichen Situation. Dabei verwies er immer wieder auf Äußerungen Gorbatschows und Veröffentlichungen der KPdSU. Das wurde von der Parteileitung als ideologische Aufweichung angesehen, und so wurden mehrere Genossen, vom stellvertretenden Referatsleiter aufwärts, vor einer der monatlich stattfindenden Abteilungsparteiversammlungen dazu angehalten, die Verdammung seiner Äußerungen in der Diskussion zu unterstützen. Einer dieser Unterstützer sollte ich sein. Von dir als Leitungs- und Nachwuchskader erwarten wir eine eindeutige Stellungnahme zur Politik von Partei und Regierung, hieß es im Vorgespräch. Ich erinnere mich nicht mehr an meine Worte, nur noch daran, wie mies es mir ging, als mir der Parteisekretär beim Verlassen des Raumes auf die Schulter klopfte.

Im April 2001 fand ich im Internet die Ausarbeitung eines »Insiderkomitees zur Förderung der kritischen Aneignung der Geschichte des MfS« zum Thema: »Das MfS als strafprozessuales Untersuchungsorgan«. Dort war unter dem Namen jenes damals gemaßregelten Mitarbeiters zu lesen: »Typisch für die Untersuchungstätigkeit der Linie IX des MfS war das Bestreben, im Ermittlungsverfahren das tatsächliche Geschehen zu erforschen. Dies war nicht nur gesetzlicher Auftrag, sondern auch das Selbstverständnis der Leiter und Mitarbeiter ... Als Vergewaltigung dieses Selbstverständnisses erlebten sie, wenn ... von außen und oben verlangt wurde, in einem Verfahren die Gesetze parteilich auszulegen. Das gab es bei Verfahren mit unmittelbar politischem Bezug.«

Wenn er wenigstens hinzugefügt hätte, er habe das damals so gesehen, jetzt aber, nachdem er sich informieren und nachdenken konnte ... Wenn ich es damals nicht begriff oder auch nicht begreifen wollte, so kann ich mit Fug und Recht sagen, dass er es offenbar bis heute nicht begriffen hat. Schon interessant, wie sich die Dinge ändern.

Zu keiner Zeit ging es um die pure Erforschung der Wahrheit. Die politische Zielstellung und damit auch die Bearbeitungsrichtung des Verfahrens standen von vornherein fest. Der politische Nutzeffekt für die Parteiführung und die Unterstützung der geheimdienstlichen Tätigkeit des MfS standen grundsätzlich im Vordergrund, alles andere war nur Mittel zum Zweck. In diesem Sinne spielte es überhaupt keine Rolle, ob ein Ermittlungsverfahren unmittelbaren politischen Bezug hatte, mittelbar bekam es diesen früher oder später in jedem Fall.

Schon zu Beginn eines jeden Ermittlungsverfahrens hatte der Untersuchungsführer einen so genannten Untersuchungsplan zu fertigen, dessen erster Punkt lautete: »politische und politisch-operative Zielstellung«. Und diese begann in Reginas Fall mit dem Satz: »Ausgehend vom bisherigen Sachverhalt ist zur Unterstützung der offensiven Politik unserer Partei- und Staatsführung im Rahmen der weiteren Bearbeitung der Ermittlungsverfahren der Nachweis zu erbringen, dass sich im Operationsgebiet [der BRD u. Westberlin, d.Verf.] tätige feindliche Personen, Einrichtungen und Organisationen völkerrechtswidrig in die inneren Angelegenheiten der DDR und anderer sozialistischer Staaten einmischen, indem sie massiven Einfluss insbesondere auf feindlich-negative Personen in diesen Staaten ausüben, um diese zur Entfaltung einer breiten politischen Untergrundtätigkeit zu inspirieren.«

Erst an zweiter Stelle folgte dann die rechtliche Zielstellung.

Was mich heute allerdings am meisten erbost, ist diese Haltung: immer noch oder schon wieder »von außen und von oben«. Ich habe mich bemüht, auf dieser Website das Kritische an der dort vorgeführten Aneignung der MfS-Geschichte zu entdecken. Erfolglos.

Die Zeit der Wende ist wie im Rausch an mir vorbeigegangen. Ich kann mich nur noch sehr vage an diese Tage und Wochen erinnern. Ständig gab es neue Meldungen über die Situation im Land und in der Hauptstadt; die Grenzöffnung in Ungarn und die Botschaftsbesetzungen in Prag und Warschau hatten eine regelrechte Ausreisewelle zur Folge. Die von Leipzig ausgehenden Massendemonstrationen weiteten sich aus, und ständig wurden die Richtlinien für den Umgang mit den Oppositionellen geändert. Kaum jemand in der Hauptabteilung traute sich noch, irgendeine Entscheidung zu treffen, die nicht höchsten Orts abgesegnet worden war. Mein Abteilungsleiter verkündete plötzlich lauthals, er werde nicht auf Arbeiter schießen. Mit einem Mal gab es Hunderte von heimlichen Oppositionellen bei der Staatssicherheit. In der Hauptabteilung IX wurden sogar schon Pläne für eine Umgestaltung des Untersuchungsorgans in eine Art Verfassungsschutz, insbesondere jedoch für dessen Loslösung vom Rest des Ministeriums geschmiedet.

In dieser Zeit erhielten wir die Anweisung, zum Selbstschutz unsere Pistolen mit nach Hause zu nehmen. Bis dato hatte ich die Waffe höchstens zu den zweimal im Jahr auf dem Übungsgelände Teupitz veranstalteten Schießübungen in der Hand. Ansonsten lagerten Pistolen und Maschinenpistolen in der Waffenkammer, weitab vom Vernehmungsgebäude, in das keine Waffen mitgenommen werden durften. Zwei Tage nahm ich weisungsgerecht die Pistole mit nach Hause, versteckte sie vor den Kindern und gab sie am nächsten Morgen wieder in der Waffenkammer ab. Dann beschloss ich, sie abends einfach nicht mehr abzuholen.

Von der Palastrevolte gegen Honecker, diesen verzweifelten Versuch, etwas zu retten, wobei eigentlich niemand mehr so richtig wusste, was da gerettet werden sollte, wurde ich während eines Urlaubsaufenthaltes im Harz überrascht. Als ich zurückkehrte, war schon von einer Generalamnestie die Rede, davon, dass die politischen Gefangenen entlassen werden sollten, ob mit oder ohne Gerichtsurteil, in jedem Fall jedoch mit abgeschlossenem Ermittlungsverfahren. Deshalb wurden in aller Eile Gerichtsakten zusammengestellt, Abschlussberichte geschrieben und zusammen mit den zuständigen Staatsanwälten beim Generalstaatsanwalt der DDR Arbeitsgruppen gebildet, um wenigstens den rechtlichen Anschein zu wahren. Ich war wie gelähmt, hatte den Eindruck, alles liefe wie ein Film vor mir ab.

Und dann kam der 9. November. Versehentlich hatte jemand eine Grenzöffnung bekannt gegeben, die nicht gewollt, nicht geplant, nicht vorbereitet und somit auch nicht angewiesen war, aber trotzdem stattfand. Kein Zufall sicherlich angesichts der kompletten Hilflosigkeit der Regierung.

Oft hatte ich es heimlich bedauert, in eine Zeit hineingeboren worden zu sein, in der es mir unmöglich war, jemals die Nordsee zu sehen oder den Rhein oder Hamburg oder München und die Alpen ... Blasphemisch fand ich dann immer meine Gedanken, kleinlich und ichbezogen und geradezu verräterisch angesichts der weltpolitischen Lage und der großen Mission, die unser Land gemeinsam mit den anderen sozialistischen Ländern zu erfüllen hatte. Gedankenverrat. Doch losgekommen bin ich von dieser Sehnsucht nie ganz. Nun hatte sich die Grenze geöffnet, und ich war im ersten Moment einfach nur begeistert. Ich könnte den Rest der Welt oder zumindest den anderen Teil Deutschlands noch erleben. Doch so groß diese Begeisterung auch war, die Angst vor dem, was auf mich zukommen könnte, war noch stärker.

Wie zu erwarten, erreichte uns Mitarbeiter des MfS bald der Befehl, dass die neuen Grenzregelungen natürlich nicht für uns gelten würden und wir zudem unsere Familienangehörigen davon abhalten sollten, von ihnen Gebrauch zu machen. Letzteres war völlig illusorisch. Meine Frau war schon wenige Tage nach dem 9. November mit ihren Kolleginnen auf dem Kudamm. Ich selbst traute mich erst zwei Wochen später, einen Ausflug nach Potsdam nutzend, über die Glienicker Brücke, allerdings auch nicht weiter als bis zum Glienicker Schloss, immer sorgsam darauf bedacht, niemandem zu begegnen, der mich erkennen könnte. Alles war in Aufruhr, die Menschen strömten in Scharen nach Westberlin, und ich nahm den Quatsch immer noch ernst.

Dann ging alles sehr schnell. Plötzlich sollte das Ministerium in ein »Amt für Nationale Sicherheit« umgewandelt werden, größere Umstrukturierungen und ein erheblicher Stellenabbau wurden angekündigt. Etwa zur selben Zeit wurde damit begonnen, gegen ehemals führende Amtsträger von Partei und Regierung Ermittlungen wegen Bereicherung und Amtsmissbrauch einzuleiten. Zu denen, die unter den neuen Machtverhältnissen Hohenschönhausen als Häftlinge kennen lernen sollten, gehörte schließlich auch der ehemalige Minister für Staatssicherheit. Honecker hatte sich in den Schutz der Kirche begeben. Bestimmt hätte auch er sich, wie später Mielke, über unzumutbare Haftbedingungen beschwert. Eine groteske Situation ließ in schnellem Wechsel die vorhergehende schon wieder verblassen.

Mielkes Auftritt vor der Volkskammer im November 1989 war mir, wie den meisten Mitarbeitern, zunächst nur peinlich. Was heißt peinlich, ich war entsetzt. Mielke war das MfS, und indem er sich lächerlich machte, machte er das MfS lächerlich. Mit seiner Aura zerplatzte auch die Aura der Staatssicherheit wie eine Seifenblase. Viele fragten sich, wo eigentlich die Furcht vor diesem Mann herrührte. Aber der Eindruck täuschte; er war zu keiner Zeit der harmlose, etwas verwirrte alte Mann gewesen, als der er sich nun gewollt oder ungewollt darstellte. Es gab gute Gründe, ihn zu fürchten, und genug Beispiele, das zu bestätigen. Er hatte die Macht und konnte sie mit diktatorischer Unberechenbarkeit ausüben.

Nur ein einziges Mal hatte ich Mielke live erlebt, anlässlich einer Delegiertenkonferenz vor dem XI. Parteitag der

SED 1986. Schon damals konnte er kaum noch frei sprechen, las seine Rede vollständig ab. Lediglich in einer Redepause gab er in Satzfragmenten seiner Überzeugung Ausdruck, dass der BFC Dynamo – sozusagen sein privater Fußballklub – das Spiel am nächsten Sonntag gewinnen würde, »oder ist hier im Saal vielleicht jemand nicht dieser Meinung?«. Heftige Zustimmung und verhaltenes Lachen auf den vorderen Rängen, betretenes Schweigen auf den hinteren. Den Gipfel der Leutseligkeit und guten Laune erreichte er beim Verlassen des Saals, als er einer juchzenden jungen Mitarbeiterin einen Klaps auf den Hintern versetzte.

Mit der Umbenennung des MfS in »Amt für Nationale Sicherheit« wurde beschlossen, den Mitarbeiterbestand drastisch abzubauen, und in diesem Zusammenhang jedem freigestellt, auch ohne formellen Entpflichtungsantrag ins zivile Leben zurückzukehren. Augenblicklich setzte eine »Rette-sich-wer-kann-Bewegung« ein. Ich war ebenfalls froh, den Zwängen des Dienstes im MfS unbeschadet zu entkommen. Bei der Leitung meiner Abteilung stieß ich allerdings auf völliges Unverständnis. Wieso ich denn gehen wolle, wurde ich kopfschüttelnd gefragt, solche Leute wie wir würden immer gebraucht, auch unter veränderten politischen Bedingungen. Außerdem bräuchte man qualifizierte Untersuchungsführer, jetzt, wo die Verfahren gegen Stoph, Sindermann, Mittag und andere ehemalige Größen des Staates ins Haus stünden. Wenn ich mich recht entsinne, war sogar kurzzeitig die Rede davon, dass ich ein Ermittlungsverfahren wegen Untreue und Bereicherung gegen Horst Sindermann, den letzten Volkskammer-Präsidenten unter Honecker, bearbeiten sollte.

Ich war nur noch angewidert. Zum Schluss wurde noch einmal so richtig deutlich, wie wenig von den lauthals verkündeten Überzeugungen, an die sich plötzlich niemand mehr erinnern konnte, geblieben war. Meine ideologische Welt, häppchenweise demontiert, war vollends zusammengebrochen, aber sie von einem Tag zum anderen durch eine neue zu ersetzen und so zu tun, als wäre ich immer nur der neutrale, unvoreingenommen Straftaten aufklärende Untersuchungsführer gewesen, konnte ich einfach nicht. Bis zu wirklichen Einsichten war es noch ein weiter und ziemlich schmerzlicher Weg, und es sollten auch noch Jahre vergehen. Damals war es nur ein Gefühl.

In der Kaderabteilung in der Normannenstraße durfte ich mich in einer langen Reihe von Mitarbeitern anstellen und die Entlassungsformulare unterzeichnen. Anschließend fuhr ich zurück nach Hohenschönhausen, vernichtete in Erwartung einer Taschenkontrolle private Notizen und schließlich auch Reginas Beschuldigtenfoto, packte noch ein paar private Sachen in eine Kiste und wurde nach kurzem Händeschütteln von einem Mitarbeiter zum Tor geleitet, der mir dort den Dienstausweis abnahm. Dann stand ich draußen mit meiner Kiste vor dem Bauch. Ich gehörte nicht mehr dazu.

Offiziell war ich noch bis zum 31. Dezember 1989 Mitarbeiter des MfS und wurde bis dahin auch noch bezahlt. Für den Dezember hatte man mich freigestellt, aus Sicherheitsgründen und auch, damit ich mir eine neue Arbeit suchen konnte. Ich hatte absolut keine Ahnung, was ich jetzt machen sollte, nur eins wusste ich bestimmt: Nie wieder wollte ich in den Dienst des Staates treten, mich militärischen Hierarchien unterordnen oder parteipolitischen Zwängen unterwerfen. Also versuchte ich erst gar nicht wie andere, bei der Polizei und der Zollverwaltung unterzukommen oder mein Glück im öffentlichen Dienst zu suchen. Das so genannte Überbrückungsgeld in Höhe von drei

Monatsgehältern ging sofort zur Bezahlung eines Teils der Schulden drauf, die ich gemacht hatte, um nach 13 Jahren Wartezeit im Sommer 1989 für dreizehntausend Mark den »Trabant« kaufen zu können.

Eine Woche später stand ich auf dem Arbeitsamt Berlin-Mitte und hielt nach Stellenangeboten Ausschau. Bis dahin wusste ich gar nicht, dass es so etwas wie ein Arbeitsamt in der DDR gab. Ich fand eine Notiz an dem Brett im Warteraum, wonach ein Jurist für die Abteilung Wirtschaftskontrolle bei der Mitropa gesucht würde. Mit Wirtschaftskontrolle konnte ich nichts anfangen, und Jurist ... na ja. Schon am nächsten Tag stellte ich mich in der dortigen Kaderabteilung vor und wurde zum Hauptbuchhalter verwiesen. Ich hatte mir vorgenommen, offen mit meiner ehemaligen Stasi-Zugehörigkeit umzugehen – ein Doppelleben hatte ich lange genug geführt –, und war verblüfft, auf so viel Verständnis zu stoßen. Einzelheiten interessierten den Hauptbuchhalter ohnehin nicht; und als ich von meiner bisherigen Tätigkeit zu erzählen begann, unterbrach er mich mit der Bemerkung, das sei alles kein Problem, schließlich sei er selbst Offizier bei der Wehrmacht gewesen. Ich war schockiert über diese Gleichsetzung, erst später wurde mir bewusst, dass der alte Mann näher an der Wahrheit dran war, als ich es mir damals eingestehen wollte.

Jedenfalls hatte ich den Job, als ich den Raum verließ, wenn auch nur mit einem Drittel meines bisherigen Gehaltes. Das erste Mal seit fast fünfzehn Jahren würde ich einen Achtstundentag und freie Wochenenden haben. Keine Bereitschaften, keine Bevormundung bis in den privaten Bereich, nichts.

Die folgenden Jahre vergingen damit, mich in den Aufgabenbereich einzuarbeiten, mir ein völlig neues Betätigungsfeld zu erschließen. Ich besuchte Lehrgänge, saß abends über Lehrbüchern. Trotzdem ließ mich die Vergangenheit nicht los. Jahr für Jahr gab es neue Erkenntnisse, neue Enthüllungen über die Machenschaften der Staatssicherheit. Ich hatte nun erst recht das Gefühl, mein halbes Leben auf der falschen Seite gestanden zu haben. Unfähig, mich einzuordnen, schwankte ich zwischen zwei Haltungen hin und her. Einmal fühlte ich mich mitverantwortlich für alles Negative in der DDR und steigerte mich damit in ein schon fast märtyrerhaftes Schuldbewusstsein. Ein anderes Mal bestand ich darauf, nur für ganz konkretes Tun verantwortlich gewesen zu sein, und fand tausendundeinen objektiven Grund, weshalb ich mich nicht anders hatte verhalten können.

Verblüfft stellte ich auf meiner Arbeitsstelle fest, dass ich, trotz aller Einschränkung, weit kritischer mit der DDR-Vergangenheit umging als meine Kollegen. Die wenigsten hatten die in der DDR allgegenwärtigen Restriktionen als persönlich bedrohlich oder ernsthaft einschränkend empfunden. Für viele schien ich der erste Ex-Stasimitarbeiter zu sein, der ihnen über den Weg lief. Wahrscheinlich war ich aber nur der erste, der es zugab.

Allenthalben, in der Familie, im Freundeskreis oder auf der Arbeitsstelle, stieß ich auf Unverständnis, wenn ich mich gegen die nostalgische Verklärung der DDR-Wirklichkeit wandte und erklärte, dass ich mich mit meiner eigenen Verantwortung auseinander setzen wollte. Ich hätte doch nur guten Willens meine Aufgabe erfüllt, wie tausend andere auch, das könne doch nicht alles auf einmal schlecht sein, hieß es dann. Wenn ich dann widersprach, hatte ich den Eindruck, dass meine Gesprächspartner mich für verrückt hielten. (Daran hat sich im Übrigen bis heute kaum etwas geändert. Im Westen oberflächliches »Oh« und »Na, so was!« und im Osten Verständnislosigkeit und schneller Themenwechsel.) Ich konnte nur schwer damit umgehen, denn ich wollte auf keinen Fall den Eindruck erwecken, ein »Wendehals« zu sein. Niemand zwang mich dazu, diese Auseinandersetzung zu führen – aber so schmerzhaft, so an die Substanz gehend, wie sie dann tatsächlich mit Regina stattfand, hatte ich sie mir nicht vorgestellt.

Als Regina und ich auseinander gingen an diesem Novembertag 1997, versprachen wir uns, egal was die Zukunft bringen würde, uns nicht wieder aus den Augen zu verlieren. Wie das konkret aussehen sollte, darüber sprachen wir nicht. Weiter als bis zum nächsten Tag wagte ich in diesem Moment nicht zu denken.

In den folgenden Wochen trafen wir uns häufig, ich mehr oder weniger heimlich, während sie gegenüber ihrem Ehemann keinen Hehl aus den Begegnungen mit mir machte. Wieder einmal versuchte ich, einen Spagat hinzubekommen – diesmal zwischen meinem Verlangen, so oft wie möglich mit Regina zusammen zu sein, und dem Verharren in der Familie. Mir war klar, dass ich eine Entscheidung treffen musste. Gedanklich über den eigenen Schatten zu springen, war ganz einfach, na jedenfalls meistens. In der Realität wusste ich allerdings nicht, was ich machen sollte. Zu Hause die Familie – wie würden besonders die Kinder mit einer Trennung zurechtkommen? – und eine materiell gesicherte Existenz, bei Regina die große Liebe und eine ungewisse Zukunft. Zu Hause »geordnete Verhältnisse«, aber auch der moralische Zaunpfahl, bei Regina der verständliche Druck, mich, bei aller Liebe, meiner Vergangenheit zu stellen und schmerzliche Wahrheiten zur Kenntnis zu nehmen. Kurz, es war ein einziges Taktieren, ein nerviges, krank machendes Aufreiben zwischen den nicht steuerbaren Gefühlen für Regina und einem schlechten Gewissen der Familie gegenüber.

Im Januar 1998 zog Regina aus der gemeinsamen Wohnung mit Stefan, ihrem zweiten Mann, aus und mietete ein Zimmer in der Wohnung eines Freundes in der Warschauer Straße. Für sie und auch für Stefan war meine Unentschlossenheit unerträglich geworden. Da ihre Unterkunft auf meinem Weg zum Büro lag, schlich ich mich wie ein Dieb vor oder nach der Arbeit für wenige Stunden in die Warschauer Straße. Und schließlich kehrte ich zur Familie zurück. Bis, ja bis zu dem Abend im März, an dem Lars, ihr Quartiergeber, Freunde eingeladen hatte, um seinen Geburtstag zu feiern.

Vor mir lagen zwei arbeitsfreie Tage, die ich mit Regina verbringen wollte. Ich erzählte ihr, ich hätte darüber mit meiner Frau gesprochen, was auch stimmte. Allerdings bezog sich das auf die Tage, die Nächte waren nicht einbezogen. Regina verstand mich dagegen so, als hätte ich mich nun endlich entschieden und reinen Tisch gemacht. Sie konnte sich einfach nicht vorstellen, dass meine Frau und ich gedachten, dieses unwürdige Spiel fortzusetzen.

Ich verbrachte den Tag bei ihr. Es war wie so oft vorher: Ich war glücklich, wenn ich zu ihr kam, und fühlte mich wie ein ertappter Liebhaber, wenn die Zeit der Trennung nahte. Als wir abends gemeinsam das Geschirr abwuschen, versuchte ich Regina zu erklären, ich müsse jetzt nach Hause. Sie war wie vor den Kopf geschlagen und teilte mir mit, dass sie jetzt die Schnauze voll habe. Wenn ich mich kaputtspielen lassen wolle, könne ich das tun, aber sie würde auf keinen Fall den Zuschauer machen. Wenn es nicht anders ginge, solle ich mich zu meiner Familie scheren. Damit rannte sie aus der Küche.

Plötzlich war es, als nähme mir jemand einen Stein von der Seele, als wäre ein seltsamer Bann gebrochen. Innerhalb einer Sekunde war ich nicht mehr bereit, andere für mich entscheiden zu lassen, ob das Regina, meine Frau oder sonst jemand war. Ich stürzte aus der Küche, ging in ihr Zimmer, wo sie auf dem Fensterbrett saß und mit zittrigen Händen rauchte. Jetzt kein Gelaber mehr, keine Geschichten und keine Ausflüchte. Ich eröffnete ihr, dass ich sofort nach Hause fahren, meine Sachen holen und noch am Abend zurückkehren würde.

Und so war es. Ich fuhr nach Hause, stopfte zwei Reisetaschen mit Kleidung voll, erklärte meiner Frau, dass ich mich entschieden hätte, gab ihr auf Verlangen meinen Wohnungsschlüssel und war rechtzeitig mit den ersten Gästen zur Geburtstagsfeier zurück.

Und so zog ich ein in dieses äußerst spartanisch eingerichtete Zimmer, unsere erste gemeinsame Bleibe. Ich hatte das Gefühl, mich selbst besiegt zu haben, als ich nach unserer ersten gemeinsamen Nacht meine Sachen in das von Regina frei gemachte Fach des Kleiderschrankes packte. Besiegter und Sieger zugleich.

Als ich zu Regina auf die Matratze zog, brauchte ich nur wenig zum Leben, zum Glücklichsein. Ein Bild, das sich mir eingeprägt hat aus dieser Zeit, war der Wasserfleck an der Decke unseres Zimmers. Dieser Fleck mit den Konturen einer überdimensionierten hockenden Katze, wie man sie oft in norddeutschen Fenstern sieht. Sie schien uns zu beobachten. Wenn ich dann auf der Matratze lag und an die Decke sah, kam mir oft der Gedanke, dass sie vielleicht über uns, über unser neues Leben wacht. Und stets fiel mir eines meiner Lieblingslieder der in den Westen gegangenen Sängerin Veronika Fischer ein, jenes von der schwarzen Katze auf dem Dach des kleinen Wiesengrundhauses, in dem der Soldat das Gewehr zerbricht und seinem Gefühl folgt.

# 23.

Wir haben einen Termin bei der Gauck-Behörde. Es dürfte wohl eine Ausnahme sein, dass ein ehemaliger Vernehmer und eine ehemalige Beschuldigte am selben Tag ihre Akten einsehen und dabei nebeneinander sitzen.

Es ist ein wichtiger Drehtag für »11 und 12«. Till Harms, dem Regisseur, ist es gelungen, diesen Termin mit der Behörde zu vereinbaren. Ich hatte fast drei Jahre zuvor Akteneinsicht beantragt, und mir war mitgeteilt worden, dass ich mich auf eine lange Wartezeit einstellen müsse. Jahrelang habe ich mich innerlich gesträubt, einen derartigen Antrag zu stellen. Ich hatte Angst vor dem Blick in die Vergangenheit, Angst vor Verletzungen, denen ich mich nicht gewachsen fühlte. Ich wollte keinen Freund als Spitzel entlarvt sehen, ich wollte meine Erinnerungen nicht korrigieren müssen. Vor allem wollte ich nicht Erinnerungen wecken, die im Laufe der Jahre verblasst waren.

Drei Jahre Haft, davon zweieinhalb Jahre im berüchtigten Frauengefängnis Hoheneck. Zweieinhalb Jahre an vollkommen veralteten Nähmaschinen im Drei-Schicht-System Bettwäsche nähen. Bettwäsche, die unter anderem auch in den Ramschkisten westdeutscher Kaufhäuser landete. Bettwäsche für den »VEB Planet«.

In dieser Zeit haben T. und ich uns nur zweimal gesehen, für jeweils eine Stunde. Einmal in seinem Strafvollzug, in Cottbus, einmal bei mir, auf Burg Hoheneck. Der letzte »Sprecher« kurz vor meiner Entlassung fand nicht mehr statt. Ich wollte T. die Strapaze des Transports ersparen und bat ihn, keinen Antrag auf eine Besuchserlaubnis zu stellen.

Freikauf durch die Bundesregierung, Ankunft in Westberlin. T.s Eltern besuchten uns schon am ersten Abend im Auffanglager in Marienfelde. T.s Vater hatte mich in seiner Zeugenaussage beschuldigt, seinen Sohn zu den »Straftaten« verleitet zu haben. Unter meinem Einfluss sei er sozusagen »straffällig« geworden. Ich nahm es dem alten Mann nicht übel. Blut ist dicker als Wasser. Er glaubte vermutlich, ihn durch seine Behauptung schützen zu können.

Wir haben unsere »politischen Freunde« nicht wieder gefunden. Das Komitee existierte nicht mehr. Wir kannten nur Decknamen unserer Kuriere. Nachdem uns in Berlin die Geheimdienste der drei Alliierten über die Haft und die Vorgeschichte befragt hatten, die amerikanische Dienststelle benötigte dafür fast einen ganzen Tag, zogen wir es vor, nicht weiter nachzuforschen. Der amerikanische Beamte war sichtlich enttäuscht, keine Informationen von uns erhalten zu haben. Er interessierte sich ganz besonders für »Alberto«, unseren Mann in Westberlin. Wir hatten den Eindruck, dass es ihm hauptsächlich darum ging, unser Wissen über diesen Mann auszuloten. Nun, wir wussten nichts, so war es zwischen uns vorher abgesprochen.

Gorbatschow ... Perestroika ... Glasnost? T.s Vater wurde nicht müde, bei seinen Besuchen über die neue Entwicklung zu sprechen. Wir hielten nichts von seinen Hoffnungen. T. interessierte sich nicht mehr für die »Ostproblematik«, wie er es nannte. Die Haft hatte ihre Spuren hinterlassen. Das Kapitel »DDR« war für uns abgehakt.

Die Ehe zwischen T. und mir wurde 1988 geschieden. Wir mussten schmerzlich zur Kenntnis nehmen, dass wir uns gegenseitig nichts mehr bedeuteten. Nicht einmal Freundschaft war übrig geblieben.

Ich lebte seit 1987 mit Stefan zusammen. Wir hatten uns beide ziemlich wagemutig in diese Beziehung gestürzt, obwohl alle Voraussetzungen dafür denkbar ungünstig waren. Heute würde man sagen, da tat sich ein »Wessi« mit einer »Ossi« zusammen. Aber das war noch nicht alles, das betrachteten wir eher als Bereicherung. Schwerer war schon unser Altersunterschied zu verkraften – ich bin zwölf Jahre älter als Stefan. Er studierte damals an der Technischen Universität Musikwissenschaften und hielt sich mit Nebenjobs über Wasser. Ich brach mein Jurastudium nach der Trennung von T. ab und arbeitete in Hilfsjobs, um meinen Lebensunterhalt einigermaßen abzusichern. Unsere Beziehung verlief sehr temperamentvoll und, wie nicht anders zu erwarten bei der Konstellation, vollkommen chaotisch, aber niemals langweilig. Als wir 1991 heirateten, hatten wir zwei Wohnungen und führten eine Wochenendehe. Auf diese Art und Weise hatten wir uns Freiräume geschaffen, die wir auch brauchten.

Als ich mit Stefan und einem gemeinsamen Freund 1997 die Gedenkstätte in Hohenschönhausen besuchte, war ich weit davon entfernt, an eine grundsätzliche Veränderung in meinem Leben zu denken. Ich hatte Uwe nicht vergessen, aber er spielte in meiner realen Welt keine Rolle. Nur manchmal, unvermutet, ohne ersichtlichen Grund, tauchte sein Gesicht aus dem Dunkel meines Bewusstseins auf. Und jedes Mal dieser kurze, leise Schmerz, diese sehnsüchtige Trauer, wie um eine längst vergessen geglaubte Jugendliebe. Ich hatte Stefan nie von dieser Geschichte erzählt. Aber an dem Nachmittag, nach der Besichtigung der Gedenkstätte, begann ich zum ersten Mal darüber zu sprechen.

Lars, oder besser »Menschi«, wie wir unseren Freund nannten, hatte sich in seiner Dissertation mit einer brisanten Thematik beschäftigt. Es ging um die systematische Kontrolle der DDR-Musikvereine durch das MfS mit Hilfe der so genannten IMs, der Inoffiziellen Mitarbeiter des Ministeriums, auf gut Deutsch, der Spitzel.

»Menschi, Menschi …«, Lars raufte sich die Haare, »übrigens, was noch bemerkenswert ist, die Führungsoffiziere waren auch nicht gerade intellektuelle Leuchten, schon rein bildungsmäßig nicht! Na ja, ich meine, wenn einer wirklich richtig gut war, ging der doch nicht zum MfS, hatte er doch nicht nötig, der konnte doch nun, weiß Gott, woanders Karriere machen.«

Ich war einigermaßen irritiert. »Du willst doch nicht ernsthaft behaupten, es hätten dort nur Leute gesessen, die anderswo nicht untergekommen sind! Lars, das war ein Eliteverein. Meine Schwester hat ihr Abitur mit sehr gut bestanden, sie war bestimmt nicht intellektuell unterbelichtet!«

»Ja, aber ich habe nun mal die Akten vor mir …«, Menschi konnte in der Gauck-Behörde Aktenberge durchforsten, er hatte einen Forschungsantrag gestellt.

»Ich bin sicher, dass die Akten nicht alles, was einen Menschen betrifft, aussagen können. Es gibt Dinge, die in keiner Akte stehen, trotzdem sind sie nicht weniger wahr …«

Menschi wurde neugierig: »Was meinst du denn damit, ich meine, du hast deine ja noch nicht gesehen, oder?«

Ich weiß nicht, was mich damals fast zwanghaft zum Reden brachte. Lars jedenfalls hatte gleich eine Erklärung parat: »Regina, das war reine Taktik, glaube mir das, ich kenne die Brüder! Der war nie und nimmer wirklich in dich verliebt!«

Er musste es wissen, er war der Experte. Aber welche Taktik sollte da zur Anwendung gekommen sein, das Verfahren war schon fast beendet, ich hatte meine Untaten gestanden, wozu also noch Taktik?

»Aus reinem Spaß an der Freude! Ich meine, es ging ja schließlich auch um Zersetzung der Persönlichkeiten, kannst du alles nachlesen! Dafür gab es richtige Maßnahmepläne! Mensch, Regina, der wollte dich einfach fertig machen, glaub mir! Es ist völlig unmöglich, dass sich dein Vernehmer wirklich in dich verliebt hat, das glaube ich einfach nicht, pures Theater!«

Im Januar 1998 zog ich als Untermieterin bei Lars ein. Zwei Monate später waren wir zu dritt. Uwe hatte sich von seiner Frau getrennt. Einige Monate später hatten wir unsere erste eigene Wohnung.

Ich hatte diesem Tag entgegengefiebert. Da sitze ich nun vor einem Aktenberg und kann mir mit einem Mal nicht vorstellen, ihn jemals zu bewältigen. Uwe blättert neben mir in seiner dürftigen Personalakte. Die Kamera läuft, aber die Akteure interessieren sich nicht für die Filmaufnahmen. Kein guter Tag für den Kameramann.

Die operative Bearbeitung hatte vor fast genau zwanzig Jahren begonnen, im Sommer 1978. Unglaublich, wie nah diese Zeit plötzlich wieder ist!

Ich lese Berichte meiner Eltern, sie leben nicht mehr, aber ich kann ihre zornigen Stimmen wieder hören, ihre stockende Sprache, wenn sie nicht mehr nüchtern sind. Einige Behauptungen sind frei erfunden: Ich habe zum Beispiel nie an meiner Wohnungstür Flugblätter an Freunde und Gäste verteilt. Vielleicht fühlten sie sich auch durch meine Schwester genötigt, Resultate ihres »aufmerksamen und wachsamen Auftretens gegenüber der Familie L.« zu liefern.

Ich wusste schon damals, dass meine Schwester gegenüber ihrer Dienststelle im MfS verpflichtet war, eine Meldung über meinen Ausreiseantrag zu schreiben. Als ich aber zwanzig Jahre später das krude Schreiben lese, packt mich nicht nur der große Zorn, im ersten Augenblick verschlägt es mir wahrhaftig die Sprache. Erst viel später wurde mir klar, dass sich darin neben ihrer Empörung über die missratene Schwester auch Angst um die Stellung als Mitarbeiterin des MfS ausdrückte. Sie denunzierte einfach munter drauf-los. Sie vermutete, dass wir die DDR illegal verlassen woll-ten. Sie vermutete, dass wir meinen Bruder aushorchen wür-den, um seine Kenntnisse der Grenzsicherungsanlagen für eine Flucht auszunutzen. Warum sonst würden sich die bei-den Geschwister miteinander abgeben!? Sie wusste nicht, dass ich studieren wollte und aus dem Grund meine Arbeit aufgegeben hatte. Sie verwechselte den Berliner Verlag mit ADN, dem Allgemeinen Deutschen Nachrichtendienst, der einzigen Presseagentur in der DDR. Wir hatten seit Mai 1976 keinen Kontakt mehr zueinander, trotzdem behauptete sie, dass ich meiner Arbeit im Urania-Bezirksvorstand Berlin schon nach wenigen Tagen nicht mehr nachgegangen sei, was völlig aus der Luft gegriffen war, aber ganz sicher in das Bild passte, dass sie sich über die »negative Entwicklung« ihrer Schwester zurechtgebastelt hatte.

Ihr gesamter Bericht war eine einzige Denunziation, eine Mischung aus Dichtung und Deutung, und nur ihre »Ergän-zungsmeldung zum Bericht vom 13. 1. 1978« war wenigstens im Kern nicht frei erfunden: »Anlässlich eines Telefonats mit meiner Mutter am 4. 3. 1978 wurde mir bekannt, dass seitens der Familie L. zwischenzeitlich ein offizieller Ausreiseantrag zur Ausreise nach Westberlin gestellt wurde, dem Antrag wurde nicht stattgegeben.«

Wir hatten diesen Antrag nicht »zwischenzeitlich« ge-stellt, wir hatten zu keiner Zeit die Absicht, das Land ille-gal zu verlassen. Wie hat wohl ihre Dienststelle auf die For-mulierung »offizieller Ausreiseantrag« reagiert? »Offizielle Ausreiseanträge« gab es nur für Rentner oder für »humani-täre Fälle«, Familienzusammenführungen beispielsweise. Politisch motivierte Ausreiseanträge wurden, gerade im Sprachgebrauch ihres obersten Dienstherren Erich Mielke, als »illegal« bezeichnet.

Eigentlich will ich die Akten für den ersten Tag schließen und einen neuen Termin vereinbaren. Ich will dabei Ruhe haben, keine Kamera, die mir über die Schulter schaut, und vor allem möchte ich systematischer vorgehen.

Beim Durchblättern des zweiten Wälzers fällt mir noch ein Schriftstück ins Auge: Am 31. Mai 1978 hat ein kolumbianischer Student das »Komitee für Angelegenheiten ausländischer Studierender in der DDR beim Ministerium für Hoch- und Fachschulwesen« über die feindliche, gegen die DDR gerichtete Einstellung des Ehepaares L. in Berlin-Köpenick informiert. Er sei in Begleitung eines peruanischen Studenten Gast dieser Familie gewesen und fühle sich aus moralischen Gründen verpflichtet, über die negative Einstellung des Ehepaares zu informieren. – Etwa anderthalb Monate später war dieser Kolumbianer wieder bei uns aufgetaucht, diesmal in Begleitung eines anderen südamerikanischen Studenten. Letztendlich hat er den Kontakt zum »Komitee gegen politische Unterdrückung in beiden Teilen Deutschlands« hergestellt! Ein Schelm, wer Böses dabei denkt!

Ich sperre die Gespenster der Vergangenheit zwischen Aktendeckel ein. Da sollen sie auch bleiben. Inoffizielle Mitarbeiter? Es gab viele freiwillige »Helfer«. Eine Familie im Wohnhaus gegenüber hatte die Wohnung als »Beobachtungsstützpunkt« zur Verfügung gestellt. Keine IM, da gab es die richtigen Klarnamen. Der greise Parteisekretär der Wohnparteiorganisation erbot sich, nach Kräften bei der Überwachung der Familie L. mitzuwirken, kein IM. Meine Familie stellte ihre ganze Kraft zur Verfügung, um die Familie L. unter Kontrolle zu behalten, ihre ganze Erfindungsgabe, um beachtenswerte Berichte zu verfassen. Keine IM.

Die Gauck-Behörde teilte mir einige Monate später den Klarnamen eines IM mit. Es handelte sich um den Schulfreund meines geschiedenen Mannes, Matthias H. Er war oft bei uns zu Gast. Er studierte Journalistik in Leipzig, war verheiratet, soweit ich mich erinnern kann; seine Frau trennte sich von ihm, kurz nachdem ihr Sohn geboren wurde. Nach dem Studium arbeitete er bei der illustrierten Zeitschrift »NBI«, die im Berliner Verlag herausgegeben wurde. Aus seiner ablehnenden Haltung gegenüber unserer politischen Einstellung machte er nie einen Hehl, provozierte immer wieder Diskussionen über unsere Antragstellung. T. hatte damals schon den Verdacht, dass er ein Spitzel sei.

Während unserer Haft besuchte er einige Male meine Schwiegereltern und erkundigte sich nach unserem Befinden. Seine Anteilnahme endete erst 1984, als wir schon in Westberlin wohnten und auf einen Brief von ihm, den meine Schwiegereltern mitgebracht hatten, nicht reagierten. Er hatte einen seiner Artikel für die »NBI« mitgeschickt: Nun seht doch mal, was aus mir geworden ist! Gratuliere, Matthias, aber trotzdem würde ich mit dir nicht tauschen wollen. Damit wir uns nicht falsch verstehen, ich war empört über deine infame Berichterstattung, ich war wütend auf dich und verletzt, aber am Ende hast du mir nur noch Leid getan. Armes Würstchen, fleißiger Parteiarbeiter, das beißt sich durchaus nicht. Ich möchte nicht einmal mehr wissen, was du jetzt treibst, wo du jetzt lebst. Drei Jahre DDR-Haft werden nicht mein ganzes Leben bestimmen, verlass dich drauf!

Der Drehtag ist beendet. Wieder haben Uwe und ich eine Hürde genommen, und jetzt brauchen wir Zeit für uns, keine Kamera, bitte!

# 24.

Meinen ersten Rundgang in der Gedenkstätte Hohenschönhausen machte ich im Februar 1998. Regina hatte die Idee,
gemeinsam mit ihr sozusagen als Besucher durch die
Gedenkstätte zu gehen. Die kleine Privatführung wollte eine
Kollegin von ihr, eine junge Historikerin, veranstalten. Es war
ein Sonnabend, und es war hundekalt, das ganze Gebäude
unbeheizt bis auf die Büroräume im Vorderhaus. Ich kann
das Gefühl nur schwer beschreiben, mit dem ich die Ein-
gangspforte, an der ich so oft den Ausweis gezeigt hatte, passierte. Vielleicht eine Mischung aus Scham, Neugier und
Furcht. Dieses Unbehagen hatte sich in den Jahren nach der
Wende mit jeder neuen Enthüllung über die Machenschaften
des MfS verstärkt, vom Unterkriechen der RAF-Terroristen
über die Waffengeschäfte eines Schalck-Golodkowski bis zu
den geplanten Internierungslagern und noch viel, viel mehr.
Es schien überhaupt nicht aufzuhören. Am stärksten belastete mich die Vorstellung, niemand würde mir glauben,
wenn ich sagte, von vielem hätte ich nichts gewusst, und ich
solle mich für etwas rechtfertigen, an dem ich nicht selbst
beteiligt, ja das mir nicht einmal bekannt war. Es hat lange
gedauert, bis ich begriff, dass es viel mehr darauf ankam,
meine heutigen Möglichkeiten zu nutzen, um mich zu informieren und ausgehend davon mein Handeln kritisch unter
die Lupe zu nehmen. Regina beispielsweise wollte nicht,
dass ich mir Asche aufs Haupt streue. Vielmehr sollte ich
meine Mitverantwortung, auch die Mechanismen, die dazu
geführt hatten, selbst erkennen, aber eben nicht gezwunge-
nermaßen.

Aus dieser Sicht ist das Auftreten der wenigen ehemaligen
Mitarbeiter des MfS, die sich bis dato in die Öffentlichkeit

begeben haben, erklärlich, nicht aber akzeptabel. Kaum einer von denen, die ich in Dokumentarfilmen, Diskussionen, bei Podiumsveranstaltungen oder Buchpräsentationen gesehen und gehört habe, hat sich meines Wissens die Mühe gemacht, seine eigene innere Entwicklung, seine ganz persönliche Verstrickung zum Maßstab des Umgangs mit der DDR-Geschichte zu machen. Und immer wieder kommt der Fingerzeig auf die anderen, vor allem den imperialistischen Klassengegner und neuerdings die übermächtige Sowjetunion. Beides nicht zu unterschätzen und beides sicher historisch nicht falsch. Aber für ein Verständnis, wie Diktaturen, egal welcher Couleur, funktionieren – und sie funktionieren nur durch und mit Menschen –, scheint mir das entschieden zu wenig. Es reicht eben nicht, eigenes Handeln mit dem Handeln anderer zu vergleichen und letztlich zu rechtfertigen, sondern es sollte vor allem darauf ankommen, dem eigenen Anspruch zu entsprechen. Individuelle und politische Freiheit hatte ich im Unterschied zu Regina in der DDR nicht vermisst. Heute würde ich darauf nie wieder verzichten wollen. In dem Konflikt zwischen erklärtem Anspruch und praktizierter Realität muss sich jeder befunden haben, der an die Schalthebel der Macht gelangte. Wieso liest man über den ganz individuellen inneren Widerspruch, über den eigenen Drang zur Teilnahme an der Macht und die Sucht nach dem dortigen Verbleib, dem daraus resultierenden Opportunismus und der verinnerlichten Verlogenheit nie etwas in den einschlägigen Biographien? Natürlich weiß ich aus eigener Erfahrung, dass kaum jemand, dem es nicht von vornherein nur um die eigenen Pfründe geht, in der Lage ist, sich das in der Zeit, in der es stattfindet, wirklich bewusst zu machen. Aber wer außer mir selbst zwingt mich in der Erinnerung noch zur Aufrechterhaltung von Lebenslügen?

Für Regina und mich war es deshalb besonders wichtig zu erfahren, wie sich Menschen wie wir mit solchen Ähnlichkeiten in Charaktereigenschaften, Herkunft und gleichartigem gesellschaftlichen Umfeld so unterschiedlich entwickeln konnten. Und natürlich dahinter immer die ganz private Unfasslichkeit, weshalb die Liebe zu einer »Feindin« in mir so gar keine Veränderung bewirkt hatte.

Die Pförtnerloge, damals das Wachlokal der uniformierten Posten, beherbergte jetzt ABM-Kräfte, die in der Verwaltung der Gedenkstätte tätig waren. Regina wurde auch gleich von allen Leuten angesprochen, während ich etwas verloren daneben stand. Ich fragte mich, wem wohl bekannt war, dass ich hier einmal gearbeitet hatte. Die Historikerin, die uns bald darauf begrüßte, wusste es von Regina, aber wer noch?

Ich versuchte, ruhig zu bleiben und mich auf den einleitenden Vortrag zu konzentrieren, in dem die junge Frau auf die Geschichte des Grundstücks und die bisherigen Erkenntnisse über die Zeit als Speziallager der sowjetischen Militäradministratur nach dem Krieg einging. Regina musste meine Anspannung bemerkt haben, sie lehnte sich an meine Schulter und schob ihre Hand unter meine, als wollte sie mir Kraft geben. Sie gab mir Kraft, ausgerechnet sie.

Alles, was ich dann auf dem üblichen Weg der Führung sah und hörte, wusste ich schon aus Reginas Schilderungen. Aber das war nicht dasselbe. Als ich das »U-Boot« – den vom sowjetischen Geheimdienst übernommenen und bis Anfang der 60er Jahre genutzten Zellentrakt im Keller des Verwaltungsgebäudes – mit eigenen Augen sah, die fensterlosen Kerkerräume und das Loch von Arrestzelle, hatte ich den Drang, fluchtartig diesen Ort zu verlassen. Ich war entsetzt über die Unmenschlichkeit der Haftbedingungen. So etwas konnten doch nicht Kommunisten getan haben. Oh Gott, lass es nicht wahr sein, lass mich aufwachen und diesen Ort als perfide Propaganda erkennen! Aber der Ort und auch seine Geschichte sind real, und ich bin kein unbeteiligter Besucher. Und mit dieser Erkenntnis kam die Wut. Eine Wut, die mir die Tränen in die Augen trieb und mich hilflos machte. Ich war bis oben hin angefüllt mit dieser Wut, auf mich, auf meine ehemaligen Kollegen und Chefs, auf die Stasi, auf das Land, für das ich geglaubt hatte, mich einzusetzen, auf die Verlogenheit der Ideologie, der ich so lange gefolgt war, und immer wieder die Wut über die eigene Unzulänglichkeit.

Ich ahnte schon, dass ich mich nicht damit würde herausreden können, davon nichts gewusst zu haben, denn ich hätte es wissen können, ja wissen müssen. Es gab die Möglichkeit zu erfahren, zu sehen, zu begreifen und doch habe ich nichts erfahren, und nichts gesehen und nichts begriffen. Nicht einmal eine der Zellen mit den Glasbausteinen anstelle von Fenstern kannte ich bis dahin, obwohl ich sie – zwar mit einigen Schwierigkeiten verbunden, denn den Zellentrakt durfte ich als Vernehmer nicht betreten – sicher hätte sehen können.

Vom »U-Boot«, diesem alten Zellentrakt, wusste ich tatsächlich nichts, davon ist während der gesamten Zeit meiner Zugehörigkeit zur Hauptabteilung IX nie in meiner Gegenwart gesprochen worden. Allerdings habe ich auch nie gefragt, wie das so war in den 50er und 60er Jahren, vielleicht hätte mir einer von den älteren Mitarbeitern etwas erzählt. Komisch, jetzt wo ich darüber nachdenke, fällt mir erst auf, dass es zumindest in dieser Hauptabteilung so etwas wie die sonst in der DDR allgegenwärtige Traditionspflege, bei der vergangene Leistungen und Erfolge beweihräuchert wurden, nicht gab. Die Gründe dafür liegen heute auf der Hand.

Warum wusste ich nichts Genaueres über den während meiner Zeit benutzten Zellentrakt? Die Antwort ist erschreckend banal: Es hat mich einfach nicht interessiert. Ich war mit dem zufrieden, was ich aus Gesprächen erfuhr und mir teilweise auch von Häftlingen bestätigt wurde. Die Gefangenen hatten genug zu essen, konnten ausreichend Körperpflege betreiben und während der Freistunden an die frische Luft gehen. Hinzu kam, dass die Abteilungsleitung und auch ältere Mitarbeiter unter Hinweis auf andere Untersuchungshaftanstalten, beispielsweise bei der Polizei, von Hohenschönhausen immer als »Edelknast« sprachen. Von den Schikanen, der Entpersönlichung und dem psychischen Druck hatte ich keine Vorstellung, darüber machte ich mir auch nicht die geringsten Gedanken. Dafür war ich schließlich weder zuständig noch verantwortlich. Ich hielt das Ganze für völlig normal und in Übereinstimmung mit der international üblichen Praxis. Vielleicht wäre mir ein Licht aufgegangen, wenn ich mich damals schon informiert hätte, in welchen Ländern so etwas übliche Praxis war.

Ohne fundierte Ausbildung war ich sozusagen von der Drehbank ins Vernehmungszimmer gesetzt worden. Eine psychologische Ausbildung gab es kaum, wenn man mal von dem Schnellkurs in Vernehmungstaktik, wie ich ihn in Gransee durchlaufen hatte, absieht. Bei den Vernehmungen habe ich mich immer mehr auf mein Gefühl, Hinweise älterer Vernehmer oder selbst gesammelte Erfahrungen verlassen. Wenn ich mir überlege, wie wenig Wissen dahinter steckte, überrascht mich im Nachhinein die Bandbreite psychologischer Einflussmechanismen, die ich letztlich bei den Vernehmungen benutzte.

Noch heute fällt es mir schwer, die Tatsache an mich heranzulassen, dass während der Vernehmungen psychische Folter ausgeübt wurde. Aber was bleibt, wenn ich Isolation,

Desinformation und Desorientierung, das Einschleichen in das Vertrauen eines anderen ganz bewusst für meine Zwecke einsetze? Das war kein Spiel, kein Wettstreit, auch wenn ich es damals so sehen wollte. Das war die zielgerichtete Zerstörung von Persönlichkeit. Das Ziel war sicher immer in erster Linie die Geständnisgewinnung und Aussagebereitschaft, aber oft auch lediglich Machtausübung. Manchmal ging es nur darum, den Beschuldigten derart zu verwirren, dass er gar nicht mitbekam, was er da eigentlich unterschrieb. Immer wieder hatte ich mit solchen Mitteln operiert, beispielsweise um in einem Protokoll eine Aussage unterzubringen, die der Beschuldigte, wäre sie weniger verklausuliert gewesen, vermutlich nicht unterschrieben hätte.

Regina hatte mir von Hoheneck erzählt, der Strafvollzugsanstalt in der Nähe von Stollberg, auf halbem Weg zwischen Chemnitz und dem Erzgebirge, und dass sie schon lange vorhabe, einmal dorthin zurückzukehren, unter anderen Vorzeichen, unter veränderten Bedingungen. Schließlich hatte sie ihre Haftstrafe bis auf wenige Tage in voller Länge absitzen müssen, ziemlich unüblich für Anfang der 8oer Jahre, als nach jeder Westmark aus dem Häftlingsfreikauf gegiert wurde.

Alles, was sie mir über Hoheneck berichtete, erschien mir unwirklich, als hätte sie über ein anderes, eines dieser längst vergangenen martialischen Zeitalter gesprochen. Das besaß nicht im Entferntesten Ähnlichkeit mit dem, was ich mir unter sozialistischem Strafvollzug vorgestellt hatte. Aber viel hatte ich mir, wenn ich ehrlich bin, auch nicht vorgestellt. Auch von dem berüchtigten »Grotewohl-Express«, jenem Viehtransporter auf Schienen, mit dem die Verurteilten oftmals tagelang durch die DDR transportiert wurden, um sie auf die verschiedenen Haftanstalten der DDR zu verteilen, hörte ich erstmals von Regina. Mein Innerstes sträubte sich dagegen, diese Wahrheiten zur Kenntnis zu nehmen.

Je mehr Details ich erfuhr, desto mehr hatte ich das Gefühl, jedes Recht, sachlich mit der DDR-Geschichte oder kritisch mit der aktuellen Politik umzugehen, verloren zu haben. Andererseits wollte ich aus dieser Lethargie heraus. Also las ich. Erlebnisberichte ehemaliger Häftlinge, Forschungsergebnisse, Studien der Gauck-Behörde, nach der Wende aufgefundene und veröffentlichte Dokumente, nicht nur über und zur Staatssicherheit, auch über den Stalinismus in der Sowjetunion und der DDR. Auch darüber, wie Kommunisten mit Kommunisten umgegangen waren. Ich wollte nicht mehr nur glauben, ich wollte erstmals auch wissen. Es gab Zeiten, wo ich dachte, es nicht aushalten zu können. Irgendwie hatte ich immer mit allem etwas zu tun, nicht direkt sicherlich, aber mittelbar als perfekt funktionierender Apparatschik in jedem Fall. Ich kam mir vor wie der letzte Trottel. Ich war doch aber verdammt nochmal nicht blöd und auch nicht ohne Gefühle, was war also mit mir passiert? Wäre Regina und ihr unerschütterliches Vertrauen in mich nicht gewesen, keine Ahnung, wie ich damit hätte umgehen sollen.

Es war vierzehn Tage her, dass ich zu Regina gezogen war, da schlug ich ihr vor, an einem Sonnabend nach Stollberg zu fahren. Ich hatte keine Ahnung, was uns dort erwarten würde, nur die Idee, es könne für uns wichtig sein, gemeinsam dort hinzufahren. Für Regina, um so etwas wie einen Abschluss zu finden, für mich ... ich wusste es nicht. Es war nur das Gefühl, dass niemand anders als ich bei ihr sein sollte, wenn sie sich wieder mit diesem Teil ihrer Lebensgeschichte konfrontierte.

Natürlich gab es da auch Schuldgefühle, und ich war mir der Tatsache bewusst, dass mein Auftritt 1981 am Anfang dieses Traumas gestanden hatte, aber ich wusste mittlerweile auch, dass mein Bild bei Regina über die ganze Zeit hinweg lebendig geblieben war. All das spielte eine Rolle. Ausschlaggebend aber war für mich, dass ich dem Menschen, den ich liebte, wenigstens jetzt das Gefühl geben könnte, für ihn da zu sein.

Wir kamen nur bis vor das Tor der Haftanstalt, einem burgähnlichen Backsteinbau hoch über den Dächern der Stadt, weiträumig umgeben von stacheldrahtbewehrten Mauern. Was wir beide nicht für möglich gehalten hatten: Sie war noch voll in Betrieb, war nahtlos von der Justizverwaltung des Landes Sachsen übernommen worden. Hätten wir nicht die vielen Werbeschilder auf der Fahrt durch den Ort gesehen, der Eindruck, hier sei die Wende völlig spurlos vorbeigegangen, wäre perfekt gewesen.

Regina versuchte gelöst zu wirken, aber als wir bei unserem Marsch um das Gelände Frauen aus einem vergitterten Fenster winken sahen, war es mit ihrer Fassung vorbei. Es war das erste Mal, dass ich sie weinen sah, und ich war froh, sie in den Arm nehmen zu können.

Auf der Rückfahrt nach Berlin war es genau umgekehrt.

# 25.

Nahezu zwölf Jahre war ich Mitarbeiter im Ministerium für Staatssicherheit der DDR. Von 1978 bis Ende Jahre 1989. Als Feldwebel wurde ich eingestellt und als Major entlassen. Heute scheint mir alles unwirklich, so als wäre dies nur eine kleine Episode in meinem Leben gewesen, etwas, an das man sich zwar erinnert, aber letztlich nur an den Folgen für das Jetzt und Morgen misst.

Würde ich mich nicht zwingen, mich mit dieser Zeit und meiner Verstrickung auseinander zu setzen, befürchte ich, würde es mir kaum schwer fallen, einfach zur Tagesordnung überzugehen. Es ist kaum zu glauben, wie intensiv und gründlich Verdrängung funktionieren kann. Aber natürlich funktioniert sie nur so lange, bis man nicht unmittelbar und persönlich mit dem Verdrängten konfrontiert wird. Während kurz nach der Wende noch alles danach aussah, als müsse jeder für sein Tun oder Unterlassen in der Zeit der DDR-Diktatur Rede und Antwort stehen, kann ich heute nicht einmal mehr Ansätze dazu erkennen. Das Schwierigste daran ist allerdings, sich selbst aus eigener und fremder Erinnerung zu erklären, was unzweifelhaft auch mein Dilemma ist. Wer jemals versucht hat, sein Handeln in bestimmten Situationen im Nachhinein zu rekonstruieren, wird eine Vorstellung davon haben, wie fremd man sich selbst geworden sein kann.

»Ich bin gern Vernehmer!«, hatte ich zu Regina gleich in der ersten Vernehmung gesagt.

Was sollte das, warum habe ich so etwas gesagt? Glaubte ich das wirklich, oder war es nur der hilflose Versuch, mir und ihr etwas vorzumachen? Als ich darüber nachdachte, spürte ich wieder und wieder, wie schwer es ist, die eigene

Fremdheit zu überwinden. Es trieb mich fast zur Verzweiflung, dass es mir nur so schwer gelang, mich an Situationen und Motivationen zu erinnern. In diesen Momenten flog das Manuskript regelmäßig in die Ecke.

Erst Tage später griff ich wieder zu meinen Notizen – Gedankensplitter und chronologische Daten, die mir ein systematisches Herangehen ermöglichen sollten und nur wenig dazu taugten. Es schien einfacher zu sein, Biographisches über einen anderen Menschen zusammenzutragen, mit viel Fleiß und Ausdauer ähnlich einem Mosaik ein Menschenleben auferstehen zu lassen, Motivationen und Einflüsse zu ergründen und das dann noch mehr oder weniger gekonnt zu kommentieren. Abstand könnte also das Zauberwort heißen! Wie aber bekommt man Abstand zu dem, der man selbst einmal gewesen ist? Geht das überhaupt, will man sich selbst gegenüber ehrlich sein? Und wo fängt es an, dass man sich selbst denunziert, mit Selbstkritik zu kokettieren beginnt? War es wirklich nötig, die Leichen aus dem eigenen Keller hervorzuzerren, um sich das Recht zu erkaufen, selbstbestimmt und vor allem kritisch mit der Umwelt umgehen zu dürfen?

Ja, eindeutig ja, denn umgekehrt müsste alles unglaubwürdig bleiben.

Ich war nie wirklich gern Vernehmer, warum hatte ich das also gesagt? Es fiel mir immer schwer, mich streitbar mit anderen Menschen auseinander zu setzen; ich hatte Probleme damit, dass andere mich nicht als moralisch integer, einfühlsam und sympathisch empfinden könnten; die Pingeligkeit und Penibilität der Untersuchungstätigkeit entsprachen in keiner Weise meinem Naturell; ich hasste es, den vorgegebenen Abläufen und Anweisungen von Leuten, die ich nicht mochte, folgen zu müssen. Was meinte ich also damit, ich sei gern Vernehmer?

Einen Teil der Antwort fand ich in Phillip Knightleys »Geschichte der Spionage im 20. Jahrhundert«: »Das Wesen der Geheimdienstarbeit begünstigt eine elitäre Haltung und ein Gefühl der Überlegenheit. Die Zugehörigkeit zu dieser Elite wird als Privileg betrachtet. Der neue Mitarbeiter lernt, keinem Außenseiter zu trauen, und stellt bald fest, dass er sich nur unter seinesgleichen gehen lassen kann. Geheimdienstler neigen dazu, mit ihresgleichen zu essen und mit ihresgleichen zu trinken, und verkehren ausschließlich mit ihresgleichen. Bald wird der Club, ob er nun CIA, SIS oder KGB heißt, eine geschlossene, autarke Gesellschaft. Die Außenwelt wird immer ferner, ihre Realitäten immer unwichtiger.«

Ich wollte zeit meines Lebens etwas Besonderes sein, die Zugehörigkeit zu einer Elite war etwas Besonderes, ein Privileg. Die Hauptabteilung IX stellte für mich darüber hinaus sogar die intellektuelle Creme der Elite dar. In einem Bericht der Hauptabteilung IX vom Dezember 1981 zur Wirksamkeit der Kaderarbeit ist als einer der Schwerpunkte der »Erziehung« der Mitarbeiter genannt: »den Stolz der Angehörigen, Mitarbeiter des MfS, der Hauptabteilung Untersuchung zu sein, zu entwickeln ...« Ich war also nicht einfach ein popliger Mitarbeiter, nein, ich war Vernehmer!

Knightley weist auf die zunehmende geistige und auch tatsächliche Gettoisierung hin. Allerdings hat dies seinen Ursprung nicht nur in der elitären Haltung des einzelnen Mitarbeiters, sondern auch in den Verhaltensregeln sowie dem anerzogenen wie auch durch eigenes Erleben geprägten Misstrauen gegenüber allem und jedem. Insofern ist die Feststellung, dass der Mitarbeiter sich nur unter seinesgleichen gehen lassen konnte, jedenfalls soweit ich es erlebt habe, nicht ganz richtig. Er konnte sich eigentlich niemals gehen lassen, nicht gegenüber anderen Mitarbeitern, nicht privat und schon gar nicht in der Vernehmung. Immer ging es darum, genau zu überlegen, was sage ich, was tue ich. Anfangs war es noch die Angst vor dem überall zu vermutenden Feind, später kehrte sich das Ganze immer mehr um. Das Gefühl, unter permanenter Überwachung zu stehen, war für mich allgegenwärtig und damit auch das Bewusstsein, sich für jedes Fehlverhalten rechtfertigen zu müssen. Für beides habe ich, wenn auch nicht spektakuläre, so doch um so anschaulichere Beispiele in meiner bei der Gauck-Behörde kopierten Personalakte gefunden.

Das eine ist ein Bericht, den ich am 1. Januar 1978, also kurz nach meiner Einstellung als Mitarbeiter in die Abteilung IX der Bezirksverwaltung Erfurt, schrieb:

»Am 26. 12. 77 fuhr ich mit meiner Ehefrau nach Heiligenstadt, um meine Schwiegereltern und meine Eltern zu besuchen. Da wir in Leinefelde zwei Stunden Aufenthalt haben würden, beschlossen wir, ab Leinefelde mit einer Taxe zu fahren. Am 25. 12. 1977 rief ich meinen Schwiegervater an, um ihm mitzuteilen, dass wir zwei Stunden früher eintreffen würden. Er sagte mir am Telefon, dass meiner Schwiegermutter eine Unachtsamkeit unterlaufen wäre.

Sie hatte bei einem Gespräch im Treppenhaus der Nachbarin erzählt, dass wir zu Besuch kämen, jedoch Aufenthalt hätten. Da die Nachbarin wusste, dass meine Frau hochschwanger ist, bot sie meiner Schwiegermutter an, dass uns ihr Schwiegersohn aus der BRD, der zurzeit zu Besuch war, mit seinem Pkw in Leinefelde abholen würde. Meine Schwiegermutter nahm das Angebot an. Nachdem er mir den Sachverhalt am Telefon geschildert hatte, fragte er mich, was sie nun machen sollten. Ich sagte ihm, meine Frau würde allein mitfahren und ich käme mit einer Taxe nach. Meine Frau sollte sagen, ich hätte noch einen Freund getroffen und würde nachkommen. So ist dann auch alles ohne

Zwischenfälle abgelaufen. Ich bin mit dem BRD-Bürger in keinerlei Kontakt gekommen. Ich habe diesen Vorfall noch einmal mit meiner Schwiegermutter ausgewertet und bin überzeugt, dass solche Zwischenfälle nicht wieder auftreten.«

Gleich hinter diesem handschriftlichen Bericht fand ich eine Notiz der Abteilung Kader und Schulung, in welcher mitgeteilt wurde, das dieses Vorkommnis ausgewertet und ich nochmals nachdrücklich belehrt worden wäre. Genau das hat auch stattgefunden.

Das zweite Beispiel findet sich als Faksimile auf der folgenden Seite.

Was will ich mit diesen Kindereien beweisen? Dass hier jemand unter ständiger Kontrolle stand? Von mir aus auch das. Wichtiger scheint mir jedoch der Umstand zu sein, dass ich bereits nach drei Jahren Zeitsoldat und einem Monat als Mitarbeiter des MfS derart verbogen war, dass ich einerseits überall den Feind erblickte und andererseits schon daran arbeitete, mir nicht durch mögliches Fehlverhalten die Karriere zu versauen. Ich war also schon nicht mehr in der Lage etwas anders als durch die Brille der Staatssicherheit zu sehen. Wie schreibt doch Knightley so treffend: »Die Außenwelt wird immer ferner, ihre Realitäten immer unwichtiger.«

Die Sache mit der Kontenüberziehung habe ich genau wegen der darin enthaltenen Infantilität – von dem Bruch des nicht existierenden Bankgeheimnisses will ich hier nicht reden – ausgewählt. Denn dahinter steckte Methode. Natürlich hat niemand der Angelegenheit ernsthaft Bedeutung zugemessen. Aber das war auch nicht wichtig; hier hatte sich nur wieder eine Gelegenheit geboten, den Mitarbeiter zu disziplinieren, ihm ein weiteres Mal klar zu machen, dass

Sparkassenagentur
in der
Hauptabteilung IX

Berlin, 05. 11. 1979
Fr

Leiter der
Hauptabteilung IX/2
über
Stellv. Leiter der Hauptabteilung IX
Gen. Oberst Coburger

Kontoüberziehung durch Gen. Ultn. KARLSTEDT, Uwe     6612-46-210748

Bei einem Guthaben von 723,70 M bezahlte der Obengenannte gegenüber
dem Konsum mit einem Scheck über 800,00 M, wodurch er sein Konto um
76,30 M überzog. Dies stellte er selbst am 19. 10. 1979 beim Abholen
von Kontoauszügen fest, obwohl der die Überziehung ausweisende Auszug
zu diesem Zeitpunkt noch nicht vorlag. Um die verursachte Schuld aus-
zugleichen, zahlte Gen. Karlstedt unverzüglich 150,00 M auf sein
Konto ein.
Der Überziehungsfall wurde heute mit Gen. Karlstedt besprochen, wobei er sich einsichtig verhielt, und im Ergebnis der Klärung des
Sachverhalts wurde festgestellt bzw. glaubhaft gemacht:
Zwischen dem 8. und 10. Oktober 1979 stellte der Kontoinhaber für
seine Ehefrau einen Scheck über 200,00 M aus, den diese bei einem
Postamt einlöste, was sie ihm auch mitteilte. Er seinerseits vergaß
jedoch, den entsprechenden Eintrag in seine persönlichen Aufzeichnungen über die Kontobewegung vorzunehmen, so daß er in der Folge-
zeit irrtümlich von einem um 200,00 M höheren als dem jeweils tat-
sächlichen Guthaben ausging. Nachdem er sein Konto mit Summen von
50,00 M, 900,00 M und 150,00 M belastet und einen Saldo von 723,70 M
erreicht, bei einem vermeintlichen Guthaben von 923,70 den bewußten
Scheck über 800,00 M in Umlauf gegeben hatte, empfing er am 19. 10.
1979 Kontoauszüge, die seinen Irrtum erkennen ließen und die in
Gang gesetze Überziehung anzeigten.

Inzwischen liegt hinsichtlich dieser Kontoüberziehung auch das
übliche Schreiben des Leiters der Abt. Finanzen an den Leiter der
Hauptabteilung IX vor, jedoch machen sich weitere Maßnahmen
seitens der Sparkassenagentur nicht erforderlich.
Genossen Karlstedt wurde dringend empfohlen, zur Vermeidung einer
Wiederholung unbedingt mehr Sorgfalt bei der Führung seiner Salden-
übersicht zu entwickeln.

Sie werden gebeten, dieser Empfehlung Nachdruck zu verleihen.
In der Anlage befindet sich die Kopie der Kontoauszüge, welche den
geschilderten Sachverhalt widerspiegeln. Mit Ausnahme des Schuld-
betrages sollten alle Summenangaben vertraulich behandelt werden.

Anlage
1 Blatt

Franke
Major

290

es nicht nur um seine Arbeitskraft ging, sondern er sozusagen ganzheitlich zur Verfügung zu stehen hatte.

Es war eine ziemlich perfide Mischung. Einerseits wurden dem Mitarbeiter elitäres Denken und Handeln nach außen eingeimpft, andererseits wurde ihm immer wieder seine Unvollkommenheit und der niedere Status innerhalb des illustren Kreises vor Augen gehalten. Ich war nie besonders selbstkritisch, aber im MfS wurde wie in der Partei Selbstkasteiung zum Prinzip erhoben. Man bekommt allerdings auch sehr schnell mit, dass es überhaupt nicht darauf ankommt, dass man selbst einsieht, etwas falsch gemacht zu haben.

Heute geht es mir nicht darum, öffentlich Selbstkritik zu üben. Wozu auch, würde es das Geringste ändern, könnte ich auch nur das kleinste Detail rückgängig machen? Ich kann denjenigen, die auch durch mein Zutun gelitten haben, nicht ihre Lebenszeit wiedergeben. Vielleicht hilft es, wenn ich laut denke und zu verstehen versuche.

Lange Zeit hatte ich Bedenken, in die Öffentlichkeit zu gehen. Nicht wegen meiner ehemaligen Kollegen, die sollten selbst zusehen, wie sie mit ihrer Geschichte fertig werden. Auch nicht meinetwegen, denn ich habe nie verheimlicht, was ich vor der Wende gemacht habe. Nicht, dass ich die Auseinandersetzung gesucht hätte, das nun gerade nicht, aber ich bin ihr auch nicht aus dem Weg gegangen. Was mich jedoch hemmte, war die Frage: Hatte ich eine moralische Verantwortung meiner Familie gegenüber? War es zulässig, meinen Eltern, Geschwistern, meinen Kindern, meiner früheren Frau vielleicht Probleme zu bereiten, wenn ich mich als ehemaliger Stasi-Mitarbeiter »outete«? Schließlich war ich es, der sein Leben ändern wollte. Konnte ich andere zwingen, es mir gleichzutun? Wenn sie ihre Vergangenheit weiter versteckt halten wollten, musste ich das nicht akzeptieren? Ich befand mich in einer Zwickmühle. Einerseits war es längst überfällig, dass sich ein ehemaliger MfS-Mitarbeiter auch in der Öffentlichkeit kritisch mit seiner Vergangenheit auseinander setzt, andererseits wollte ich niemandem schaden.

Regina hatte für solche Gedankengänge nur wenig übrig. Ich solle es nicht zu meinem Problem machen, wie andere mit der Wahrheit umgehen, riet sie mir. Eigentlich sei es doch umgekehrt: Ich passte mein Verhalten der Unaufrichtigkeit und dem Opportunismus meiner Familie an. Schließlich und letztlich würde ich doch niemandem die Möglichkeit verwehren, sich offen mit mir und meinem Umgang mit der Vergangenheit auseinander zu setzen. Und wovor hatten sie eigentlich alle Angst? Es gab absolut keinen Grund, um Karriere und Beruf zu fürchten. Den ehemaligen Mitarbeitern des MfS war es nach der »Wende« nicht anders ergangen als den übrigen ehemaligen DDR-Bürgern auch. Außer vielleicht, wenn sie versuchten, wieder in den öffentlichen Dienst einzutreten. Ich konnte auch das Geschwätz von der »Siegerjustiz« nicht mehr hören. Selbst die wenigen, denen man strafbares Handeln nachweisen konnte, wurden zu eher symbolischen Strafen verurteilt. Übrig bleibt also tatsächlich nur die Furcht vor unbequemen Fragen von Nachbarn, neuen Freunden und Kollegen, vor einer Auseinandersetzung mit der eigenen Verantwortung.

Aber genau das wollte niemand, davon konnte überhaupt keine Rede sein. Wie in alten Zeiten wurde aus dem Hintergrund Stimmung gemacht, mit Entzug verwandtschaftlicher Harmonie oder Geschwisterliebe gedroht. Es gab kaum Gespräche. »Ach, lass doch die Vergangenheit ruhen!«, hat meine Mutter gesagt. Auch sonst nur Oberflächlichkeit bei sorgfältiger Ausblendung aller heiklen Themen.

Im Falle meiner älteren Geschwister trat gänzlich Funkstille ein, nachdem ich meine Schwester gebeten hatte, in dem Dokumentarfilm »11 und 12« etwas zu mir und meiner Entwicklung zu sagen: »Das meinst du doch wohl nicht im Ernst!« Von einer Sekunde zur anderen schlug Regina und mir regelrechter Hass entgegen. Unsere Geschichte, eben noch als reif für eine Hollywood-Verfilmung bezeichnet, schien plötzlich eine existenzielle Gefahr darzustellen für die von Selbstzweifeln befreite Scheinidylle einer satten bürgerlichen Existenz im Herzen des ehemaligen Klassenfeindes. Zu Tage trat das gleiche konspirative Verhalten wie ehedem, so als sei ich ein Verräter an einer Sache, die sie selbst schon nicht mehr benennen konnten.

Keiner meiner Verwandten hat mich je gefragt, warum tust du das, weshalb ist das für dich wichtig oder weshalb glaubst du heute nicht mehr an die Ideale, die wir einmal gemeinsam zu vertreten meinten. Wenn sie doch wenigstens nach Reginas Befindlichkeit gefragt hätten, sie, die Opfer einer Staatsräson war, die durchzusetzen sich ein großer Teil meiner Familie auf unterschiedlichste Weise verschrieben hatte. Nichts, überhaupt nichts.

Mir wurde bewusst, dass ich dabei war, mich zwischen alle Stühle zu setzen. Aber irgendwie hatte diese Vorstellung ihren Schrecken verloren, ich würde schließlich in guter Gesellschaft sein. Regina saß ja bereits dort.

Im August 2000 erhielt ich eine Einladung der Gauck-Behörde zur Teilnahme an einer Podiumsdiskussion in der Friedrichshainer Bartholomäus-Kirche. Anlass war der 10. Jahrestag der Verabschiedung des Stasiunterlagen-Gesetzes. Ich sollte als ehemaliger hauptamtlicher Mitarbeiter des MfS über meine Erfahrungen mit der Aktenöffnung berichten, als Zeitzeuge meine persönliche Sichtweise schildern und von meinem persönlichen Erleben erzählen. Ich gebe zu, dass ich mich davor fürchtete, mich sozusagen stellvertretend für den Unterdrückungsapparat in der DDR den Fragen und Vorwürfen der Diskussionspartner zu stellen. Ausschlaggebend war jedoch, dass ich meiner selbst noch nicht sicher war. Deshalb schrieb ich der Gauck-Behörde:

*... habe ich mich nach reiflicher Überlegung entschieden, Ihnen für die geplante Veranstaltung abzusagen.*

*Ich habe mich in den vergangenen zweieinhalb Jahren mit meiner Entwicklung in der DDR und insbesondere meiner Tätigkeit im MfS auseinander gesetzt. Jedoch noch nicht genug, um mich ohne intensive Vorbereitung einer solchen Podiumsdiskussion zu stellen ... Ich empfinde mich bezogen auf meine Mitwirkung im MfS sowohl als bewusst Tätigen als auch unbewusst Missbrauchten, und dazwischen liegt eine solche Spannbreite von menschlichen Verhaltensweisen, Emotionen und Einflüssen, die es mir gegenwärtig unmöglich macht, meine Stellung im Getriebe der Repression klar zu definieren.*

*Mag sein, dass andere das anders sehen und auch für sich gut damit umgehen können. Ich fühle mich jedoch noch meilenweit davon entfernt, wesentlich mehr als Allgemeinplätze von mir zu geben. Und das möchte ich mir und erst recht den Opfern keinesfalls antun.*

*Es gibt genug Betroffene, die öffentlich mit Reue, Scham und Schuldbekenntnis hantieren, ohne wirklich etwas begriffen zu haben. Und es gibt nach wie vor die weitaus größere Anzahl derer, die nicht begriffen haben und wohl nicht mehr begreifen werden, welches Leid sie mit sozialistischer Phraseologie auf den Lippen hervorgerufen haben.*

*Zu den Ersteren möchte ich mich auf keinen Fall hinzugesellen und von den Letzteren bin ich hoffentlich schon weit weg.*

Ich erhielt weder eine Antwort noch jemals wieder eine Einladung. Als ich schließlich einen Bericht über diese Veranstaltung im Fernsehen sah, war ich mir nicht mehr sicher, ob meine Entscheidung richtig gewesen war. Offenbar hatte man als Podiumsteilnehmer einen Stasi-Mann gefunden, der wunderbar in das Bild des unbelehrbaren Funktionsträgers passte. Diese Rolle hätte ich nicht spielen wollen und auch nicht mehr können. Insofern war das wohl in Ordnung. Trotzdem ärgerte ich mich im Nachhinein über meine eigene Unsicherheit, denn ich bin davon überzeugt, dass meine Haltung und meine Sicht auf die Dinge den vorgedachten Ablauf der Veranstaltung gebrochen hätten. Und genau das wäre wichtig gewesen.

Nachdem der Dokumentarfilm Ende des Jahres 1999 ausgestrahlt worden war, wurden Regina und ich mit Einladungen zu den verschiedensten Sendungen geradezu bombardiert, wobei die Themen, zu denen wir auftreten sollten, immer kruder wurden und immer weniger mit uns zu tun hatten. Überhaupt ging es meist nur um unsere rein persönliche Liebesgeschichte. Die Hintergründe interessieren weitaus weniger. Nicht die Art und Weise, wie wir versuchten, mit der jüngsten deutschen Geschichte umzugehen, war von Interesse, sondern die vermeintliche Skurrilität unseres Gefühlslebens. Letztlich war dies auch der Grund, weshalb wir bis auf eine Radiosendung alle Angebote ablehnten. Auch das sehen wir im Nachhinein anders – wir hätten jedes Podium nutzen sollen, um für unsere Vorstellungen vom Umgang mit der zweiten deutschen Diktatur zu streiten.

# 26.

Frühjahr 2003. Der Privatsender SAT 1 hat bei der Presse-stelle der Gedenkstätte Berlin-Hohenschönhausen um die Drehgenehmigung für einen Kurzbeitrag ersucht. Am Tag des vereinbarten Termins wird die verantwortliche Journa-listin von Hubertus Knabe, dem Leiter der Gedenkstätte, darüber informiert, dass man keine Drehgenehmigung auf dem Gelände erteilen würde. Nach der Ausstrahlung des Films »11 und 12« hätten sich ehemalige Häftlinge über die Art und Weise der Darstellung beschwert. Die Würde des Ortes dürfe nicht verletzt werden. Die Aufarbeitung des DDR-Unrechtssystems dürfe nicht als Liebesgeschichte zwischen Täter und Opfer daherkommen.

Da hat er zweifellos Recht, der Herr Knabe. Das war auch nie die Absicht des Filmemachers Till Harms. Es ist wohl kaum möglich, die Geschichte eines Unrechtssystems »auf-zuarbeiten«, man kann sie im besten Fall akribisch genau dokumentieren. Wenn ich mich nicht irre, gehört das, unter anderem, in den Bereich wissenschaftlicher Forschungsarbeit.

Diesen Anspruch hatten wir nie. Wir können unsere Ver-gangenheit nicht »aufarbeiten« wie ein altes Möbelstück. Sie gehört zu uns, wie haben sie ganz einfach.

Was die »Würde des Ortes« betrifft, so scheinen die pro-fessionellen Hüter neuester Gedenkstättenkultur einem ver-hängnisvollen Denkfehler zu unterliegen. Es kann doch wohl niemals um »die Würde dieses Ortes« gehen, sondern nur um die Würde ehemaliger Häftlinge. Und ob es diesen Herrschaften nun passt oder nicht: Meine Haftgeschichte, mit allem, was dazugehörte, macht einen Teil meiner Iden-tität aus, dazu kann ich stehen, vielleicht hat das auch ein klein wenig mit »Würde« zu tun.

Ich glaube nicht, dass man die Geschichte des Unterdrückungssystems in der DDR ohne die Geschichten der unmittelbar Beteiligten schreiben kann, selbst wenn sie, wie in unserem Fall, auch als Liebesgeschichte »daherkommen«.

# 27.

Obwohl doch alle aus demselben Grund hier sind, gibt es zwischen den Demonstranten gegen die NPD kaum Gespräche. Alle bleiben bei den Gruppen, mit denen sie gekommen sind, nur die Sprechchöre funktionieren sozusagen gruppenübergreifend.

Plötzlich sehe ich in unmittelbarer Nähe einen bekannten Bundestagsabgeordneten der CDU, den ehemaligen Pfarrer N., der in der Bürgerrechtsbewegung der DDR eine aktive Rolle gespielt hatte. Er steht allein und etwas abseits vom Geschehen und scheint nachzudenken. Er wirkt unsicher, ob er sich an der Demonstration beteiligen oder lieber heraushalten solle. Vielleicht streift ihn gerade die Erinnerung daran, wie viel Zivilcourage er noch vor einigen Jahren aufgebracht hatte, als es darum ging, unter weitaus schwierigeren Bedingungen für die demokratischen Rechte zu streiten, die es uns ermöglichen, hier zu stehen. Jetzt dreht er sich um und verlässt schnellen Schrittes den Ort des Geschehens. (Am Abend sah ich ihn im Fernsehen bei der offiziellen Gegenkundgebung, wo sich die Politgrößen der Stadt weitab vom Neonazi-Aufmarsch versammelten.

»Liebster, du bist dran mit drehen!«

Ich nehme Regina den Tabak ab. »Ich habe gerade den CDU-Abgeordneten N. gesehen. Schon seltsam, wie schnell er von hier verschwunden ist.«

Ich drehe zwei Zigaretten, leider hat mich das Laster wieder eingeholt. Dafür habe ich aber eine neue Fingerfertigkeit gelernt, na, so kann man sich das auch schön reden. Regina ist eine leidenschaftliche Raucherin, und mir fehlt einfach der innere Antrieb, aufzuhören. Es ist wie mit anderen Dingen auch: Wenn es einem gut geht, wozu etwas ändern? Außerdem lassen sich beim Rauchen die Gedanken so schön ordnen.

Wir stehen nun schon zwei Stunden hier. Von irgendwoher macht die Einschätzung die Runde: »Hier kommt keiner mehr durch, ins östliche Stadtzentrum war der NPD-Aufmarsch nicht mehr umzuleiten.« Ich kann es gar nicht fassen, aber es scheint so, als hätten wir es tatsächlich geschafft, sämtliche wichtigen Straßen so zu blockieren, dass die Demonstration beendet werden muss. Niemand weiß etwas Genaues, aber jeder hat so ein Gefühl, dass es vorbei ist.

Ich ziehe Regina beiseite: »Ich glaube, wir können jetzt hier verschwinden. Mehr war bei diesem Polizeiaufgebot nicht zu erreichen.«

Wir sehen, wie sich die Menschenmenge langsam auflöst, und beschließen, über den Rosenthaler Platz zum Alexanderplatz zu laufen und dort noch einen Kaffee zu trinken.

Die Kreuzung Ackerstraße/Torstraße glänzt vor Nässe. Wären nicht die herumliegenden Steine, Plakatfetzen und leeren Dosen sowie die zwei gepanzerten Polizeifahrzeuge mit den aufmontierten Wasserwerfern auf der gegenüberliegenden Straßenseite, könnte man annehmen, gerade wäre ein heftiger Platzregen niedergegangen. Aus den Düsen der Wasserwerfer rinnen die letzten Tropfen, und die Gesichter der neben den Fahrzeugen stehenden Polizisten zeigen noch die Anspannung der letzten Minuten. Offenbar haben wir eine der berüchtigten Straßenschlachten nur um wenige Augenblicke verpasst. Wer außer der Polizei noch daran beteiligt gewesen war, ist nicht mehr auszumachen. Die Leute, die neben uns stehen, sehen jedenfalls nicht so aus, als wollten sie sich partout prügeln. Wir wollen das auch nicht. Das Gefühl, etwas erreicht zu haben, überwiegt ganz einfach.

# Jens Sparschuh
## Eins zu eins

### Gebunden

Jens Sparschuhs mitreißender Expeditionsroman erzählt die Geschichte einer doppelten Suche. Gefunden wird der deutsche Osten nach der Wende – und zur Zeit der Wenden.

»Sparschuh ist einer unserer fantasievollsten, wortgewandtesten und politisch sensibelsten Erzähler.«
*Tagesspiegel*

»Abenteuer Ost. Gelegentlich will das Gestern zurück erobert werden. Sparschuh schafft das und zwar mit heiterem Ernst.« *Der Spiegel*

»Dieses Buch hat einen eigenen Ton, einen bittersüßen Humor ... Sparschuh hat einen witzigen, unterhaltenden, spannenden Roman geschrieben.« *Die Zeit*

www.kiwi-koeln.de  VERLAG KIEPENHEUER & WITSCH

SABATINA

# Sterben sollst du für dein Glück
### Gefangen zwischen zwei Welten

Im Alter von zehn Jahren zieht Sabatina mit ihrer musli-
mischen Familie von Pakistan nach Österreich. Hier wächst
Sabatina auf. Doch als sie 16 wird, finden die Eltern, dass sie
zu westlich geworden ist. Sie schicken die Tochter in eine
Koran-Schule nach Pakistan, in der sie geschlagen und miss-
handelt wird. Als Sabatina auch noch gegen ihren Willen
heiraten soll, flieht sie und kehrt nach Europa zurück. Dort
angekommen, trifft sie die harte Antwort des Islam: Im Juni
2001 spricht ihre Familie ein Todesurteil über die junge Frau
aus. Seitdem lebt sie versteckt in Süddeutschland.

KNAUR TASCHENBUCH VERLAG

ANDRIAN KREYE

# Broadway, Ecke Canal
## New York – Stadt im Aufbruch

50 Stationen macht Andrian Kreye auf seiner Reise durch die Straßen New Yorks und erzählt davon, wie sich das Gesicht der Metropole mit der Zeit verändert hat: von jenem mythischen Moloch, den wir aus dem Kino kennen, über die Boomtown der New Economy bis zum Trauma des 11. September, das die Stadt in eine Sicherheitszone im permanenten Alarmzustand verwandelte.

Kreyes Geschichten sind mehr als literarische Momentaufnahmen von New York. Sie dringen bis ins Herz der Stadt vor.

»Andrian Kreye ist ein echter Geschichtenerzähler
und New York ist sein Kosmos!«
*Peter Ustinov*

KNAUR TASCHENBUCH VERLAG